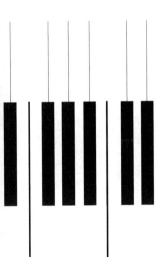

An Aesthetics of Music

里赫特

一种 音乐 美学

Research on
Sviatoslav Richter

仲辉

著

社会科学文献出版社
SOCIAL SCIENCES ACADEMIC PRESS (CHINA)

为艺术个体找到公式，通过这些公式，使他们得到最真实的理解，这就是艺术评论家该做的事情，他的工作就是筹备艺术的历史。

——诺瓦利斯

前　记

　　斯维亚托斯拉夫·里赫特是 20 世纪最伟大的钢琴演奏家,这不仅是音乐家同行内部的评价,同样是全世界所有古典音乐爱好者越来越明晰的共识。俄、德、法、意、美、日及波兰等国都陆续出版了研究里赫特的相关论文和著作,他的录音不断被挖掘,历经半世纪之久而热度不减,其经典录音的再版有时竟引起十几家录音公司的发行竞争。里赫特作为一种音乐现象,深刻地触及西方艺术、文学、哲学等诸多领域的思想共在,他的生命特征及价值取向很大程度上代表了整个 20 世纪,尤其是第二次世界大战前后的个体命运的真理性,将人类的现实处境导向了生存美学。这与他学习和成长的过程密不可分,他的老师涅高兹(曾缔造俄罗斯钢琴音乐教育的涅高兹学派)是音乐家、作曲家、指挥家布卢门菲尔德的外甥,涅高兹的表兄是波兰作曲家席曼诺夫斯基。里赫特在涅高兹家中认识了诺贝尔文学奖获得者、作家帕斯捷尔纳克,在老师家寄居期间,与作曲家普罗科菲耶夫住在同一栋建筑里(普罗科菲耶夫是他的长辈与一生重要的合作者),同时与诸如作曲家肖斯塔科维奇、画家法尔克过往交游，更不用说他成名之后，几乎与所有俄罗斯、欧美著名的艺术家保持合作及情谊——除了明星璀璨的音乐家行列，还有画家毕加索、电影明星玛琳·黛德丽等。里赫特反映了西方精英阶层深厚的文化气质和底蕴，但更为可贵的是，他使得这些品质和精神，通过最直接的钢琴表演，变成了最为普罗大众易于接受的东西。即便是在当今中国，对里赫特艺术性表达的追索与渴望也在逐渐形成一种态势，这在古典音乐爱好者的圈子里是显而易见的。本书是中国第一本研究里赫特的专著。

西方研究里赫特的路径，或者从其生平传略入手，或者在其已发行录音方面索引性地形成目录，唯独未能从美学角度深入地阐释他与音乐（或者说作为自由精神之归属的哲学）之间的关系。里赫特晚年最喜爱的两位作家，法国的普鲁斯特与德国的托马斯·曼，都是在音乐鉴赏领域尖峰级的文学家，他的思想与他们相通的程度不啻一点灵犀。然而，如果更深入地去探索其内在的关联，可以发现德国哲学家黑格尔和美学家汉斯利克同属此一阵营。哲学、文学、艺术，原本毗邻而居。优秀的人文写作毋宁是从多维度的感觉体验清晰地汇集在一处来论述并体现其意义，源于思辨的、描述的、知觉的，乃至身体规范性方面的话题在本书中都高度一致地成为阐释里赫特的诸般角度，从而解决诸如，为什么钢琴代表着音乐之精神、怎样听音乐、音乐及音乐的本质是什么、在具有代表性的涅高

兹学派中所强调的身体之运用与乐器（钢琴）之间的正当
性关系应该是怎样的，等问题。故而，将里赫特作为一种
音乐现象（而非钢琴家个体）来研究，并且建构出其核心
要义的美学价值，这样的书写，尚无先例。本书依据坚实
的文本阅读和录音资料鉴赏，标记出了里赫特演奏现场的
历史性坐标，给出了详细的参考录音编号。

目录
contents

引　言

一

斯维亚托斯拉夫·里赫特（Sviatoslav Richter）① 在评

---

① 里赫特（1915 – 1997），20 世纪最伟大的钢琴家之一，德裔俄国人。
20 世纪 60 年代赢得国际声誉，此前只被允许出访社会主义阵营国
家，曾于 50 年代访问中国。如 1957 年在天津市文化局举办的音乐
会上演奏舒伯特奏鸣曲、舒曼的六首幻想曲、李斯特的六首小品、
肖斯塔科维奇的五首前奏曲以及普罗科菲耶夫的第七奏鸣曲等。里
赫特在中国访问演出期间，作家曹禺、傅雷等均到场聆听。步入 21
世纪，中国乐迷对里赫特的热情有增无减，例如 2016 年，ERR Clas-
sic 唱片公司在中国乐迷的倡导和资助下，出版了此前从未发行过的
六张 CD 容量的演出文献，其中就包括 1962 年 6 月 1 日维也纳首演
的首发，虽然这次演奏会是里赫特生涯中最糟糕的场次之一（因为
在开场之前他得到了母亲去世的消息），但作为研究里赫特的重要历
史资料，国人此举贡献颇大。这几张 CD 中还包括里赫特弹奏舒伯
特第二十一奏鸣曲（D960）以及柴可夫斯基降 B 小调第一钢琴协奏
曲等重要曲目的新文献，但至今未被西方研究里赫特录音目录的主
流网站记录归档，由此可见中国乐迷之赤诚。中国引进出版里赫特录
音早在 21 世纪伊始便昌盛起来，比如普罗艺术公司 2000 年积极引进
日本 Victor 公司（日本ビクター株式会社，曾译杰伟公司）出版发行
的因斯布鲁克版《巴赫十二平均律全集》，后者因为版（转下页注）

论其他音乐家时，用到的表示嘉许的最高词语是"现象级的"（phenomenal），① 而他自身也应当被当作 20 世纪钢琴家中的一个"现象"（phenomena）来看待。他是迄今为止存世录音最多的钢琴家，从 20 世纪 40 年代末直到 1995 年 3 月 30 日最后一场音乐会现场，人们乐此不疲地追随着他，录音时间横越半世纪之久。虽然里赫特不喜欢录音——他的录音资料几乎多半来自现场实况——然而面对如今卷帙浩繁的演奏文献，人们不得不惊诧此人丰富的创造力及其在音乐上的造型力量。曾经有一位乐评人问他的朋友："钢琴家能让人在聆听现场时落泪或许司空见惯，但你是否相信有一位钢琴家，即使听众在十年之后回忆起当年的演奏

（接上页注①）权问题不日便被召回，因此便促成了普罗艺术公司的引进版对里赫特艺术在世界上传播的补充性贡献。另外，雅典艺术公司 2002 年对 Victor 公司"里赫特的伟大遗产"（Great Legacies of Sviatoslav Richter）系列中其他五张的汉化引进，也足以彰显国人欣赏里赫特的品味。关于里赫特名字的中文翻译，在他初到中国演出时的节目单上，以及此后若干年介绍或研究他的文章书籍中均用"李赫特尔"或"李赫特"的译法，如中国著名钢琴家傅聪在他所写的私人信件中就用"李赫特"这个写法；但新千禧年后，例如普罗艺术公司、雅典艺术公司在出版其录音的封面上都印以"里赫特"这个名称。按照发音，则更宜译为"里希特"。但为了便于现在的广大乐迷在更熟悉的环境下认识和阅读里赫特，本书采取这个译名。

① 比如他用这个词来评论指挥家威尔海姆·富特文格勒（Wilhelm Furtwängler, 1886-1954）、赫伯特·冯·卡拉扬（Herbert von Karajan, 1908-1989）、卡洛斯·克莱伯（Carlos Kleiber, 1930-2004）等人，以及他最喜欢的指挥家瓦茨拉夫·塔利赫（Václav Talich, 1883-1961）和罗杰·德索米耶尔（Roger Désormière, 1898-1963）。

还会落下眼泪吗?"那位朋友回答说:"这么说,没有别人,只有里赫特!"

里赫特的确是一个"现象"。这个评价包含多方面的含义,除了定义他是顶级的演奏家,还为了彰显在演奏生涯中,音乐如何通过这个人来定义自身:"音乐"也是一种人类现象。笔者收集聆听里赫特的录音资料十余年,不断从中学习问津,并非单纯从乐音或乐句中获得灵感或震动,更为受益的是一份感激,即对"音乐是一种(生存)现象"的体会愈加明晰而得来的感激。换句话说,里赫特塑造的直接体验并不单纯是音乐学的,更是美学的。理解一种现象美学的生成,需要深入一个人整体的生命,在其展现为至为纯粹的表面之后,在他思想轨迹的高贵的线条之上,从他自述话语的珠玉之中,或在他久久回味、耐人琢磨的意境之下,提炼出一种精神物相之对应,始而可能。

法国学者、传记作家布鲁诺·蒙桑容(Bruno Monsain-geon)在里赫特晚年获准追随于他,[①] 除拍摄了享誉世界的纪录电影《谜》(*Richter：The Enigma*,1998),还据此整理了《里赫特：笔记与对话》(以下简称《对话》)一书。[②] 这本书甚为流行,至少在笔者所看过的乐评里,凡

---

① 里赫特晚年几乎过着隐士一般的生活,与世隔绝,只对蒙桑容破例。

② 原书与电影同年面世。里赫特把一生所作的音乐生活笔记全部交给了蒙桑容,也就是把自己作为一个现象或者案例交给了(转下页注)

是引用里赫特观点的地方，无不与该书有关，喜欢里赫特的听众对此几乎尽人皆知。[①] ——但是，人们能够从中解读出什么，对于大多数只能通过录音来了解里赫特的中国爱乐者，它会富于怎样的教益？哪怕没听说过里赫特，除了爱乐人，是否有可能以普遍的听觉经验趋近艺术之理念？本书尝试通过解释学的方式与里赫特对话，以呈现他的音乐美学，加以备注和评注唱片文献信息，便于大众以便捷快速的门径走进艺术家的内心。对于笔者来说，这是

（接上页注②）蒙桑容。蒙桑容在其中挑选了可以向世人披露和公布的诸多文本，汇集成册，并与里赫特的自述、他与里赫特的对话、里赫特生前所写的文章等资料集合，编撰了这本书。它分为两个主要部分，即笔记（Notebooks）与对话（Conversations）。英译本出版之后，引起世界性反响，此后所有关于里赫特的研究都以此书为蓝本。读者可参阅 Bruno Monsaingeon, *Sviatoslav Richter*：*Notebooks and Conversations*, trans. by Stewart Spencer, Princeton：Princeton University Press, 2001。以下简称 *Notebooks and Conversations*。

① 本书的研究也是以上述这本著作为原点的，但是补充扩展了很多其他方面的资料来对里赫特的话语做出解释或注释，以便他的话能够更容易地被理解。在"对话"部分，如果读者仔细品读，会发现里赫特的用词、逻辑、描述都非常清晰和有力度，只不过过多的史实（容易吸人眼球的名人过往、恩怨）会使人的注意力偏移，而不够集中于演奏家本人及音乐之关系。有的传记作家会认为蒙桑容做了主观性处理，从而使里赫特的话语并不十分可信，这种情况只能悬而不论，因为他们不能够像蒙桑容那样足够接近里赫特，即使说他说假话，也没人能够指出：那么真实是什么？通读蒙桑容的著作会发现，他对里赫特是非常细心的，把里赫特当作最值得尊敬的人，当作导师或者大师，在这种虔诚的态度之下，很难做到不公。在笔者看来，《对话》一书整理得非常客观。本书写作过程中如持异议，都将一一解释澄清。

回报从里赫特而来的感激，是对聆听者身份的自我认证，通过写作，以此心通他心。纵然如此，也常常会想，还有什么能够比里赫特本人的话语更代表他自己呢？是否一种美学理念可以替代他那庞大恢宏的演奏艺术？难道不是有更多的专家和学者在聆听里赫特的经验中塑造了更崇高的标准吗？即使如此，为了一份微薄的感激之情，笔者不揣弊漏，愿意为他做一份丰厚献礼。现在呈现在大家面前的这份答卷，是单纯的聆听经验，是日积月累的阅读与翻译，是对音乐家的一次礼赞抑或批判，是一次实验。

二

艺术世界并不与现实世界分离，精神的狂喜并非绝然盘桓在苦痛上空。里赫特的从艺之路并不平坦。除了小时候受到父亲影响，几乎"自学成才"，直到成年才进入莫斯科音乐学院，遇到毕生的老师海因里希·涅高兹（Heinrich Neuhaus）。涅高兹不仅成为里赫特完美无缺的老师，更兼具朋友与父亲的角色。① 师生关系与父子关系之不同，即在于二者能够像朋友那样平等，互助互补。涅高兹说他并未教导这位天才学生任何东西，只不过提醒他注意弹奏时的音色而已，而里赫特则认为他从老师那里学到了成为

---

① 参看本书第一章第三节。

一名钢琴家最重要的东西。在师生之间构成了椭圆的两个焦点，对囊括 20 世纪文学、诗歌、绘画在内的俄罗斯音乐的塑型力，提供了解释张力。[①] 追索他们二人在钢琴演奏及教育方面的功绩，颇能鸟瞰俄罗斯乐派的根本特点，无论如何，俄罗斯钢琴学派足以令 20 世纪的西方乃至全世界刮目相看。里赫特的苦痛部分来源于父母离散，在《对话》中他称之为"最暗淡的一章"，而护佑他成长的最坚实的双臂或许就是涅高兹以及终身伴侣尼娜·多莲卡（Nina Dorliac）。[②]

里赫特所描述的当时俄罗斯音乐创造的环境与诸如作

---

① 涅高兹的艺术理念全然建立在他对西方文学艺术作品的熟读、熟知之上，他同许多伟大的德国哲学家、美学家一样，认为诗歌是最高理想，音乐作为人类通向真实与美好的一条诗性的途径，敞开了思想的可能性，而最能够表现思想的乐器无外乎钢琴。涅高兹的传世名作《论钢琴表演艺术》是集合了他毕生所学的最言简意赅的美学方法论，虽然谈论的是钢琴演奏，但是目标却在于建立普遍的对美的理想的追求与鉴赏，即使非专业的读者也能从这本书中获益良多。里赫特一生中对于老师说过的话没有重复过（除了当学生期间接受采访时例外），但涅高兹的影响深深印刻在他心中，他从不会质疑老师，他是涅高兹精神的最有力的践行者。涅高兹之所以那样喜爱里赫特，即在于自己倡导的理想终于有一个人在他们还都活着的时候把它变为现实。如果说涅高兹是理论的焦点，则里赫特就是实践的焦点。涅高兹对钢琴教育的贡献，读者可参看〔俄〕亨利·涅高兹《论钢琴表演艺术》，林道生校订，乐韵出版社，2006。（该书译者应该是汪启璋、吴佩华两位先生，人民音乐出版社出版过这本书。乐韵版未给出译者姓名，但是经由校对之后确实更为严谨，所以本书选用了乐韵版。）

② 关于里赫特与多莲卡关系的评论参见第三章第五节。

曲家肖斯塔科维奇所讲述的历史环境有重合之处,① 但更相迥异。里赫特说他对肖斯塔科维奇这类人物敬而远之,原因则是个性上的。对两种创造性个性的描述性差异或许可以帮助人们理解艺术创造的背景,这也是在他们身上能够看到的音乐现象的多重维度。② 有人认为里赫特对其他某些音乐家的评论是尖刻的,甚至蒙桑容在甄选编撰里赫特笔记时,明显地避开了过分刻毒的话语以及对敌人的攻击。③ 即使是那些不同道的人,也不妨碍里赫特将之称为在音乐造型力方面"现象级的"人物,最为突出的是他评论卡拉扬的话。④

整个 20 世纪是古典音乐演奏大师辈出、音乐文献积累得最丰盛的时期,熠熠星光齐聚夜空,两次世界大战的洗礼,以及各种意识形态激荡,锤炼了艺术家们非同一般

---

① 肖斯塔科维奇是 20 世纪最重要的俄罗斯作曲家之一,他留下的回忆录对当时音乐家们所处的历史环境做出了较多描述,研究音乐史的人无法绕过。但也有人认为他的叙述是主观性的或被歪曲的,但笔者在处理相关文献时,如对待蒙桑容的文献一样,发现虽然它们都经过第三者编辑,但仍然可认定是最直接的第一人称口述史,将其可信度最大化。读者可参见〔俄〕季米特里·肖斯塔科维奇著、〔美〕所罗门·伏尔科夫整理《见证——肖斯塔科维奇回忆录》,叶琼芳译,作家出版社,2015。以下简称《见证》。

② 参见本书第三章第一节。

③ 肖斯塔科维奇嘱咐在其死后才能在西方发表的自述,不乏对他所经历的俄罗斯历史环境的无情揭发,话语之犀利似乎比里赫特有过之而无不及。里赫特则完全围绕着他自己和音乐,而肖斯塔科维奇"主要谈论别人的事迹,而略微涉及自己"。

④ 参见 *Notebooks and Conversations*,p. 121,以及本书第三章第三节。

的心智与灵魂。爱乐者们津津乐道的是，出于一位大师之口的，其他大师的为人行止、道德与审美品位、真正的内行水平等等，从而管窥"音乐"的特殊意义。自人类诞生伊始，音乐生活从未离开过人的生存，在西方历史上，更是可以将之作为在"现象"层面上存在的各种事件的衍生之价值与真理的象征性来看。里赫特对20世纪重要作曲家、指挥家、演奏家、钢琴家、歌唱家，以及他在交响乐、协奏曲、室内乐、奏鸣曲、歌曲伴奏等诸领域合作过的现当代大师均有独到和中肯的评论，以至于稍微熟悉一些音乐典故的人们对其警语佩服有加。与其说他的评论尖刻，不如说这种话语方式中间夹杂了里赫特单纯而复杂的性格和命运，比起肖斯塔科维奇，里赫特呈现出一种较为中庸的态度，他避开了任何可能的政治意识形态的影响，在服务音乐和听众的视野下，体现出了真诚与质朴。

他到底是怎样一个人？为什么要特别地把他与整个20世纪的音乐发展联系起来看？用他去定义音乐？个体生命与历史纠葛，尤其是思想演进，真的能够结合得如此紧密吗？况且还是从一种特殊的艺术形式之接收——"听"——的角度？换句话说，音乐能否给出一个单纯的美学基础？当演奏家站出来"说话"，而不是"弹琴"，是否有人在听？人们听到什么？在话语中听到的东西是否与在他的音乐中听到的东西是同一的？听音乐是否只是为了一时的情绪的填充，或为了了解一部作品？音乐与听的关系是什么？为什么人们总在"听"？关于"听"的现象，里赫特指出了什么?① 这是笔者写作本书时所思考的核心问题。或许有人会质疑，这么大的题目仅仅通过里赫特的话语去看是很难的。其实，音乐史上所记载的、可供我们了解的事实也是极为有限的，如古希腊音乐或者先秦诗歌的歌唱方式，都湮没于过往尘烟而绝响。然而，幸运的是，在了解和分析 20 世纪古典音乐方面，可以接触到无法匹敌的大量的直接性录音资料。

当然，尽管如此，还是有绝大多数演艺佳话渐至无闻。比如，德国钢琴家阿图尔·施纳贝尔（Artur Schnabel）、匈牙利小提琴家约瑟夫·西盖蒂（Joseph Szigeti）与法国大提琴家皮埃尔·富尼埃（Pierre Fournier）组成的"施纳贝尔三重奏"经典组合在历史上仅存零星录音资料，前二者合作莫扎特、贝多芬、勃拉姆斯的小提琴奏鸣曲录音也是所存无几。又如与德国钢琴家埃德温·费舍尔（Edwin Fischer）、意大利大提琴家恩里科·马伊纳尔迪（Enrico Mainardi）早期合作三重奏的第一位小提琴家是德国的乔格·库伦肯普夫（Georg Kulenkampff），然而有关他们合作的录音难觅踪迹，尚余前二人与奥地利小提琴家沃尔夫冈·施耐德汉（Wolfgang Schneiderhan）的一些大声遗音。他们都是西方大师级的演奏家。从这两个例证看，我们今天能够听到的珍稀文献极少。再拿俄罗斯乐派举例，与小提琴家大卫·奥伊斯特拉赫（David Oistrakh）早年分庭抗礼，甚

---

① 这些问题的解答可参见本书第四章。

至在听众中更获青睐的米隆·波利亚金（Miron Polyakin）的录音如此稀缺，当人们有幸听到他演奏的贝多芬第九小提琴奏鸣曲《克鲁采》，并与奥伊斯特拉赫在飞利浦（Philips）公司留下的经典录音相比较，才恍然大悟二人在音色方面的较量为什么可以构成历史事件。可是想要还原历史上发生的那一切，却一筹莫展，只要去"听"，就已然参与历史了。再拿里赫特举例。他从未留下像巴赫《哥德堡变奏曲》、贝多芬 G 大调第四钢琴协奏曲或降 E 大调第五钢琴协奏曲这些听众们耳熟能详的作品录音，原因并不是他不喜欢它们，[1] 而是不在公开演出或者录音室里弹奏它们，里赫特的理由是：对于这些经典之作已有前辈或者同侪留下的文献先行，他没有什么特别需要添加和再解释的东西了。尽管听众迫切希望和催促他当众演绎这些备受喜爱的作品，我们仍无法听到他的阐释。此外还有一例。音乐家或音乐通才往往习惯于在键盘与管弦乐队之间进行作品演绎形式的转换，这种训练有时甚至是不自觉的。[2] 里赫

---

[1] 里赫特说："我很爱它们，只是受不了一遍又一遍地演奏它们的提议。还有贝多芬的第四与第五协奏曲。什么！又不演？我并不是要反对他们，只是这么伟大的作品，并不属于我，我享受的是对它们的聆听。"（*Notebooks and Conversations*, p. 143.）

[2] 肖斯塔科维奇曾说："在听管弦乐曲的时候，我的脑子里把它改为钢琴曲，一边听一边还用手指试着，看看是否适合用手弹。我听钢琴曲的时候又立即在脑子里把它改成管弦乐曲。这是一种毛病，不过是一种令人愉快的毛病，好比在痒的时候抓痒一样。"（《见证》，第193 页。）

特甚至可以把整部瓦格纳①歌剧在钢琴上复现出来，可却是被当作一种游戏或者一个好朋友圈子、小团体聚会的欢乐来实现的，②并没有任何录音材料可资证明这项演奏奇迹。然而，聆听演奏家的话语，通过阅读对话，可以弥补听觉方面的缺憾。话语对于音乐是一种补充，让人们更加清楚音乐的可能的展现方式。所以，尽管录音缺失或遗失，从生成角度而来的音乐美学却可以是完整的。"凡物无成与毁，复通为一。"③

三

所谓乐派、学派，可以从地域上划分，可以就师承而

---

① 理查德·瓦格纳（Richard Wagner, 1813－1883），德国作曲家，德国歌剧创作的最高成就者。

② 《对话》中有一段故事颇为有趣："搭档我弹《众神的黄昏》的瓦迪姆·古扎科夫（Vadim Guzakov）是一个令人愉快的懒汉，但并非没有天赋。他有时候会参加圈子的活动。他疯狂地崇拜我，只不过是因为他着了瓦格纳的魔。一天晚上，我绕去了他那里，为我们的一些朋友演奏了整首《特里斯坦》。大概有四五个人。最后，他以一种极为幼稚的方式惊呼道：'我建议我们全部在斯拉瓦（里赫特的昵称——译注）面前下跪！'我当然抗议了，所以他继续说：'那好，如果你不收下我的膝盖，那就用口水喷我！拜托了，依你自己，朝我脸上吐唾沫。'他是一个狂热的瓦格纳迷，懂瓦格纳的所有作品。但是，当然，他极端得让人觉得有些东西在他身上很滑稽。他花时间向准备聆听的人证明瓦格纳是最伟大的作曲家。这或许是真的，却尽管这样（夸张）！"参见 Notebooks and Conversations, p. 35。《众神的黄昏》与《特里斯坦与伊索尔德》都是瓦格纳歌剧作品。

③ 语出《庄子·齐物论》。

言，如俄罗斯乐派、奥尔学派，等等。这种标记音乐历史地图的说法，似乎对于聆听者或者研究者并没有太多帮助，很难引导人们找到所要到达的目的地。里赫特的老师涅高兹桃李硕硕，下自成蹊，有几位同门钢琴家与里赫特一样声名显赫，属于世界级水平，如吉列尔斯（Emil Gilels）。[①] 每一位著名钢琴家都是西方文化艺术土壤的一颗硕果，滋味甘爽，与众不同，如果以艺术风格为学派特征，则人人皆有差异。俄罗斯的土壤中成长出一株株大树，比较教育家涅高兹，同时还有列昂尼德·尼古拉耶夫（Leonid Nikolayev）[②]、亚历山大·戈登维泽（Alexander Goldenweiser）、塞缪尔·费因伯格（Samuel Feinberg）[③] 等著名教师及钢琴家，远远望去，蔚然成林，令世界其他地域注目。"俄罗斯钢琴乐派"无外乎瞭望其风景而对之发出感慨敬畏的称谓。

里赫特没有任何学生，甚至认为涅高兹不该把全副精力都投入教学活动，耽误了作为一名钢琴家的事业。那么，什么是钢琴家呢？钢琴家即成熟的演奏者吗？显然不

---

① 吉列尔斯因为涅高兹对里赫特倍加推崇而生"既生瑜，何生亮"之慨叹，乃至后来与其师关系不甚融洽。

② 尼古拉耶夫任教于圣彼得堡音乐学院，他培养出肖斯塔科维奇、玛丽亚·尤金娜、弗拉基米尔·索夫罗尼茨基等钢琴巨匠。

③ 亚历山大·戈登维泽塑造了塔蒂亚娜·尼古拉耶娃、拉扎尔·贝尔曼等学生的演奏风格。费因伯格也是戈登维泽的学生，担任教师后，也培养出众多知名演奏家。戈登维泽与费因伯格与涅高兹一样任教于莫斯科音乐学院。

是。——涅高兹学派钢琴演奏艺术的核心是什么？本书也尝试探讨。钢琴作为一件独奏乐器足以与管弦乐队匹敌，涅高兹经常引用钢琴巨人安东·鲁宾斯坦①的话说："你以为钢琴就是一件乐器吗？它是一百件乐器!"钢琴音色之丰富确实可为乐器之冠。钢琴家是能够驾驭这一百件乐器的人。里赫特的曲目范围极广泛，他恐怕是曲目最广的钢琴家了，虽然他并未把所有钢琴套曲都逐一弹过。比如肖斯塔科维奇的 24 首"前奏曲与赋格"，他只选择其中 16 首；贝多芬 32 部钢琴奏鸣曲他也不全都演奏。吉列尔斯留下了整套《贝多芬钢琴奏鸣曲全集》的录音，非常之精彩，但里赫特的丰碑并不是依此建立起来的。里赫特极力提携后辈，他在录音室与伊丽莎白·莱昂斯卡娅（Elisabeth Leonskaja）录制了挪威作曲家格里格改编的莫扎特奏鸣曲和幻想曲，与安德烈·加夫里洛夫（Andrei Gavrilov）录制了德国作曲家亨德尔的《键盘组曲》，并建议在发行封面上将后辈的名字写在自己的名字之前。②莱昂斯卡娅认为跟大师一起工作是学习钢琴最有成效的时期之一。更不用说里赫特与小提琴家奥列格·卡岗（Oleg

---

① 安东·鲁宾斯坦（Anton Rubinstein，1829－1894），俄罗斯犹太裔钢琴家、作曲家，最知名的俄罗斯作曲家柴可夫斯基的老师，建立了圣彼得堡音乐学院，其弟尼古拉·鲁宾斯坦（Nikolai Rubinstein，1835－1881）创办了莫斯科音乐学院。

② 作为钢琴大师的里赫特蜚声国际是在 20 世纪 60 年代，而这些录音的录制已在 20 世纪 90 年代。

Kagan）、大提琴家娜塔莉亚·古特曼（Natalia Gutman）等人长期保持合作并留下为数众多的精彩录音了。里赫特虽然终生没有做教师，却以合作室内乐的方法把对音乐的理解作为永恒的理念印在他人的音乐心灵之中。

在学派的概念内涵之下梳理一个伟大个体的意义不会显得多么清晰，但是作为父亲的儿子、老师的学生、为听众而存在的表演者、与年轻后辈一同工作的合作者，则他的生命样态就会在音乐与话语的协和中变得有血有肉起来，变得具有可描述性、可分析性。话语就是一个人他自身。在里赫特身上，特别有趣的是，他所讲述的凡此种种经历都围绕着音乐展开，也就是在**话语**与**音乐**之间形成对流。对于语言与音乐之关系（即使看似都作为某种形式的表达）的边界界定，不论文字工作者（比如小说家、理论家），还是音乐学家都没能给出更好、更恰当的说法，但这个问题却一直徘徊于人心，里赫特也不例外。研究他的生平，可以发现一个现象：他与自己父亲的信任关系是在某种程度上通过共同欣赏瓦格纳而建立的；与涅高兹牢不可破甚至超越父子关系的信任是通过对演奏贝多芬、肖邦等人的个别作品而享有共同理念确立的；与作曲家诸如普罗科菲耶夫的信任是通过对后者创作意识不断更新的诉求而成立的；与合作者诸如小提琴家大卫·奥伊斯特拉赫同休共荣的信任关系是通过对舒伯特、弗朗克作品的共同认知而树立的。也就是说，作曲家们的名字作为意义联结的中点，一方面帮助人们理解里赫特这个人，另一方面帮助我们聆听他各方面的录音，都会起到关键的发酵作用，酝酿出理解话语与音乐之关系的独特的美学氛围。蒙桑容写道："在里赫特眼中，阐释者并不存在，毋宁说，他只是一面映射出乐谱的镜子，是极端精确而又一丝不苟的**阅读者**。[①] 这是一个独出心意的视角，当然，也是里赫特人格性的力量，以至于他是为数不多的一听到第一个音符就能被辨认出来的钢琴家之一。"[②]

"镜子"的隐喻是理解里赫特演奏艺术的法门。《对话》最后一章的标题即是"镜子"。"阅读者"的称号是从指挥家库特·桑德林（Kurt Sanderling）评价里赫特时所说的话中演绎出来的，他说里赫特不仅演奏（play）得好，他也能"阅读"（read）音乐。"演奏"这个词很有趣，用中文来对应地表达一位钢琴家出色的技艺，毋宁说"弹得好"，小提琴家则是"拉得好"，长笛手则是"吹得好"，都是指把乐器"玩（play）得好"，与正儿八经地演奏（perform）不同，前者是人与物（乐器）之间的对应，后者是人与人（观众）之间的应对。然而，当代中文语境下确实很难找到一个通用词去描绘各种吹拉弹唱之艺术的精妙，只能以"演奏"一词来充当。当我们意指一位钢琴家的技艺与艺术格调的时候，play 这个词比 perform 更自然，这或许是"钢琴家"与"演奏者"的区别。好的演奏者同

引言

---

① 黑体字为笔者所强调。
② *Notebooks and Conversations*, p. **XV**.

样可以把乐器"玩得好"，却是为了别人而"玩"，少了些对音乐本身的谦恭，钢琴家则更多地需要其他面向，比如"阅读"，对音乐之真诚的把握。里赫特把自己比作一面镜子，把音乐比作镜子中忠实可靠的映像，这就是"阅读者"。"作者"则是作曲家们。换个角度说，作为"钢琴家"的里赫特以作曲家音乐为核心，映射出世界中存在的一切，反射出去的镜子的光，变成人生，作为儿子、学生、丈夫、导师、演奏者、德裔的俄国人、世界人。当他专注地成为一面镜子的时候，周围一切都暗下来了，唯有从乐谱中发射出来的光。这是为什么他在演奏会上一丝不苟地阅读乐谱，只留一盏灯，连他自己都隐身在黑暗中。演奏者或许需要镁光灯聚焦，而钢琴家只需要一根蜡烛，这也是里赫特的一种"人格"。"指穷于为薪，火传也，不知其尽也。"①

里赫特是在当时他的生活圈子里唯一没有入党的钢琴家。有生之年，只发表过的一篇文章。在蒙桑容看来，里赫特拥有巨大的力量，他对艺术的热情大于政治，对友情的信任大于名望。尽管如此，蒙桑容也看到里赫特的焦虑和悲观。影片《谜》的结尾，里赫特最后一句话犹如一个回响不绝的重音："我不喜欢我自己！"一个怎样的人会不喜欢他自己？当他拥有了技艺、智慧、声望？——一个真实的人，他晓得自己何处伟大，何处渺小，由此见识到无

---

① 语出《庄子·养生主》。

限与有限，找到此中的自我价值，拥有人格和品格。故而，在笔者看来，"我不喜欢我自己"是一种人品。

四

笔者并不想将以里赫特为代表的钢琴艺术和演奏家艺术放入历史时间的坐标中去做标记，也不想把他放在历史空间的意义上树碑立传，即把他写成俄罗斯乐派中出类拔萃或是独一无二的佼佼者。笔者旨在贴近一种真实，这种真实是有温度的，是这个人，这个人属于音乐，属于美。里赫特的名字就是所要追问的"现象"的开端，是一种内在的美学问题得以延伸的契机。

蒙桑容在里赫特最后的日子里与之相处，带着某种遗憾："我很遗憾没有一台摄像机，去捕捉如此带有压倒性的悲伤，但也常常带有喜剧感的一张脸。最重要的是，它的表现力是无限的。真是万分遗憾，至少在那一刻，他嗓音的温柔与他说的话语的原创性，仅只在声音里被永恒定格。而且，往往不是他所说的话语的实际内容，而是他的沉默的诗意或伴随着的手势使人如此着迷。"[①] 这段描写似乎使人看到一幅里赫特带有表情的素描，素描印在聆听他说话的人的脑海，就连声音的温柔都成了画的一部分，其外才是话语的意义。其实，即使蒙桑容有一部摄像机，也

---

① *Notebooks and Conversations*, pp. XV - XVi.

无法补全这段文字所描绘的人格内容。人们在看一段访谈录像的时候，即便有意捕捉说话人的表情，判断他在说出这段话时的深长意味，也往往不能将这一切都沉淀在对一种声音质感的回味中去找到它的诗意。（心灵及回忆是最佳的摄像机。）①

话语的间歇，或者沉默中，会有很多悲伤，里赫特的悲伤是"压倒性的"，是背负之沉重，还是淹没之窒息？笔者找到一些他年轻时的照片观察他的表情，除了一种莞尔的音乐家气质，更突出的是他恶作剧式的调皮的笑，像喜剧中的滑稽角色。有一张他与姨母的合照，赤裸上身，披挂枝条、树叶，扮成丛林人彼得潘，笑容灿烂，是那样

---

① 涅高兹甚至把人类心灵的这种能力看作音乐的隐秘的源泉，他认为："我们的脑子里有某种'照相因素'在工作着……它会把一个认识领域中的现象译成另外一种"，进而，"音乐对于人类智慧的威力（音乐的'普遍存在性'）如果不是生根于人的天性之中的话，是无法解释的。要知道，我们所做的或所想的，不管它是最无关紧要的琐事还是意义重大的要事，无论是在菜场上卖土豆还是研究哲学，这一切都被某种下意识的感情色彩所渲染着……所有的大音乐家、作曲家和演奏家的精神视野总是非常广阔，对于人类精神生活中一切问题总是表现出极大的兴趣，这并不是偶然的。的确，许多伟大的音乐家都专心于自己的艺术，而几乎没有可能（也没有时间）对精神生活的其他各方面有深刻的认识，但是在他们身上总是有着这种认识的潜在能力。……任何认识同时也就是感受，因而，和任何感受一样，它也成为音乐的一部分而必然纳入音乐的轨道。……经常存在于人的精神中的一切'无法溶化的'、无法言传的、无法描绘的东西，一切'下意识'的东西（它往往是'超意识的'）也就是音乐的世界。音乐的起源正是在此。"（《论钢琴表演艺术》，第32-34页。）

恣情放纵，反而使女士显得有点儿拘谨了。[1] 里赫特即便是描述那"最暗淡的一章"，也让人觉得颇具喜感。悲伤与欢喜是什么关系？笔者相信，蒙桑容看到了里赫特人格的两面，传达出轻松积极的应对生存的背后，人所承载的人性之重。莫扎特的音乐就具有这种品格，一种升华的品格，这或许也是人类在音乐生活中进行探索的最真诚的品格。

里赫特是充满活力和好奇心的，他年轻时与大提琴家姆斯蒂斯拉夫·罗斯特罗波维奇[2]参加化装舞会，两人扮作鳄鱼，坐出租车都费劲，他们一出现，参加舞会的人都

---

[1] 如果说青年时代的里赫特找到了他的第二位"父亲"，即涅高兹，那么在童年时代，他就有了第二位"母亲"，即他的姨母达格玛·赖恩克（Dagmar Reinke，赖恩克是她的夫家姓）。曾有四年最关键的成长期，里赫特的母亲安娜·里赫特为了照顾身在异地的丈夫而不在儿子身边，一直由达格玛抚养他。达格玛是一位温柔而具有艺术气质的女性，她对小里赫特的照顾无微不至，为他画画、为他读书、为他排演戏剧。她看到了里赫特身上与众不同的一面。有一次，小里赫特被邻居家的两个小男孩逼在墙角殴打，鼻子被打出血，两个眼圈也被打黑了，但是小里赫特一声没吭。他的家庭教师斯塔布什小姐（Miss Stabusch）见状冲出房间，非常吃惊地问他为什么不还手、为什么不哭喊，小里赫特说道："我是一个非常不同的男孩子！"这句话此后作为达格玛撰述的书名。（参见 Karl A. Rasmussen, *Sviatoslav Richter：Pianist*, Boston：Northeastern University Press, 2010, p.34。以下简称 *Richter：Pianist*。）达格玛非常爱护里赫特，里赫特也非常爱戴姨母。他晚年遭遇重度抑郁症，达格玛送给他的一只玩具龙虾使他获得了极大的心理安慰，除了演奏会，他几乎须臾不离地带在身边。（参见 *Notebooks and Conversations*, p.140。）

[2] 姆斯蒂斯拉夫·罗斯特罗波维奇（Mstislav Leopoldovich Rostropovich, 1927－2007），俄罗斯最伟大的大提琴家之一，肖斯塔科维奇、普罗科菲耶夫都为其写过作品。

被唬得站在一边，面面相觑，欢快而惊愕地看着这两个怪物。① 他也曾一连几天消失得无影无踪，坐上城镇公交车，随便到哪个乡村去，找一架钢琴，就为当地人免费开一场演奏会。即使是正式演奏会，全世界也有上千个地方接待过里赫特。他的足迹从不循规蹈矩。然而，让我们看到他性格的两面性的事实是，晚年里赫特坦言他经历过严重的抑郁，蒙桑容记下了他的感触："我们在坐落于瓦兹河畔的奥维尔小镇（Auvers‐sur‐Oise）附近的一个迷人乡村为他找了一间房。他就在这里度过了春季，但是，中途又经过了一次短暂的就医，尽管是必要的，还是加重了他的抑郁。那里既没有钢琴也没有音乐，没有书读，没有散步的去处，只隐隐约约有一种永久的苍白无力感。这还是那个里赫特吗？还是那个充满活力、不可毁坏、好奇心不知餍足的伟大的里赫特吗？一天晚上，我们激动地参观凡·高故居，尽管他极度疲倦，还坚持要爬三层楼，到这位令人扼腕的画家的房间——在其生命的最后阶段，这种行为无外是一位大艺术家在向另一位致敬。返回的路上他第一次告诉我，他过去也曾经历重度抑郁的状态。就在这个时候，他确信他虚弱的心脏不会让他从抑郁中活着挣脱出来。"② 里赫

---

① 参见 *Notebooks and Conversations*，p. 117。

② *Notebooks and Conversations*，p. xix. 里赫特在生命的最后15年里，健康每况愈下，一个重要的因素是因为听力问题而陷入抑郁的情绪。1995年做了"心脏搭桥手术"，治疗冠心病。做了手术之后，他就不能开演奏会了。虽然身体逐步恶化，但他还是坚持每天在钢琴边弹奏数小时。

特晚年的抑郁有病理性因素，但贯穿着其一生的还有即使在健康状态下的焦虑，在《对话》中，里赫特对自身负面情绪的叙述使用最多的就是"焦虑"这个词。

里赫特把自己与凡·高所经历过的抑郁在内心做了比较，在旁人看来是致敬，却向什么致敬呢？病痛吗？或者是痛苦中仍能创造的力量？大艺术家们在各种生存形态中不能放弃的是造型的工作，比如凡·高的画、贝多芬的音乐，世界被展现为美，而世界却展现痛苦，里赫特的担心，不是灵感的枯竭，而是身体衰老所带来的灵魂与钢琴的距离在不断变远。他年富力强的时候，艺术帮他阻挡了各方面的压力，包括行政监察、同行嫉妒、文化交流的隔阂、人们面对音乐理念不经意产生的错误，这些因素曾经都令其焦虑，钢琴成为一条拯救之路，通往其个体的自由，同时也把自由带给能在音乐中去爱的人们。①

里赫特个性的复杂在于其两面性的交锋，消极的与积极的、悲伤与欢喜、焦虑与希望、好奇心与创造力、舍弃与选择、生活与音乐、丑与美，因其在烽烟中得到陶冶、

① 《对话》中有一段记载让人十分动容，对刻画里赫特的形象也十分典型。蒙桑容回忆道："他告诉了我他最近的想法：'音乐只应该被给予那些爱它的人。我想举办一场免费的音乐会，这就是答案。'我对他愉快地点头表示赞同。'你知道谁会反对这种观点吗？'他问。'筹办方，他们不喜欢这种事情。'无邪而通达。这完全是里赫特的风格。'但是我有解决这个问题的办法。我们在舞台上放一个大的黑帽子，让那些愿意捐助的人可以那样做。'"（Notebooks and Conversations, p. XX.）

扬弃，于是变得简单与纯粹。如果说他与其他音乐家有什么不同的地方，那就是他在人性活动中挖掘出的自由程度更深更广。

五

涅高兹评价里赫特在观察和分析作品的时候，拥有俯瞰其整体的天赋。正如莫扎特说他在进行一部交响曲创作时，犹如观看掌上的一个苹果。当我们找出里赫特演出的视频资料，会发现他犹如坐在钢琴之外，远离作品，纯然用一种无可替代的表达方式把某物和盘托出，虽然他的身体在与乐器搏斗，似乎要制服一头猛兽，他的意识在高速运转，逐字逐句，不放过任何音符与标记，尽量避免产生错误或者导致模糊，哪怕手指已经因为千锤百炼的功夫而仰仗熟能生巧的习惯令人眩晕地飞舞着，却从来不会抬起过高而加入表演性质，他所诠释的音乐的内容是那么可靠、鲜明、生命力四射。作品像印刻在人们耳中一样，听众的脑海一定会浮现出某位作曲家的名字，并把这个名字与一种理念相关联。在掌声雷动之前，远镜头中的里赫特又似乎是不动的，当镜头拉近，就会看到他身体的起伏也不算小，但没有装饰性动作，就如同他严肃而轻微有些咬紧的嘴唇、穿透一切又布满憧憬的目光一样，干净、紧凑而虔诚。身体与音乐阐释的关系是紧密的，对于演奏家而言，这种关系的体现相较于作曲家与欣赏者的任何一方都更加不可忽视，甚至可以这样来定义演奏家，即：用他的身体来呈现音乐的人。所以，当晚年的里赫特因为听力受损而越加悲观的时候，他面临的困难是在何处继续实现音乐美。人们可以设想，音乐家将其身体以及身体观念，全部或者部分地投入到演奏中的不同的情况，决定了他所创造的可以被聆听的音乐的状态。可以理解的是，当里赫特被人们指责随意取消演奏会的时候，他有充分的理由（身体状态不佳）；而当他评论奥伊斯特拉赫无与伦比的琴音，并把这一秘诀教给卡岗的时候，他指出腿和肚子①的作用。② 在里赫特这里，身体与传达音乐之间的关系应该怎样界定，也是本书要考察的问题之一。

人们把李斯特的手形做成手模，奉为神明。有的钢琴家在论及乐器与身体的关系的时候，最为关注手指、手腕、双臂的运动，③ 而涅高兹在教学的实践中更为关注整

---

① 用中国的概念理解即"丹田"。歌唱家的完美歌声也要依靠丹田。

② 里赫特说："……在我听过的所有小提琴家中，他是最伟大的。几乎无法想象的音色之美，没有任何紧张感的力道。在演奏时他几乎不动，小提琴就是他身体延伸的一部分，一切都被承载到了他的腿和横膈膜之上。当我与奥列格·卡岗一起演奏——他最出色的弟子、一流的小提琴家、真正的音乐家、一个可爱的人，但常常因与音乐无关的事情争辩——我总是要提醒他，最重要的事情就是肚子和腿。虽然听起来滑稽，但就是肚子和腿创制了美好的音色。"（*Notebooks and Conversations*, p. 117.）

③ 例如约瑟夫·列文涅（Josef Lhevinnne）在其《钢琴演奏的基本原则》中提到手腕的放松是好的音色的来源等相关理论。参见 Josef Lhevinnne, *Basic Principles in Pianoforte Playing*, New York: Dover Publications, p. 21。

个身体的协调，以及弹奏力量的来源。① 里赫特在演奏的时候，很明显地体现出涅高兹教学法的益处，以至于他是"一听到第一个音符就能被辨认出来的钢琴家之一"。我们在里赫特的演奏艺术中或许可以看到身、心关联的密钥，也就是把身体之于心灵、心灵之于情调、情调之于表达、表达之于力量、力量之于造型、造型之于感染力、感染力之于接受性等等，给予一种现象描述的可能性，从而管窥创制音乐的秘密。为什么里赫特的任何一场演出都给人留下不同的印象呢？为什么这般印象又是如此深刻？当人们到后台祝贺他演出成功的时候，年轻的里赫特往往不以为然，他说，其中 16 个小节弹得还可以，其他的部分丑态百出。② 他对自己要求非常高，尽管在初次登上舞台的时候，就以最高标准确立了演奏艺术的风向标，人们仍感有趣的是：有的钢琴家是逐渐成熟起来的，所以早期的演绎可以与其晚年在风格上做出迥异的比较，而里赫特虽然在20 世纪 40 年代、50 年代，直到 90 年代演奏生涯的历程中，一以贯之地保持着演出标准的严格性，只是在晚年的录音中，能够听到乐句以及速度变化之于身体衰老的体现，尽管如此，每个音符仍然铿锵有力，每个乐句都与作品整体是协调的，与当下的音乐鉴赏是协调的，乃至于与

---

① 参见本书第三章第二节。

② 参见〔俄〕海因里希·涅高兹《涅高兹谈艺录——思考·回忆·日记·文选》，焦东建、董茉莉译，人民音乐出版社，2003，第 141、418 页。

音乐会上空盘旋着的缪斯女神的灵感是协调的。加拿大钢琴家格伦·古尔德（Glenn Gould）对里赫特赞誉有加，[①]甚至愿意当他的经纪人，帮助他制作完美的录音，但里赫特却对他颇有微词。观看古尔德与里赫特二者晚期的表演视频并进行对比是有趣的，前者几乎蜷曲进钢琴里，而后者始终与钢琴保持着独立性的距离。在本书中，笔者也尽量呈现里赫特对同行们进行评价之基准。

六

或许没有人能够像里赫特那样完美地演奏舒伯特了。[②]蒙桑容制作《谜》的时候，把舒伯特遗作降 B 大调奏鸣曲的慢乐章作为贯穿影片的背景音乐。他说："这是作曲家最崇高的和最令人心醉的作品之一，里赫特的演奏才配得上。"[③] 这对后世的影响是显而易见的，如葡萄牙钢琴家玛丽亚·胡奥·皮尔丝（Maria João Pires）在 Deutsche Grammophon（德意志留声机，以下简称 DG）公司录制舒伯特的即兴曲，特别在扉页上题献里赫特，女钢琴家对舒伯特风格的理解借鉴了大师许多。里赫特的曲目大多集中在德奥作曲家与俄罗斯作曲家的范围，对法国作曲家的作品演绎得相

---

① 具体参看本书第二章第二节。

② 参看本书第二章第三节以下的分析。

③ *Notebooks and Conversations*, p. XXXii.

对少，① 但是当他弹起圣－桑 F 大调第五钢琴协奏曲的时候，大概也无人能出其右。② 按理说，弹奏曲目如此之广，应该有一些偏门的成名捷径，里赫特却始终坚守在西方音乐的古老传统之中，即使唯有经过他的弹奏才让人们广为接受的小众作品，也立即能跻身于博大的传统之内，成为经典的钢琴音乐文献，成为听众耳朵的记忆。他对作品的挑剔同时也是音乐品味敏锐性的高度表现。里赫特不是作为一名演奏家而星列于音乐之苍穹，而是像黑夜笼罩一切，让音乐作为一轮孤月愈加显得光辉夺目。这是把里赫特当作音乐之"现象"（显现）的又一明证。"不图为乐之至于斯也"！③

这样一个人，就不仅仅是音乐的**阅读者**，而同时也是音乐的**书写者**，虽然他并不作曲，不是作曲家，④ 他却以

---

① 除了德彪西、拉威尔、弗朗克等重要作曲家的曲目，现存录音中，他还与多莲卡合作过肖松（Ernest Chausson）的歌曲，担任伴奏；以及普朗克（Francis Poulenc）《为钢琴与 18 样乐器所作的舞蹈协奏曲》（FP 51）、《D 小调双钢琴协奏曲》（FP 61，莱昂斯卡娅担任第二钢琴）等小众音乐。他从未演奏过西班牙作曲家的独奏作品，除了为多莲卡伴奏法雅（Manuel de Falla）创作的歌曲，他认为法国作曲家对西班牙风格的拿捏远远超过了西班牙本土的作曲家。

② 与里赫特合作该作品的指挥家有克里斯多弗·艾森巴赫（Christoph Eschenbach）、基里尔·康德拉辛（Kyrill Kondrashin），与前者的合作录音堪称名演。CD 参考编号：Victor Japan VICC－60080。

③ 语出《论语·述而》。

④ 里赫特曾说过，他之所以不作曲是因为政治因素，当时俄国对文化作品的监察甚为严格，甚至泯灭人性。从肖斯塔科维奇的《见证》一书可见一斑。

"让……聆听"的方式创制或写作音乐。当音乐还不是被听见的某物的时候，它们甚至还不是音乐，只有在绵延的时间中乐音的快、慢、强、弱——呈现，在人们的意识中变作具体的形式，通过话语的追溯与交流而实现出来，音乐才是音乐。[1] "让……听见音乐"是写作音乐的另一种方式。对像里赫特这样的大师级演奏者与每一位鞠躬尽瘁的作曲家都应作等量观。"听"是实现音乐的前提条件，也是里赫特对音乐进行诠释的所有哲学的起点。从这一起点开始实现的是听音乐的"自由"。[2] 钢琴家听到他手下变幻出来的音乐，与音乐厅中听众听到的音乐，以及音乐厅之外、在其他历史时空中的人们听到的那场音乐会的唱片，虽然有不同，但"听"是一致的。里赫特帮助热爱音乐的人们打开耳界，进入由音乐而交付的美学世界，这是笔者研究里赫特的初衷。

俄国作曲家亚历山大·格拉祖诺夫（Alexander Glazunov）对他的学生肖斯塔科维奇说，业余爱好者能成为最好的音乐家。（要是他们知道怎么演奏就好了。）[3] 涅高兹在《论钢琴表演艺术》将近结尾处写道："唱片录下了这么多卓绝美妙的东西，因此使我有时竟产生一种罪恶的想法：音乐学院高年级或研究班的程度深的学生跟教师个别

---

① 参见本书第二章。

② 参见本书第四章。

③ 参见《见证》，第100页。

上课的方式恐怕不久就要自行消灭了——教师将让位于唱片。"① 他劝告一位经常去找他讨论拉赫玛尼诺夫第二协奏曲的研究生说："干嘛还需要我呢？拉赫玛尼诺夫本人就可以给你忠告的；把唱片去听上十遍或者二十遍，② 然后我再听你弹一次，看看这样的'听音乐'对你有什么作用。"③ 在他的学生中，最爱"听音乐"、对唱片发表认识和评论的，恐怕就是里赫特了。里赫特既是专家、大师，又是"爱好者"。笔者研究里赫特，是以爱好者的身份写作，也是用文字追寻里赫特的话语，与他一道去听，映射着相互的"书写者"的角色，开启一种关于"音乐美学"的讨论。

七

这里还需略谈本书所征引的主要参考资料，便开始以下各章对里赫特人格与艺术理想的现象探究。除了蒙桑容的作品，笔者还用到了卡尔·莱斯姆森的《斯维亚托斯拉夫·里赫特：钢琴家》这本传记。莱斯姆森是波兰人，大学教职，也是一位作曲家，应有音乐素养，但是他的书并未体现这一点，他的分析未从专业角度出发，而更多地搜集了一些史料，以及对曾在里赫特身边共事的一些人的访

---

① 《论钢琴表演艺术》，第 277 页。
② 拉赫玛尼诺夫弹奏录制了他创作的全部钢琴协奏曲。
③ 《论钢琴表演艺术》，第 277 页。引文中为保持统一，修改了作曲家译名。

谈，但是缺少确实与里赫特关系特别密切的人，也就是说，关于里赫特的八卦谈论得要比里赫特的内心多。他甚至对里赫特不太尊重。里赫特对于他只是一个叱咤风云的历史人物，而非真正的艺术现象。他说："本书不是一项音乐学上的努力。……这本书基于大量未整理的数据、资源、材料以及信息，所有这些都部分地通过私人联系和关系而获得。……我不保证我无意间不会造成新的不准确性。"[1] 莱斯姆森承认自己不严谨。但笔者确实从他的书中获取了一些不常见的事实说明，并且补充融入到了写作中。对于他的观点的不可取之处也做了探讨。

另外，对笔者帮助最大的还是涅高兹的两本书，即《论钢琴表演艺术》和《涅高兹谈艺录》。涅高兹的思想恢宏深邃，往往引起笔者对哲学家著作相似段落的回忆，所以对于推进写作特别有益。如果涅高兹、里赫特师徒在世，笔者想要全副身心地拥抱他们。[2]

---

[1] *Richter*：*Pianist*，p. 273.
[2] 本书的所有注释都是笔者所作，后文不再特别标出。建议读者在阅读过程中按顺序结合正文阅读注释，相当一部分注释起到指引前后文的作用。

第一章
人们

　　了解一个人可以先从他身边的人们开始。在他眼中，
"人们"不像在后世的人看上去的那样，都处在一个平面，
作为均匀布满历史的无差别的点。有些人是生命中印刻
的、铭记的，除了他们其他都是无意义的，有些则是需要
逃避的、转瞬即逝的，尤其在一颗敏感的心灵里。由里赫
特的话语我们至今能够判断谁在他的心里留下了印记，而
他们又是"谁"，即是说，是怎样的印记。对他最具影响
的人是涅高兹和父亲，[①] 但后者是一个若即若离的形象，

① 里赫特说他人生中有三位老师：涅高兹、父亲和瓦格纳。参见 *Notebooks and Conversations*，p. 25。这个排序很有意思。他对（转下页注）

甚至在抗议被人窃取、填充、补位的挣扎之下才显得更为突出。① 如今，在莫斯科里赫特故居的卧室中，窄窄的单人床的床头挂着涅高兹照片，侧面墙上挂着他父亲的一幅油画肖像。这是值得研究的现象。在他父亲遭遇了离奇不公的死亡之后，还有谁曾在年轻人的成长中占据核心位置？为什么在艺术与政治之间，他的态度会那么明确？父亲与母亲是怎样的人，② 在父母之间，钢琴家选择了怎样的信任关系？这是研究里赫特的一个切入点，下文将主要围绕他与"父亲"和"老师"的关系展开，从而描绘一个简单的缩影，其中尽可能包含那些在他早期生活中重要的"人们"。

（接上页注①）瓦格纳的喜爱来源于父亲，却把老师的名字放在首位。若这里对三位重要人物分配一个比重的话，则涅高兹占据一半，后两者之和作为另外二分之一。然而，前二者又都是里赫特亲近的现实中的人，瓦格纳却是一个音乐理想，如果把前述比重重新分配，则前二者之和可相配于一个音乐理想。

① 这里提到的想要篡夺他"父亲"地位的人是他的继父，详见后文。

② 里赫特的父亲特奥菲尔·里赫特（Teofil Danilovich Richter, 1872 - 1941）出生于今乌克兰奥德萨的日托米尔（当年属于俄国），德裔，管风琴家、钢琴家、作曲家。1893 年到 1900 年，在维也纳音乐学院学习，期间为瓦格纳的音乐所倾倒，毕业后作为家庭教师留在维也纳，长达 22 年。里赫特的母亲安娜·摩斯卡列娃（Anna Pavlovna Moskaleva, 1893 - 1963，婚后随夫姓）出身于俄罗斯贵族地主家庭，一度跟随未来的丈夫学习，二人 1914 年成婚。里赫特出生后不久，他父亲接受了奥德萨音乐学院聘任。1930 年，经苏联官员推荐，官方邀请他在德国领事馆任教，这件事成为他人生的转换点，其后被枪杀与此有关。

一

里赫特的祖父是属于波兰地方的德国人，后来去了乌克兰。在当时，俄国的许多城市或小镇都保留着人口、学校、教会属于自己人的德国区，因此他父亲出生后，不仅在血统上是德裔，所受的教育也是德国式的。他的父亲曾远赴维也纳学习音乐，在维也纳期间开始了解到诸如挪威作曲家爱德华·格里格①等人的音乐，尤其对于瓦格纳爱不释怀，颇有一种崇拜。里赫特从小听父亲给他讲维也纳的故事，而他自己第一次去维也纳是在 1961 年，时年 46 岁，父亲已不在世，凭着儿时的记忆，他竟然不用向任何人问路，就能在那座城市中穿梭自如。② 由此可见，他父亲对于维也纳的钟情同样深深刻在他的记忆中。因此里赫特对瓦格纳也继承着一片痴情，③

---

① 爱德华·格里格（Edvard Grieg, 1843 - 1907），挪威乐派的代表人物，斯堪的纳维亚国家民族音乐的引导者。里赫特晚年才开始侧重诠释格里格的钢琴小品，他是当时在公众音乐会上演奏格里格的先锋。里赫特的格里格与其他钢琴家风格的不同之处在于，他使得这些抒情小品具有了一种史诗风格，比如在纪念作曲家诞辰 150 周年音乐会上的演奏。CD 参考编号：Live Classics LCL 442。

② *Notebooks and Conversations*, p. 8. 现存录音资料中里赫特弹奏父亲作曲的唯一作品是一支名为"老维也纳"的华尔兹，时长 1 分 38 秒，CD 编号：Venezia CDVE 04398。

③ 里赫特回忆父亲时说："他在维也纳的时间都花在歌剧院听瓦格纳了，他也告诉了我所有瓦格纳的故事——我开始对瓦格纳感兴趣，并开始学习《唐豪瑟》与《罗恩格林》的声乐总谱。"（*Notebooks and Conversations*, p. 14.）

在他童年时，只要手指一触碰琴键，脑海中就会叠叠不绝地涌现父亲给他讲述过的瓦格纳歌剧里的故事。①

想象力是艺术创造的一个源头。有人说过，里赫特的头脑中保存着几百年来的钢琴乐谱，就像一座小型图书馆一样，珍藏着各个时代的音乐奇迹。（当然像他那样曲目甚广的音乐家才有资格获此美誉）。涅高兹对此分析道：

> 里赫特不仅是一位音乐家，而且是一位最有才华的画家……我再次提起这件事，只是为了揭示他天赋的"奥秘"。他同时具有敏锐的视觉和听觉，这是一种非常罕见的结合。对他来说，所有的音乐都充满了各种形象，有时甚至是非常奇特的形象。例如，在谈到普罗科菲耶夫的《第二钢琴协奏曲》第三乐章时，里赫特说："一条巨龙正在贪婪地吞噬着孩子们。"在谈到普罗科菲耶夫的《第六钢琴奏鸣曲》第一乐章时，里赫特又说："这是正在进行中的工业化。"如此等等。②

这两个有趣的例子像极了瓦格纳歌剧的气质或场景，是一种

---

① 迄今为止，在录音文献中，能够听到的唯一一首里赫特弹奏的瓦格纳作品是第 93 号《降 A 大调"悲歌"》（Elegie in A - Flat Major, WWV 93）。1975 年 1 月 12 日在莫斯科举办的音乐会上，里赫特以此作为安可曲弹奏了它，节目单标题却是：瓦格纳的《题献》（Richard Wagner, *Dedication*）。之所以用这样的标题，或许是以此献给他值得尊敬和回忆的一切。这一支安可曲已出版的录音可参考 CD 编号：Music & Arts CD - 775。

② 《涅高兹谈艺录》，第 321 页。该书中，里赫特的译名为"里希特"，为便于阅读，引用时做了改动。以下不再赘述。

复杂的、壮观的、多色调的、"奇特的"——用涅高兹的说法——图画。在"想象力"（imagination）这个词中包含着的"图画"（image）的造型意义，被涅高兹阐释为一种听觉与视觉力量的"结合"。这是非常妙的。毋宁说，在这样的头脑中，保存着的不是一篇篇无休无止的、光耀万年的卷宗和乐谱，而是一幅幅美妙的形象，如同大海远处无穷无尽、变化万千的海市蜃楼，缥缈又实在，又或者像行进在一间无限延伸下去的美术馆，琳琅满目，寓意深长。或者这是里赫特尤其喜爱穆索尔斯基①的《图画展览会》，② 认为钢琴版比管弦乐版更优秀、更奇妙，而他弹奏这部作品又似乎无人能及的原因，这本身就耐人寻味。③ 或许，将音乐图像化的能力的发展与童年里赫特所受的影响有关。

---

① 穆捷斯特·穆索尔斯基（Modest Mussorgsky, 1839 – 1881），俄罗斯先驱作曲家。在保罗·亨利·朗（Paul Henry Lang）看来，穆索尔斯基是唯一能在俄罗斯作曲家中媲美瓦格纳的人物，他写道："穆索尔斯基是近代音乐现实主义和自然主义的奠基人……他固然在表达'戏剧的真实'方面极其直率，但他却是从人的心灵中寻求戏剧真实的。……像瓦格纳一样，穆索尔斯基是一个心理学家，但是和这位德国人不同：这位德国人试图在艺术的统一体中抓住人的心灵的积极的力量；而穆索尔斯基则与他伟大文学同道果戈里和陀思妥耶夫斯基一样，人心灵底层形式不定地熏燃着的力量和热情吸引着他。"（〔美〕保罗·亨利·朗：《西方文明中的音乐》，顾连理等译，广西师范大学出版社，2014，第968页。）

② 里赫特认为《图画展览会》（Pictures at an Exhibition）是俄罗斯最好的钢琴作品。参见 Notebooks and Conversations，p. 190。

③ 迄今整理发行的里赫特弹奏《图画展览会》的现场录音为数不少，共12场次（从1949年12月8日的录音到1970年1月20日的录音），而他首演此作品即在1949年，20世纪70年代后则没有再演出过，一生共计104场次。这是他经常演出的曲目。

他的父亲在他幼小的心灵里唤来了一场想象力的疾风骤雨。他在 11 岁之前，幸福地过着沐风化雨的生活，甚至 9 岁那年，创作了一部名为《朵拉》（Dora）的戏剧，有 8 幕 15 场 13 个角色，并在父母举办的小型晚宴上搬演。

11 岁以后让他最厌烦的事情开始了，那就是：学校。①他在 8 岁那年，已经认定自己的心被音乐夺走了，对算数没兴趣。他有时候逃学一整天游荡在奥德萨城里，不想被学校洗脑，只想以自己的方式认识世界，他说当一个逃学的人，比在学校里学得多。

里赫特逃学的时候显然不是自我放纵，而是在寻找自我。他寻找自我的方式也与父亲依偎在一起，虽然两人有时不合拍。他回忆说：

> 我的父亲实际是一位值得注意的钢琴家，他如果闲下来了，就会在晚上练习 2 - 3 个小时。无须说，我一直听着。毋庸置疑，他的演奏在我心中留下了深刻的

① 里赫特在《对话》中描绘了他的小学生活："我恨学校。即使到了今天，一想到它，我就全身发抖。我讨厌它的方方面面，其中，它的义务性最让我难以接受。那里的孩子们都是真正的无赖，即使这所学校属于德国人，并有一个良好的声誉。我们的班主任彼得斯太太是一个相当严厉的女人。我们都被她吓坏了，尤其她总是那么冷静，保持着照片儿似的恬美与沉着，然后突然用一种可以推倒耶利哥城墙的声音尖叫道：'滚出去！'事实上，她挺好看的，与蒙娜丽莎有几分神似。她还是相对偏爱我的，即使她有一回惊叫——用德语，听上去更吓人——'你们这些懒骨头！说的就是你们！不过那个里赫特，是懒透了！'我的确从来不做作业。我总是很懒惰。我天性被动，这是我的一大失败。"（*Notebooks and Conversations*, p.12.）

印记。但是，只要我坐下来弹钢琴，他都会被我吓晕。我现在还能听见他的惊呼："这家伙儿做得真可怕！"

从一开始，我和他一起练习。然而，我从不表示对他的任何尊重，因此，他总是会很快就垂下手臂（表示无奈）。他是一个温和而寡言的人。①

036　　当年生活中富有意义的父子二人练琴的场景提醒人们注意到，钢琴是纽带，他的音乐教育是由父亲启蒙的，但是父亲并未教他什么，乐理知识是他向父亲的一位女学生学的，父亲只是会时常作为一名监督者，毋宁说，以一名不太那么认同自己孩子的评论家的角色在进行教育。小里赫特觉得，其实诸如乐理知识的课程只要完成了，就没有什么用了。但对于父亲的这种似有非有的教育实是终生难忘，因为父亲带给他瓦格纳。后来，父亲在奥德萨的歌剧院拿到一个管风琴师的职位，里赫特认为那是父亲送给他的最好礼物，② 因为在歌剧中看到的场景强烈地震撼着少年的心灵，③ 紧紧

---

① *Notebooks and Conversations*, p. 12.

② 由于经常跟父亲去歌剧院，18 岁时里赫特在那里也找到了一份工作，担任合唱团的声乐老师。

③ 指挥家洛林·马泽尔（Lorin Maazel）曾经建议里赫特主持排演瓦格纳的《指环》，里赫特被这个想法所诱惑，并且在想象中制造出一套成熟的旋转式布景：远处有岩石，巨大的树木耸立在上面；一块岩石不停地转动着，街道、马匹和女高音都呆若木鸡地坐落着，周围一切都在旋转；云飞掠而过，树摇曳不止，整个景象只有在耀光中才能看到，就像在闪电中一样。他要用这种方法产生的运动效果，反映音乐的起伏。但这从来没有实现过。参见 *Notebooks and Conversations*, p. 147。

地抓住了他。父亲是他了解所有歌剧的因缘，他说："歌剧为我的教育提供了不可或缺的要素。"① 这句话包含怀念与感激。

里赫特的母亲比他父亲小 20 岁，对待孩子也更为宽容，更加保护他的自由。对于母亲，他的话语同样给出了一幅素描，当他最初学会了"视奏"的时候，

> 作为一个优秀的德国人，我的父亲明确地表示不同意这种方法。② 或者说，他认为不可以缺少方法的任何一环。另一方面，我的母亲却一直告诉他："由他去吧，让他做他喜欢的事，最好不要给他任何压力。"当然了，她是对的。在某种程度上她意识到应该让我自由奔跑。她会说："如果他不喜欢音阶练习，好吧，就说明他不需要。"结果，我从来不做音阶练习。从不!③

---

① *Notebooks and Conversations*，p. 15.

② 即不同意让他直接视奏。

③ 音乐家各有自己的成长历程与训练方法。涅高兹在教学中还是推崇审慎的训练的，例如他举例说："列昂尼德·科冈是最高水平的小提琴家，1963 年，我在'巴黎之春音乐节'上，几乎天天见到他。他对我说，他每天一大早，就开始弹奏音阶练习，一旦有一天没能练琴，他就感到很不自在。我问他：'"指法练习"也是如此吗?'他回答说：'当然，一定得这样练。'"（《涅高兹谈艺录》，第 139 - 140 页。）在里赫特遇到涅高兹之后，他的技术才变得更加规范化。科冈（Leonid Kogan）是中国当代乐迷非常喜爱和推崇的一位俄罗斯小提琴家，对他的演奏的鉴赏方面，形成了与大卫·奥伊斯特拉赫势均力敌的态势。但是里赫特几乎没有提过他，或许由于他与吉列尔斯是姻亲的缘故?

对于其他的练习，也是这样。从不！车尔尼，还是算了吧！我弹奏的第一支曲子是肖邦的第一首夜曲，接着还有他的 E 小调，作品 25 号的第五首。在这之后，我尝试视奏贝多芬的奏鸣曲，尤其喜欢用那首 D 小调。①

二

20 世纪 30 年代初期，里赫特的父亲遭到政治问讯，②1941 年被枪毙。父子背负的德国背景，使之在苏联生活得非常沉重。③ 直到晚年，里赫特仍未了解到父亲被杀害的原因。④ 他对自己的继父有所怀疑。事情是这样的：里赫特在奥德萨时，认识了一名音乐理论家鲍里斯·德米特里耶维奇·季内耶夫（Boris Dmitriyevich Tyuneev），又通过此人认识了后来成为他继父的谢尔盖·孔德拉季耶夫（Sergey Kondratiev）。季内耶夫曾建议里赫特跟随孔德拉季耶夫学习作曲。后者的父亲曾是一名旧俄时期的高官，但也是德裔，战争爆发之后，孔德拉季耶夫就不得不隐姓

---

① *Notebooks and Conversations*，p. 14.

② 当时他父亲在德国领事馆担任教师，给官员的子女上钢琴课。

③ *Notebooks and Conversations*，p. 21.

④ 如今披露出来他父亲被杀的档案是这样记录的："1941 年 8 月 25 日由奥德萨地方的 NKVD 逮捕，被指控有间谍罪。1941 年 10 月 3 日由海军军方陪审团判处死刑。1941 年 10 月 7 日夜晚由执行小分队开枪处决。1962 年 2 月 1 日经由苏联最高法庭专项调查组决定，犯罪事实不成立，予以平反。"（*Richter：Pianist*，pp. 135 – 136.）

埋名，从莫斯科逃到奥德萨，而且从此更换了名字。孔德拉季耶夫有一些灵气，也有很多年轻人排队找他上课。但此人总是"喋喋不休"，里赫特对他极难忍受。孔德拉季耶夫患有肺结核，里赫特的母亲一直无微不至地照顾他，战时他搬到里赫特家同住。当时人们要里赫特的父母逃亡，他母亲拒绝离开，理由是"不能把病人丢下不管！"于是不久，他的父亲惨遭横祸。[1] 有人传言是孔德拉季耶夫为了踢开这块绊脚石而向当局写了匿名控告信。事后，他母亲与孔德拉季耶夫离开苏联，去了德国，并结婚定居。孔德拉季耶夫此后又改了名字，姓"里赫特"！母亲在德国告诉每一个人，他是里赫特的伯父。后来，里赫特在苏联声名鹊起，孔德拉季耶夫对外宣称他是里赫特的"父亲"。

　　战争期间，里赫特与母亲离散，19 年未见面。1960年，她和她丈夫去听里赫特在美国的首演才再次重逢。对这次阔别已久的逢面，里赫特回忆说：

　　　　我的母亲已经完全变了——他（指继父——中译

---

① 当时里赫特已进入莫斯科音乐学院学习，不在父母身边。事隔两年，他走在街上才听一位妇女说他父亲死了："就在 1943 年我第一次造访第比利斯这座城市的时候，得知我父亲去世了。没有人告诉我是怎么回事。我只是简单地被一个儿时就认识的女人告知：他死去了。在街上，她走近我，并开始说起这件事情。我没有感受到她的同情心，并察觉出了一种突来的敌意。我说'哦，我知道'，但是事实上我一无所知。我不想听她说。也是过了好一段时间，我才了解到到底发生了什么。"（*Notebooks and Conversations*, p. 92.）照此说法推理，他母亲或者亲戚都没有把父亲的死讯通知他，隐瞒了两年。

注）无聊的絮叨、闲扯，就像对她下了咒一样。他从不让她和我单独相处哪怕一小会儿，甚至不允许她到一边儿去和我说一句私房话，而他自己却喋喋不休。然而，要对他谈论他的多语症是不可能的。我的美国之行结束时，在纽约的告别会上，我所有来自摩斯卡列约夫家（里赫特母亲的娘家姓——中译注）的亲属——与音乐世界无关的人——都在那里。而他却在大家用晚餐的时候一直自顾自地解释里姆斯基·科萨科夫的和声理论。没人对此感兴趣，但是也没有人能够让他闭嘴。①

美国之行结束后，里赫特满载国际声誉，逐渐在西方巡回演出，然而却还未曾在心心念念的、小时候常听他父亲提到的维也纳演出过。1962 年 6 月 1 日，在他第一次准备献技维也纳的当天，孔德拉季耶夫出现在那里，告诉里赫特："我妻子去世了！"随后登台的钢琴家表现非常糟糕，乐评家也没有放过他，报纸上用到"向传奇说再见！"这样的标题！②

里赫特在《对话》中曾这样谈论母亲："她是一位格外出众的女性，非常时尚——几乎难以形容的。她也是一个跟得上时代的人。③ 她对时事充满热忱，无论是俄罗斯正在发

① *Notebooks and Conversations*, p. 94.

② *Notebooks and Conversations*, p. 94.

③ 里赫特的母亲是一位地主的女儿，他们家有多种血统，而里赫特父亲是一名平民。起初，女方家庭并不同意他们的婚姻。

生的事，还是国外的，她都很上心，但这对我产生了反作用。毫无疑问，这是我对这类事情完全感到厌恶的根源。她总是责备我：'你为什么对政治一点儿也不感兴趣呢?'"①

维也纳是古典音乐之都，优雅的男男女女在华尔兹乐曲中拥舞，空气中弥漫着吻的味道。生命绚丽绽放的背后是死亡的枯寂。②对里赫特而言，这个城市是父亲为他开启的想象力所照耀的世界之一隅，也是听到母亲噩耗的现实世界之一角，如同在他生命中，父亲扮演艺术所赋予的角色，而母亲充当着政治的象征者，在硝烟弥漫的战争年代相遇、相爱、厮守、分离。一边是艺术，一边是政治，它们在争夺。何况中间还夹着一个黑黝黝的影子，那个极力想取代他父亲的人，他把他叫作"杀人犯"！悲剧的来源只是因为这个鬼鬼魅魅的人影？就像《哈姆雷特》里的克劳迪斯？骗娶了他母亲，杀害了他父亲?③ ——他为什么不复仇？

① *Notebooks and Conversations*, pp. 19 – 20.
② 奥地利钢琴家弗里德里希·古尔达（Friedrich Gulda）出生在维也纳，他对这个城市发表过类似的看法，并将之集中在舒伯特钢琴作品的表达意象上，他说："舒伯特就是维也纳人优雅的死亡意识。"里赫特弹奏舒伯特作品的意境极为深远，他被看作阐释舒伯特作品最优秀的音乐家之一。参看本书第二章。
③ 里赫特也常常把自己的命运与《哈姆雷特》联系起来。因一次偶然事件，他救活了孔德拉季耶夫：有一次，年轻的里赫特跟季内耶夫去孔德拉季耶夫家里，发现后者喉咙里卡了东西，正在地上抽搐，季内耶夫吓坏了，拔腿想跑，里赫特制止了他，并一起叫来了救护人员，孔德拉季耶夫得以生存下来，却成为里赫特日后的梦魇。参见 *Notebooks and Conversations*, p. 91。

三

时间回到 1937 年，战局恐怖，22 岁的里赫特为了逃避兵役并约束自己，决心离开歌剧院，离开父母、亲戚朋友，前往莫斯科，投奔涅高兹，[①] 系统学习钢琴。涅高兹回忆了与里赫特初次见面的情景：

> 这件事发生在 23 年以前。[②] 学生们请我去听听来自敖德萨的一位年轻人演奏，因为他计划报考莫斯科音乐学院我的钢琴班。
>
> "他音乐学校已经毕业了吗？"我向学生们问道。
>
> "不，他没上过音乐学校。"学生们回答说。
>
> 老实说，这回答使我困惑不解。一个从未学过音乐的人，竟然打算报考莫斯科音乐学院！我倒是要见见这个如此胆大的小伙子。
>
> 于是他来到我的面前，他个子很高，身材瘦长，浅色头发，闪着一双蓝眼睛，一张生动并具有吸引力

---

① 1934 年至 1937 年，涅高兹任莫斯科音乐学院院长。涅高兹此前访问奥德萨时，给里赫特留下过好印象。

② 这篇名为《杰出的现代钢琴家》的文章于 1960 年发表在《火星》杂志第 48 期。涅高兹为里赫特写的文章不仅发表于报章，也频频出现在自己的日记中。师徒二人感情甚笃。用指挥家库特·桑德林的话说，涅高兹每逢在音乐学院提起里赫特的时候，几乎让人以为他爱上了他。参见 Richter: Pianist, p.71。

的脸。他坐到钢琴旁，把一双又大，又柔软，又有些神经质的手放在键盘上弹奏起来。

他弹得非常矜持，以我看，甚至像是刻意表现出来的简单和严谨。然而，他的演奏立刻以某种对音乐惊人的渗透力，抓住了我的心。我悄悄地告诉我身边的一个女学生说："我看，他是个独一无二的音乐家。"当他演奏完贝多芬《第二十八钢琴奏鸣曲》①之后，弹奏了自己创作的几首乐曲，又弹奏了我临时给他的其他乐曲。②当时所有在场的人都希望他接着弹奏下去，弹得越多越好。

从这一天起，斯维亚托斯拉夫·里赫特就成了我的学生。③

在老师看来，这个初生牛犊不怕虎、自学成才的钢琴家是一位"独一无二的音乐家"，评论的不是他的技术，而是灵魂。两个灵魂相遇，使老师几十年后仍自豪地宣称他是"我的学生"。当天面试结束后，他们谈论了瓦格纳。里赫特自此把涅高兹当作第二位父亲。④里赫特入学后，曾因

---

① 在里赫特看来这首奏鸣曲是贝多芬作品中难度最大的，甚至比第二十九（op. 106）、第三十二（op. 111）钢琴奏鸣曲更具挑战性。参见 *Notebooks and Conversations*, p. 29. 他最初将它展现给涅高兹，可能一方面为了显示技巧，另一方面也为了呈现自己对音乐理解的独到之处。

② 考察里赫特早已成熟的视奏能力。

③ 《涅高兹谈艺录》，第 343-344 页。

④ 参见 *Notebooks and Conversations*, p. 26. 涅高兹也有德国和波兰血统，他的表兄是波兰作曲家卡尔·席曼诺夫斯基（Karol Szymanowski）。涅高兹曾回忆小时候与表哥在一起玩，后者的魅力甚至（转下页注）

为不满音乐学院那些与音乐无关的政治必修课，[1] 不告而别，弃学而返，涅高兹写信给他："你是我最好的学生！回来吧！"[2]

如果说瓦格纳是里赫特与父亲的心灵共鸣，那么贝多芬就是他与"第二位父亲"的思想共在，这不仅表现在他为老师弹奏的第一部作品就是贝多芬的这次偶然事件，他们关于这位作曲家的讨论和热爱自始而终——尤其是贝多芬降 A 大调奏鸣曲，作品 op. 110。虽然涅高兹认为像里赫特这样的"天才"，根本不能"教"他什么，只要保持"友好而中立"的态度做他的顾问就足够了，[3] 但最初和涅高兹学习，使里赫特通过贝多芬受益良多。他回忆道：

> 我唯一不是真心情愿演奏的就是贝多芬降 A 大调奏鸣曲 op. 110，涅高兹让我在音乐学院的第一学年以它作为练习曲。[4] 他告诉我这作品不能忽略，在

（接上页注[4]）使他感觉好像"爱上了他"。经常与涅高兹搭档的小提琴家帕维尔·科汉斯基也是波兰人，他们合作演奏了所有涅高兹表兄的作品。涅高兹也深受其舅父、著名作曲家、指挥家、音乐教育家费利克斯·布卢门菲尔德的影响，对瓦格纳喜爱有加。他们也曾在钢琴上演奏瓦格纳歌剧。1904 年，与舅父、表兄、父母、姐姐一起，涅高兹参加了拜罗伊特的瓦格纳戏剧节，这也是他最难忘的日子之一。

[1] 有两门科目挂科。

[2] *Notebooks and Conversations*, p. 26.

[3] 参见《涅高兹谈艺录》，第 344 页。

[4] 1937 年的学期末考试也考查了这首奏鸣曲。

它里面，我找到了很多富有教益的东西。我其实并不想学它：在我看来，它太本真了，几乎粗野，趣味不甚高，[①] 用咏叹调（Arioso）来为最后的赋格塑型。……

但余下的事实是，通过第110号奏鸣曲，涅高兹教给了我一种歌唱的音色，一种我梦寐以求的音色。可能这种音色一直在我心里，但涅高兹通过教会我如何放松双手，如何打开肩膀，把它释放了出来。他帮我摆脱了在歌剧院当声乐教师时期养成的发出杂音的旧习。[②]

那是怎样一种音色呢？涅高兹认为降A大调奏鸣曲是"检验钢琴家的试金石",[③] 他说：

> 为什么对于一个钢琴家来说，演奏贝多芬后期作品特别困难，其原因，不仅因为他的创作精神达到了几乎是不可逾越的高度，而且还因为，谱写这些作品的是一个完全失聪的贝多芬，这是世人有目共睹的。任何一个音乐家可以理解和接受的现实的声音，对贝多芬来说，这已成为过去，他只能回忆这种声音，我们仅从他的盖斯林根遗嘱中可以看出，这种回忆给他

① 相当于说"质胜文则野"。语出《论语·雍也》。

② *Notebooks and Conversations*, p. 29.

③ 《涅高兹谈艺录》，第58页。

带来的是何种痛苦。

有一次，当我正在和学生们分析贝多芬晚期作品时，我突然想起了一句话，后来我经常重复它："他（贝多芬）完全聋了，这对我们，而不是对他，真是一种莫大的幸福！"这个绝妙而可恶的世界上的任何噪音，再也不会影响他的精神，他可以在那种寂静中，在真实的寂静中生存，现在的许多创作家，正在执意追求这种寂静，有时实是难寻觅。贝多芬只能听见他所想像的钢琴声音，但对他这样一个失去听力的人来说，对这种声音的想像却是比较真实的现实。世界上几乎所有从事艺术的人们，都在反复地直接论述关于想像的作用和力量！①

在分析了作品中每一乐章的艺术特色之后，他接着解释道：

究竟为什么贝多芬在不朽的哀怨悲歌 Adagio 之后，在两首奏鸣曲——《第三十一钢琴奏鸣曲》（降A大调，op. 110）和《第二十九钢琴奏鸣曲》（降B大调，op. 106）中采用了赋格形式呢？为什么他不用回旋式或变奏曲式，谱写快乐的生活终曲呢？如果人的喜怒哀乐只深藏心底，难道就可以在极度悲伤之后，立刻直面表现愉快和兴奋吗？……

贝多芬相信自己的心灵，作为作曲家，他一直遵

---

① 《涅高兹谈艺录》，第58-59页。

照真实的心理反映，索性用声音来创作这种真实。在 op. 106 用 Adagio 和 op. 110。①

用两个 Adagio 表现内心动荡之后，思想、哲学思考和直觉成了他惟一的出路、生活出路，而且几乎是在最后一线希望破灭之后恢复的生活之路……心灵已无知觉，激情已经静止，它们全部被冰冷所围困，这样的生活还有什么希望？除了冷静的智慧和思维能力，一无所有；灵魂只有在被严寒侵袭着的星空中得以生存……用赋格音乐形式表现这种心态，在其他曲式中尚未有过。……

这就是贝多芬在自己的哀怨悲歌 Adagio（柔板）之后，开始使用赋格的缘故。②

涅高兹总结道：

只有通过思想，才能恢复生命。③

———————

① 贝多芬作品 op. 106 与 op. 110 乐章次序相同，后者经过更仔细的考量，构成更紧凑的形式，体量只有前者一半。其终章以 Adagio recitative 以及 Arioso dolente 表达作曲家在 1821 年经历疾病（严重的风湿病）的痛苦，接下来的赋格被抑郁的咏叹调打断，它的主题却随后回到倒转形式，朝向笃定生命的结论，而所有痛苦消失殆尽。贝多芬在 1822 年 3 月 1 日写给莫里斯·施勒辛格的信中提到了这部奏鸣曲的题献问题（但实际出版时并无题献）并讨论出版事宜。参见〔德〕贝多芬《贝多芬书简》（下册），杨孝敏译，广西师范大学出版社，2002，第 376 页。
② 《涅高兹谈艺录》，第 65 - 66 页。文中字母大小写有修正。
③ 《涅高兹谈艺录》，第 66 页。

四

请读者原谅这里较长的引用，想要梳理出里赫特与他老师的内在情感关联并不容易，要将两个灵魂深刻的共性呈现在纸面上，供人阅读，最好是还原人物的在场性，笔者特别希望读者能将里赫特的话语与涅高兹的文章作为学生与老师的课堂对话来看。里赫特对涅高兹的回忆性的话语，除了谈到老师见解的独特性和重要性，总有些欲言又止、词不达意的缺憾。幸而在涅高兹文稿中，人们可以透过对贝多芬一部作品的评论，找到两个灵魂之间相契合的原因。笔者认为，初出茅庐的钢琴家跟随涅高兹学习，获得的是一种透明的音色，这种音色饱含着静观的生活的寂静，[①] 同时，它源于思想，也就是说，在 op. 110 中的通过想象而得来的声音，最终安定地落在了思想的原地，一种对痛苦与欲望的安宁的解放，也即是说，老师给予这位学生的是——在其青少年时期，父亲没能彻底带给他的——理智。[②]

[①] 里赫特说通过学习李斯特的奏鸣曲，涅高兹教给他"寂静之音""寂静的艺术"。参见 *Notebooks and Conversations*，p. 29。涅高兹说："我……经常对学生说……声音应当被笼罩在寂静中，回绕在寂静中，就像钻石放在天鹅绒的小盒子里一般。"（《论钢琴表演艺术》，第96 – 97页。）

[②] 涅高兹教学法认为，造就一位伟大钢琴家的三个重要法则是欲望、理智、技术，但理智永远是第一位的。他说："理智程度越深，激情联系和结合越广泛，艺术家的个性就越鲜明，他给人们带来的快乐就越多，他的技术则更加完善，因为他清楚地知道，他之所需。"（《涅高兹谈艺录》，第386页。）

里赫特即使在晚年回忆最初与涅高兹相遇学习 op. 110
之精神时，仍把自己描绘成一个扭拧的、任由自身喜好、
懵懂无知的青年形象，可见他对涅高兹的贝多芬理解不仅
接受，也是钦佩的，亦即情愿把老师成熟的理解保留在自
己原初心智的另一侧，使自己不断受教。

上述涅高兹的文字颇有课堂讲课的效果，让人感到他
的真诚、激情、对贝多芬作品理解的深度，以及经历过人
生苦痛的、超拔式的心灵。人们似乎看到了一个格式的三
位一体，贝多芬沉淀下来的纯净，通过涅高兹的传授，变
成里赫特指下实在的、透明的声音。不得不说的是，
op. 110 是里赫特最初向公众演奏的作品之一，一生演出共
117 次，也是他演奏所有贝多芬奏鸣曲中次数最多的，尤
其到了生命最后几年，演奏愈加频繁。①

里赫特就读莫斯科音乐学院时，钢琴教师中有三大顶梁
柱，分别是：戈登维泽、伊贡诺夫（Konstantin Igumnov）以
及涅高兹。里赫特认为：戈登维泽代表老传统，是学究式的钢
琴家，学术性很强，但缺乏想象力，他所研究的重要事情就是
究竟要弹 "ta‑ri‑ra"、"ti‑ra‑ri"，还是 "ti‑ra‑ra"。② 伊

---

① 首演于 1937 年。20 世纪 90 年代演奏次数最多，达 38 场次。迄今出
版录音资料 27 场次（1951‑1992）。

② 戈登维泽以其演奏的客观性著称，常将其深入的知识诉诸权威，在
其本己的个性与作品之间彰显的是坚实的理解力，他小心翼翼地分
句，在不同的声音织体中建立联系，那种确定性的严谨性，使见证
其演奏的性格内向之人，感受到高度的自制。作家列夫·托尔斯泰
就是他的一名挚友与听众。

贡诺夫是一位杰出的音乐家，富有原创性，他的演奏没有任何羽饰却仍然非常抒情，他的音色光亮而又文雅，然而音域还是相当有限，他也是另一个时代的人了，年纪比涅高兹大不少。当时，正是涅高兹，开辟了一条属于所有俄罗斯青年钢琴家的道路。①

涅高兹在课堂上话不多，举譬设喻，以其丰富的文史知识，清晰明白地用十分形象的语言解释音乐中所包含的内容。② 他

① *Notebooks and Conversations*，p. 30. 虽然笔者在本书中使用"涅高兹学派"这个说法，但涅高兹并不认为自己属于或者创造了什么学派，他只是把自己哪怕是犯错的经验告诉给学生，让它们变得有用："我缺少人们称为学派、学科的东西。但是塞翁失马，安知非福，虽然我有时走了许多弯路，但我的迫不得已的独立性却促使我凭自己的智力摸索到许多东西，连我的失败经验和错误认识后来往往也成为有教育意义和有用的东西；而且在以艺术为专业的事业中，个性所决定的即使不是一切，至少也差不多等于一切，因此，凭自己的力量所获得的东西和凭自己的经验所感受到的东西总是唯一可靠的基础。"（《论钢琴表演艺术》，第 20 页。）涅高兹的高足包括：里赫特、吉列尔斯、雅科夫·扎克、艾玛努伊尔·格罗斯曼、阿纳托利·维德尼科夫、叶甫根尼·马里宁、斯坦尼斯拉夫·涅高兹（涅高兹的儿子）、尤里·穆拉夫廖夫、维拉·高尔诺斯塔耶娃，等等。他不愧为俄罗斯最伟大的钢琴教育家之一。

② 他说："现在再回到授课这一话题。李斯特的话——两座深渊中的一朵小花——常常启发我关于花朵在艺术中的作用的想法。我向学生举了些建筑、雕塑、绘画方面的大家熟悉的例子。我指出一些乐句和动机，就其音乐特性来看，也可以猜测到其中的花的形象，就像贝多芬的小快板中的一样。要知道，花朵存在于音乐中，就像它存在于其他艺术中一样，因为花朵作为一种景象、一个现象，不仅'花的感受'、它的芳香、它的动人的诗意特点，连它的形式结构本身也不可能不在声音的艺术中表现出来……作为一个音乐家，我对于认识的态度是这样的：一切可认识的东西都有音乐特性……"（《论钢琴表演艺术》，第 32 页。）

对学生付出极大的耐心，即使对技术不好的学生，也目的性极强地帮助他们——攻克难关。他的专业感极强，尽可能当时就在课堂上把他希望做的事情做好。[1] 但是最重要的，尤其是对里赫特的影响来说，应当是他的风格的思想性，也就是理智。一位俄国评论家说道：

> 在涅高兹的如此真挚、敏锐、生动而又独具一格的艺术中一定渗透着深邃的理智，这是很自然的；因为他所阐述的内容极其充实而清晰地存在于他的意识中。
>
> 涅高兹是一位有头脑的艺术家。他总是力求做出艺术的、心理学的和哲学的概括。可以说，他既是一位"会思想"的艺术家，又是一位"会体验"的艺术家。在他身上，紧张的神经性的冲动和构思的有机发展结合在一起，他的感情总是用理性来巩固的。[2]

用涅高兹自己的话来讲出同样的意思，就是：

> 学习，特别是艺术学习，是认识生活、认识世界，以及作用于这种认识的方法之一。认识越合理、越深刻，认识中的理智和道德（我认为二者相同）的力量就越大，我们就能更加坚定地最终达到我们事业中的某种非理性的原则，因为生活与世界归根结底是非理性的，但我们需要在这个世界上生活，我们应该

---

① 参见《论钢琴表演艺术》，第333页。

② 《论钢琴表演艺术》，第280－281页。

第一章 人们

尽我们的力量把世界变得更加美好……①

涅高兹的课堂充满着一种崇高的品格，就像他在这里所希望的，通过音乐的学习给世界带来更多的美好。然而，这种崇高可以说是通过思想性来完成的，它至少起到了几方面的作用：第一，在音乐作品的解释方面尽可能做到专业上深入浅出的清晰性；第二，消解专业化教育与人性教育之间的异质感，拉近表演者与听众在形式与形象理解方面的距离，生成某种共通性的理念的美学视角；第三，使那些应当是严肃（讨论或欣赏）的氛围通过思考而变得轻松，像人们需要生活一样简单，当他认为理智和道德其实是一回事的时候，一定谈到的是理想人格当中所包含的完整的智慧水平，换句话说，惯常缺少思考能力的人在道德上也会是不完美的，弥补缺失的唯一手段就是"学习"。——涅高兹作为老师，曾说："我可以坚定地说明一点：我直到自己生命的最后一刻，不仅对斯维亚托斯拉夫·里赫特表示赞赏，而且还不断向他学习。"②

在老师眼里，里赫特因为可以拥有同样的理智而获得赞誉：

　　……因为里赫特具有巨大的创作威力，一般被称

---

① 《涅高兹谈艺录》，第44页。
② 《涅高兹谈艺录》，第323页。在发表这篇文章的时候，涅高兹与里赫特已经相识23年，距离自己去世还有4年，他与里赫特一直保持着完美的师生关系。

为理智、"心灵"、"心脏",加上……他极大的超凡演奏技艺等特点罕见而和谐的结合。他脑壳就像意大利建筑学家布拉曼特和米开朗琪罗笔下的教堂圆顶一样,但它装满了音乐,这些美妙的音乐,犹如拉斐尔笔下的圣母怀中的婴儿一样,恬静安详。①

在世界钢琴艺术中,曾有过超凡钢琴演奏技艺时代。世界造就了一大批超凡演奏家。里赫特同样掌握这种超凡技艺,但他并不去刻意强调和炫耀这种技艺,因为技艺只能起辅助作用。而对里赫特来说,在音乐艺术中,最重要的是揭示音乐的哲学和诗歌实质,讲述他本人反复思考和感受,由此产生严格而朴实的演奏艺术风格。②

五

再回到贝多芬。涅高兹似乎对里赫特不吝赞美之词,那么他是否批评过这个"天才"学生呢?笔者唯一见到他对学生的批评是从演奏贝多芬与舒伯特作品的角度来谈的,具体材料如下:

我觉得,里赫特的演奏中,有时(实际上只是偶

---

① 《涅高兹谈艺录》,第320页。
② 《涅高兹谈艺录》,第347页。

尔）缺乏"人性化"；有一次，尽管他以满腔热情演奏了贝多芬《第二十三钢琴奏鸣曲（热情）》和舒伯特《第二十一钢琴奏鸣曲》，（降 B 大调，D960），可我还是察觉到了他的这一弱点。当时我想起了布索尼在《论音乐中的统一问题》一书中对贝多芬的评价：《关于贝多芬的一封信》（Ein Brief über Beethoven）——布索尼说，他不是神，但他太人性化了，他的伟大就在于此（so gross ist er）。有时我觉得，里赫特在演奏贝多芬和舒伯特的作品时，将"压力计指针"指向了莫扎特。他的演奏只是符合内行的心声，是外行难以接受并感到失望的声音（Ein esoterisches Erklingen），似乎表现得对人类事业和人类的弱点无动于衷；这种演奏像是屡遭磨难的心灵，但又不是一种愚夫的麻木，是一种同时在两种意义相同的推论中，表现出来的冷漠之情："理解一切意味着原谅一切。"和"理解一切意味着蔑视一切。"因此，我觉得，里赫特的演奏有时能把听众"冻僵"，但他这种现象非常罕见！这仅仅是事物的一个方面，是很小的一部分。我认为，里赫特的这种冷漠，与德国作家埃克尔曼所生动描写的歌德的冷漠非常相似。当托马斯·曼看出歌德出了名的呆板（Steifheit）中有一种极度的羞涩之后，对歌德的性格特点做了忠实的解释。如果羞涩不是那种在众人面前的恐惧感、"怕见人"、不是造成柴科夫斯基极大痛苦的"厌世"感（这是一个非常不确切的定义），那么，羞涩到底是什么呢？

"冷漠"、"Steifheit"、"厌世"，无论人们怎样称呼此类现象，它们都不会引起他人的同情；"他人"（或人们）希望艺术家对他们表示关爱，而不是使他们与世隔绝，因此，人们才经常对艺术家进行"批评"。这不，我也在批评！[1]

以上引文有三个层次：第一，贝多芬的作品应该是深入到人性的最深处用最值得理解的方式演奏出来的，他的神性就是他纯粹的人性；第二，里赫特偶尔出现的演奏情况却使人感觉他好像把一切置之度外，对于同行而言，可以看到是因为他完全理解了它，正如在完全理解的情形之下，人们原谅了一切、对一切都不在意了，可是观众听到的几乎是"无内容"的冰冷；第三，里赫特之所以这样"冷漠"是因由某种类似歌德的天性，因为他极度羞涩。第三个判断包含两层意思：其一，涅高兹像看待儿子一样，理解里赫特有时候会犯这个毛病，并包容他；其二，他指出了里赫特内心的一种深度，即他并不完全是因为了解了作品而让自己处在冷静、麻木、消极的静观的境地，

---

[1] 《涅高兹谈艺录》，第 143 – 144 页。涅高兹在这里引经据典，谈到的都是德国音乐家和作家。里赫特曾这样评价老师："他学养深厚，涉猎颇广，对文学、哲学与艺术都相当了解。他的俄语、波兰语、德语、法语以及意大利语都说得非常流利。这种通多国语言的人在以前的俄国是相对普遍的，但布尔什维克革命苏醒之后，整个国家与世隔绝，这种人就难再找到了。"（*Notebooks and Conversations*，p. 26.）

而是相反，因为他"太了解"作品的意味了，所以羞涩，而不愿意把自己全副身心投入到那里边去，关爱得太热烈反而让它变冷，在外人（观众）看来却是"你为什么不够热烈？为什么不够关爱？"，但凡最认真、最关爱的灵魂却大多是具有羞感的。（涅高兹一语中的，这种内在的羞涩同样表现在里赫特对女性的态度上。）①

这里我们看到一个因为热爱而逃离的里赫特，看到一种强烈的内在羞感，② 这种羞涩在贝多芬与舒伯特（尤其他们对待女性的态度）那里都存在。③ 他们因为都是作曲家，所以这种爱的深度就留于作品之中，里赫特是演奏家，所以他可以逃离作品，在现实中无比丰富地呈现音乐的音响，但态度上却让人看似冷漠。在音乐的世界里，他

---

① 参见本书第三章第四节。

② 德国哲学家马克斯·舍勒在《论害羞与羞感》中说道："在羞感一词的某种意义上，羞感是对我们自己的感觉的一种形式，因此属于自我感觉的范围，这是羞感的实质。因为在任何羞感里都有一个事件发生，我想称之为'转回自我'。……只要人们知道自己作为惯例或作为个体'被给出'，就不会出现那种'转回'自我——引起羞感的原动力，这种'转回'出现在即可以感觉到他人的意向摇摆于个体化与一般化的看法之间，而且鉴于这种差别，自己的意向和所体验到的对方的意向不相同，而是相反。"（参见〔德〕马克斯·舍勒《道德意识中的怨恨与羞感》，林克等译，北京师范大学出版社，2014，第184、186页。）换句话说，或许当里赫特偶尔表现出远离作品内涵的时候，恰恰是因为他深入到作品最深处，就不会把自己当作一个单纯的"表演者"（作为个体被给出）来对待，而是转向了"自我"，故而有所保留。

③ 如舒伯特所说："我愈是爱得深，我则愈痛，然而我愈痛，我便爱得愈深。"贝多芬则对自己钟爱的女性尽量保持距离。

的深度与贝多芬、舒伯特是一致的。涅高兹这里的"批评"相当于满足外行人或者普通人"鸡蛋里面挑骨头"的癖好，但他是懂里赫特的。

1964 年，是涅高兹去世的年份，也是里赫特在法国靠近图尔地方的梅斯莱庄园（Grange de Meslay）创建属于他的图赖讷音乐节（Fêtes Musicale de Touraine）的重要年份。彼时他在西方的名气已经建立起来了，老师从他们确立师生关系开始，一直陪伴他到最初的全盛期，且不遗余力地向全世界听众推崇这位在他眼里几乎没有瑕疵的学生。在笔者所听到的，事隔多年之后里赫特还依依留恋地"为纪念海因里希·涅高兹"而举办的诸多音乐会录音中，大半也都是贝多芬、舒伯特曲目。① 那时候，即使对他敞开胸怀的西方，热烈追捧他的文化精英、知识分子、爱乐人士，都没有特别的机会听他现场演奏包括 op. 110 在内的贝多芬晚期奏鸣曲，② 而恰在涅高兹离世一年前，里赫特

---

① 在莫斯科音乐学院现存的已发表录音中，里赫特共有 4 场音乐会纪念涅高兹，分别是：1965 年 10 月 10 日，曲目为五首贝多芬钢琴奏鸣曲；1968 年 5 月 18 日，曲目为舒曼、德彪西作品；1975 年 1 月 12 日，曲目为三首贝多芬奏鸣曲、一首贝多芬叙事曲、一首肖邦夜曲以及瓦格纳的《悲歌》；1978 年 3 月 2 日，两首舒伯特奏鸣曲。(是年也是舒伯特逝世 150 周年纪念年)。凡是为了纪念老师而参与的音乐会，都有一份沉静感，钢琴音色无比清透，人性力量也是那么饱满。

② 根据埃里克·安瑟（Eric Anther）的说法。他在里赫特的录音事业中与钢琴家保有良好的友谊和合作关系。晚年里赫特特别授权安瑟出版他弹奏的贝多芬第二十九奏鸣曲（op. 106）。CD 参考编号：Stradivarius STR 33313。参看该 CD 内页。

把最后三首（op. 109 - 111）作为保留曲目进行了巡演，老师用他最最富有激情的文字颂赞了学生的精彩演出，文章的题目也特别有意义——

最高雅的，也是最通俗的

（本文于 1963 年 12 月 15 日发表在《消息报》上）

1963 年 12 月 10 日和 12 日，斯维亚托斯拉夫·里赫特在莫斯科音乐学院大音乐厅，演奏了贝多芬最后创作的三首奏鸣曲——《第三十钢琴奏鸣曲》、《第三十一钢琴奏鸣曲》和《第三十二钢琴奏鸣曲》。除其他几部作品外，他刚刚在意大利、瑞士、法国、民主德国、捷克斯洛伐克等国的 20 多个城市，演奏过这套曲目，回国后，他又在加里宁格勒和里加两个城市演出，本周末，他将带着这套曲目前往奥廖尔市。

就这样，数以万计的各地广大听众，分别在座无虚席的音乐厅，像过节一样，聆听了这些精彩的音乐。

从贝多芬创作这三首奏鸣曲到今天，将近 150 年过去了，但这漫长的时间犹如历史瞬间的延续；这是我们的今天，而不是我们的昨天！我觉得，应该说明这一点，因为有一位现代作曲家从贝多芬那里，除"千篇一律的旋律"和"刻板的和声"之外，没有发现其他任何东西；另一位傲慢的作曲家把肖邦称之为"作曲机器"。不，肖邦和贝多芬仍然活着，我们在里赫特举办的音乐会上，再次证实了这个问题（他在第一场音乐会上，在听众的欢呼声中，返场演奏了肖邦的《练习曲》和《夜曲》)。

人们对里赫特非常了解，因此，谈他很难。我想说的只有一点，依我看，对贝多芬最后三首气势宏伟的奏鸣曲（Op. 109、110 和 111）比他诠释得更好的演奏家，寥寥无几，难以寻觅。因为我年近古稀，一生听过许多著名钢琴家的演奏，他们有的已经去世，有的还健在，在此方面算是有发言权吧。

里赫特把完全失聪的、伟大的作曲家—思想家的作品的高度和深度，直接传达给广大的听众，使他们接受并了解了作曲家的声音及其深邃思想。应当指出，里赫特就像最天才的德国钢琴家阿图尔·施纳贝尔①那样，为了减少贝多芬晚期作品中的哪怕一丁点儿"不可接受性"，为了使晚年的作曲家变得容易被接受，为了使他的作品"通俗化"，精辟地诠释了伟大作曲家的作品。

将崇高的、极为罕见的、"异常困难的"、要求听众花费巨大努力和工作的作品，变成比较"容易被接受的"和比较"容易理解的"作品的追求，或许，里赫特对这种本身可能具有尊严和价值的追求，感到格格不入，因为这种追求是区分"文化传播者"的水平的标准，而不是区分大艺术家的标准。

而里赫特正是完整和深刻意义上的大艺术家。

---

① 阿图尔·施纳贝尔（Artur Schnabel, 1882 – 1951），德国钢琴家，贝多芬专家，也是最早演奏舒伯特钢琴奏鸣曲的音乐家之一。

他不仅对听众提出很多要求，而且还对他们特别信任。他相信，听众能够欣赏崇高思想和纯洁的情感，不必对人民大众隐瞒这种思想和情感，也不必把它们叫做其他什么。我觉得，里赫特空前未有的成功的渊源，是他对肉眼难以分辨的、人类心灵深处最佳特点的充分信任。现特举两三例：

很多年以前，在一次周末晚会上，他在圆柱大厅演奏了一套贝多芬曲目——33首难度最大的《C大调迪亚贝利变奏曲》（Op. 120）。当时坐在我旁边的是一个警察和他的熟人，他们听得兴高采烈，在乐曲结束时，疯狂地鼓掌并大声地喝彩："再来一首！"从他们的谈话中得知，在此之前，他们从未听过里赫特演奏，他们今天来到圆柱大厅，只是因为他们原先听说，每逢周末，这里都上演"好节目"。

一位大个子工人在听完里赫特演奏之后兴奋地说："我原想，我只能听懂俄国民歌歌唱家皮亚特尼茨基的合唱，结果呢，我什么都能听懂，原来，我的音乐天分还不错！"

在里赫特举办的最后一场音乐会上，与我并排就坐的是民主德国指挥家库尔特·赞德尔林格（他正在莫斯科进行巡回演出，由他指挥的音乐会深受莫斯科听众的欢迎），他说："我在莱比锡，从未见过有人像里赫特这样，如此成功地演奏贝多芬的奏鸣曲，从未见过像莫斯科听众这样，如此欣喜若狂。而又有哪个城市比莱比锡更了解贝多芬呢?!"

我之所以说这些，是因为我实在难以隐藏由显而易见的事实引起的快感：最崇高的、最精美的和最罕见的也正是人们最需要的、最易被接受的、最真实的和最有威力的！

在听完里赫特这两场音乐会之后，我觉得心灵得到了净化。

我认为，在此赞誉里赫特的演奏技艺、演奏得多么多么好等都显得多余。这是一个庞大的主题，它需要专门的劳动和深刻的分析。但是我只想说一点：每当里赫特演奏风格各异的作曲家的作品时，我总觉得，我听到不仅是不同的钢琴、不同的声音、不同的技术方法、不同的"表现力"等，而且还觉得，是不同的钢琴家在演奏。钢琴家里赫特每次演奏都有新奇！这不仅是技艺的极限，而且是创作客观主义的最高表现，是对演奏艺术的主要问题，即忠实于原作曲家音乐思想和构思的理想的处理方法。①

笔者在此不能按捺地全文引用了涅高兹的文章，② 是因为再没有什么更好的方法说明终将逝去的老师或友人或父亲能以什么样的方式长存于另一个灵魂中！他看见贝多芬在他学生的演奏中复活了，就像见证一个精神奇迹，看到人性最底层的灵性被重新塑造了出来，他不是绘画、雕刻或者建筑形象，而是仅以（只能以）音乐的方式召回了所有人都能够认同的属于"人"的艺术！无论指挥家、警察、工人……人们在音乐中团结在一起，在这世界中又超

---

① 《涅高兹谈艺录》，第409－411页。引文中修改了部分译名。

② 涅高兹还有另外一篇谈论相同主题、相同音乐会的文章：《再谈里赫特》！篇幅更长，也更详细。

脱于这个世界，这不就是在贝多芬在第九交响曲中歌唱出来的"欢乐"吗？还有什么比涅高兹的这段文字的气氛更能表达这种欢乐呢？①

<h1 style="text-align:center">六</h1>

细心的读者一定发现，笔者在前文提了一个"傻气"的问题：像哈姆雷特一样命运的里赫特遭遇了家庭变故，为何不"复仇"？如果抛开他再见到母亲，已然过了不惑之年的客观原因，经由上述文献的描述，有两点是确然的，即：涅高兹已经逐渐取代父亲的角色，并且把音乐中包含的理智要素传授给了他；另外，如同在贝多芬的音乐作品中找到了表达手段，在莫斯科学习期间，里赫特也找到了精神世界的独立性，也就是说，他有为之奋斗的更为艰难和远大的目标。

师生关系与父子关系最大的不同在于前者更容易像朋友那样亲近，更有甚者，在彼此之间有一种外在于现实世界的精神性纽带维系着师生关系，比如在某位作曲家或者诗人那里找到共鸣，可以延续在生命历程中保持为永恒。

---

① 如今完整保存下来的属于这个时期最后三首奏鸣曲的现场录音只有一个场次，即 1963 年 11 月 28 日在莱比锡布商大厦。此版本已成为众多乐迷首选的"荒岛唱片"。CD 参考编号：Music and Arts CD - 1025。涅高兹文中提到的那位指挥家在莱比锡听到的现场有可能就是这份录音，因为发表这篇评论距离演出时间无非几天而已。

而在涅高兹那里，这种象征的意向尤为明显，是因为他从少年时期开始（当他十五六岁的时候），就产生了一个想法，这个想法一直伴他终身，但至今看来，它仍有解释的力度和价值。他在 1963 年 7 月 11 日的日记中写道：

> ……伟大的国务活动家。按其精神素质、活动性质、思想倾向、自身的"我"的最深刻的有机结构（我不再罗列多余的定义），他是艺术家的直接反对者，也是对世界充满想像的创作者的反对者，因为国务活动家是现实（!!）的人类世界的缔造者、人类关系及其组织的缔造者，这个缔造者所用的素材，是活着的人和广大群众，而艺术家所使用的素材，则是思想、概念、语言、声音、颜色、形式等可以构成人类（艺术家）精神生活的一切。①
>
> 政治家和诗人（其中，我在此将各类艺术家归入"诗人"这个概念）② 是人类精神生活、生活的意义、

---

① 涅高兹在这里表达的是人类现实生活与精神生活的双重衡量尺度。政治家是为人民的生活服务的，在现实中即使从事艺术活动也得首先吃饱穿暖，但人类（在历史的洪流中）不只是果腹的生物，还需要在精神性的自由空间中留下意义、价值或标记，而它们的载体是思想、语言、声音、颜色等等。

② 这是涅高兹一贯性的思想，他将作曲家、演奏家也放到"诗人"的范畴中。比如，在《论钢琴表演艺术》中谈道："谁是钢琴家、大钢琴家？在这里我不能不提一下勃洛克的极简单的妙语：'谁是诗人？是用诗写作的人吗？当然不是，他用诗来写作是因为他是诗人，是因为他使文字和声音水乳交融……'我们可以套用他的话：'谁是钢琴家？他是钢琴家是因为他掌握了技术吗？当然不是，（转下页注）

活动、"命运"等对立的两极，迄今为止，一直是这样。[①]

如同一个伟大作曲家，把声音及其各种声音之间的关系组织起来，即创造出一定的音乐一样，国务活动家把组织人们和组织人们的关系，也就是把建立一定体制的国家，当做自己创作的活动。

虽然这是我儿时的思想，但这种思想一直延续至今。

世界上没有什么比政治家与诗人之间的关系更加对立，这与下面的事实并不矛盾，即艺术家越伟大，他的天才越超凡，他对社会、国家、本民族、世界各民族、全人类的事业，即政治活动的精神参与就更强烈，更超前……[②]

前文曾提到，里赫特对政治完全不感兴趣，其中有一

（接上页注②）他掌握了技术，是因为他是一个钢琴家，因为他用声音揭示了音乐的意义和诗意的内容。'"（《论钢琴表演艺术》，第73页。）

① 兹举两位政治家为例，从西方历史经验看，比如普鲁士国王腓特烈大帝（1712-1786），为了务实勤政，不得不压抑和放弃自己的艺术天分；从中国的历史经验看，最著名的莫过于宋徽宗（1082-1135），最大化地发挥了艺术创造力，而给国家带来内忧外患。然而，从涅高兹的论述中，我们看到他说的并不是个人性质的问题，而是人性当中包含的两极要素。人们或者是倾向于政治的，或者是倾向于艺术的，进而进行创造活动。涅高兹的思想通常是通过这种公式化的方式给出的，比如他的教学法，参见本书第二章开篇部分。

② 《涅高兹谈艺录》，第98-99页。

个原因是他母亲。在父亲为他打开的想象力的世界里，他似乎排斥母亲对现实事务多加关心的情感，在涅高兹的思想里，也同样保持着这种非此即彼的选择，里赫特的父亲、老师以及他自己都选择了艺术这一边，这是天性使然。然而此外，还有他父亲惨遭荼毒的经历，以及涅高兹被投入监狱的事实，[①] 让他不胜难过。在涅高兹的研究生班，还有吉列尔斯，[②] 他与里赫特可谓同学关系，里赫特也特别钦佩吉列尔斯的钢琴艺术，比如后者弹奏普罗科菲耶夫的第三奏鸣曲，让他感到五体投地，所以此后自己从不演奏这部作品，他认为在吉列尔斯的演绎中，没有任何东西可以值得添加或修改了。起初二人还有过合作，是在战争期间无线电广播中的一次合奏。[③] 但是，里赫特未能和吉列尔斯友好相处，甚至有点决裂的导火索就是：在涅高兹晚年，吉列尔斯不承认是涅高兹的学生，不仅在报纸

---

① 苏联当局从不让涅高兹出国，以致外界一直把他当作一名教师来对待，没有把他看作真正的钢琴家。涅高兹的德国血统使得他在战时的苏联非常被动。德国闪击莫斯科的时候，他拒绝撤离，因为他15岁的儿子在医院里忍受着肺结核的折磨，他说孩子如果没有被疏散，他就不离开。当局查了他的护照，上面显示是俄罗斯国籍，但是由于他隐瞒了德国血统而被控告，被投入监狱。十个月后被释放，被驱逐到斯维尔德洛夫斯克（Sverdlovsk）地方当了两年教师，染上了酗酒的毛病。里赫特对此事愤愤不平，忧虑伤怀。参见 *Notebooks and Conversations*，p. 28。

② 埃米尔·吉列尔斯（Emil Gilels, 1916–1985），20世纪最伟大的俄罗斯钢琴家之一，他早于里赫特出访美国，向西方世界推荐了里赫特的钢琴天赋。

③ 参见 *Notebooks and Conversations*，p. 30。合作时间应该是1942年。

上发表声明，还以私人名义写了一封几乎催命的信，对涅高兹的伤害很深。在里赫特看来，涅高兹是很宠吉列尔斯的，但是他却不能忍受哪怕一点儿来自老师的批评，以致后来里赫特对他形同路人，永远不能原谅他。①

从几篇涅高兹为吉列尔斯所写的报章评论来看，老师对他也是极爱护的，盛赞他是最伟大的钢琴家之一，但是，限于评价他拥有一种类似于最本真的诗人之"语言魔力"的"声音魔力"（涅高兹说，在当时，世界上只有少数几个钢琴家才能掌握它）。童年的吉列尔斯已经具备了"好声音"的"物质基础"，而他的音乐精神是随着成长的各个时期逐渐具备和渗透的，他没有降低音乐的构思的高度，反而用一种独特的语句方式创造性地"照亮"了它。②

---

① 参见 Notebooks and Conversations，p. 32。对于吉列尔斯的嫉妒心和敏感性格，里赫特评论道："吉列尔斯确是一位伟大的钢琴家，但也是一个复杂的个体。他的脾气好斗，极易于不经意间被触怒，总是生闷气。他有点病态的嫉妒，这对他很不好，更会让人以为他又不高兴了。他有时会让自己置身于最荒谬的境地。有一次，一个女人在音乐学院的走廊里认出了他，看到伟大的吉列尔斯在那儿，感到非常惊喜，于是，来到他身旁，并对与她同行的一个小女孩说：'你知道他是谁吗？我国最伟大的钢琴家！'不曾想那个小孩儿大声说：'斯维亚托斯拉夫·里赫特！'不过是一个小孩儿，吉列尔斯暴跳如雷，摔门而去。"（Notebooks and Conversations，pp. 31 – 32.）

② 来自涅高兹 1962 年 4 月 6 日发表的文章《埃米尔·吉列尔斯的演奏艺术》，参看《涅高兹谈艺录》，第 376 页。在另外一篇文章中，涅高兹同样说道："吉列尔斯还有许多尚未被开发的潜力，他不仅还没有讲完最后一句话，而且还没有讲出自己的第二句话和第三句话，他演艺活动的最好时光还在前头，'无限风光在险峰！'"参见《涅高兹谈艺录》，第 216 页。虽然这后一篇文章是在吉列尔（转下页注）

但同样作为老师，涅高兹却很少评论里赫特的"声音"，评价最多的是天资，也就是他对"音乐"本身的理解，也没有借助于"语言"现象加以比拟。① 如果说吉列尔斯是一种"照亮"，在老师心里，里赫特就相当于是"光照"，这或许会使吉列尔斯感到不平。

在里赫特早期相处的人们当中，父亲不幸突然逝去，母亲渐行渐远，同学们总要竞争，保护他一路前行的是涅高兹这位具有思想深度的老师。这些人都是真实的，正如瓦格纳是与父亲一起生活的真实，贝多芬是与老师一起学习的真实，与一个现实中的影子相伴是母亲的真实，与一个影子论英雄长短是同学的真实。一边是想象，一边是理智。里赫特的真实又是什么呢？终究前途是独行的路，成为音乐家的路。然而，音乐是什么呢？

(接上页注②) 斯事业起步的时期（1938 年）写的，有鼓励他勇往直前的意思，但是涅高兹也无独有偶地用到"语言"（用钢琴来说话）来比拟吉列尔斯的演奏。

① 当时在莫斯科的观众群体中与吉列尔斯形成双峰对峙关系的其实更多的是雅科夫·弗利尔（Yakov Flier），在 1938 年伊丽莎白女王国际钢琴比赛中，吉列尔斯荣获第一名，弗利尔获得第三名，这为莫斯科民众制造了话题，比较二者谁更优秀。在小提琴方面，大家习惯比较米隆·波利亚金（Miron Polyakin）与大卫·奥伊斯特拉赫。参见《涅高兹谈艺录》，第 232 页。在这两项横向比较中，争论旷日持久，其中有一个标准不能回避，就是"声音"，即琴声的音色。

音乐是人类生活的一种现象。当然在大自然中也存在各种声响，而且如要把所有声音的节奏性质以及它们类似于和声的观念整合起来，甚至可以把整个自然看作一个音乐性的存在。但是有必要把这种叔本华式的理解①在定义

_____

① 叔本华认为音乐虽不是现象的映像，却是意志的映像。万事万物都存在意志，即使岩石，从和声观念的角度去看，都拥有世界性的存在意志。叔本华在《作为意志和表象的世界》中说："我在和声（Harmonie）的那些最低音中，在固定低音中又看到了意志客体化的最低等级，看到了无机的自然界和这颗行星的整体物质。"他认为："对世界上一切形而下的来说，音乐表现着那形而上的；对一切现象来说，音乐表现着物自体。因此，人们既可以把这世界称作形体化了的音乐，也可以称作形体化了的意志。"转引自〔德〕（转下页注）

音乐的时候暂时搁置，因为自然界所具有的声音秩序的和谐是通过"音乐"这个概念被构想和安排出来的。当然人们也可以把任何一种生活中发出来的声响关联于"自然"加以领悟或比拟，或者用某种在自然中存在的解释性的"诗意"去赋予这种声音以意义或价值，但这些都是在声音发出之后人类的理解行为，与"创造"音乐无关，而在谈论一位钢琴家的前提下，音乐即是指"弹奏"的音乐和"听到"的音乐，即它实然地存在于人类生活内部。

此外，还有必要区分演奏家的音乐与听众的音乐，即使它们是在同一场合、同一个时空条件下发生的同一件事（比如在一场音乐会上）。原因如下。首先，除却每个人听力能力与所受听力训练相异的条件（人们耳朵的听觉会有25%的范围差异），更客观的事实乃是：钢琴家在演奏快速乐段时允许他在不同音符的力度上也存在25%的变化，然而听众的耳朵却察觉不出任何不一样的力度升降。[1] 因此，绝大多数人在评论乐音时仅能够评论其"音色"。其次，在不同的音乐律制乃至历史文化背景下，人们感受音乐的格式也有差异。比如古代音乐缺乏和声，旋律限于宣叙性的表现方式（比如古希腊歌队），被看作与诗歌、舞

（接上页注①）费利克斯·玛丽亚·伽茨选编《德奥名人论音乐和音乐美——从康德和早期浪漫派时期到20世纪20年代末的德国音乐美学资料集》，金经言译，人民音乐出版社，2015，第233、237页。

[1] 管风琴假设有一排管子的强度相差25%，即使受过训练的耳朵也会听作完全一样。

蹈、戏剧等形式配给在一处，通过节奏的敲打以及各种不同音色的利用达到刺激效果，人们对音乐的倾听主要是感受性和象征性的，然而，古希腊人的听觉却因此比受平均律教育的人的听觉更能辨别音程之间的极其细微的差异，所以也更容易接收由音乐刺激而来的各种情绪变化。[①] 所以，对于听众而言，需要知道"是谁在演奏""演奏的什么""在怎样的历史环境下演奏"等相关议题以辅助聆听。再次，即使人们在唯一性的音乐理解的格式中能够恰当地接收和评价音色，听众所处的位置永远是积极的，而演奏家却在为此承受着大量的"消极的劳动"。在演奏现场，为了出色地完成一部钢琴作品的演绎，首先须解决的是诸如一个四音和弦加四分之一踏瓣所产生的声音效果如何在转瞬即逝的时间中给人留下丝丝如缕的印象，更不用说那些早先在排练期间就要处理好的指法难题，毋宁说，"他们"在钢琴上首先是在做艰苦卓绝的"工作"，而"我们"在分享音乐感受的时候，总是在谈论一种"音乐美学"。"音乐"在演奏家那边首要的是声音质料，在听众这边则是美学形式。

对于声音质料的艺术性掌握，是涅高兹教学法的精粹之一。[②] 这些质料性的类型要素包括：h（手离开琴键的高

---

① 直观性聆听，是唯一艺术性的真正欣赏方式。

② 他说："在课堂里我常把这些技术'类型'称之为'毛坯'、'原料'、'半制成品'，整个钢琴演奏这一伟大建筑物最后就是用它们来造成的。"（《论钢琴表演艺术》，第 136–137 页。）

度）、F（琴键发出一个音所需要的压力）、v（初生一个音所需要压下的初始速度）、m（手的质量）等，它们之间形成的科学性的辩证关系决定了钢琴家在演奏时的稳定性、力量感、细腻度等。例如他说：

> 只要稍微快一些按下琴键，你就可以得到我认为非常重要的初生音，同时还可以准确地试验一下发出这个音所必须的最小速度（v）。h 的最高限度也不是难确定的……如果我们逐渐增加 h，那一定会达到一个限度，最后那个逐渐加强的音就会变成它的对立物——变成敲击声了。现在可以这样试一下：m 保持不变，把 v 降低（当然要用听觉来控制），那就会得到几乎仅次于敲击声的非常好的"金属之声"。现在轮到 F 的最高限度了。用同样的方式，在经常有听觉控制的条件下，你可以确定 F 的限度，并且在每一既定情况下所必须的最低 F 和最高 F，并且，再多做几次试验你就会相信 h 和 F 是可以互换的，举例来说，在最小的 h 和极大的 F 的条件下（简单地说，把手几乎放在琴键上面，用猛然的推动弹出一个音或和弦）或是在大 h 和小 F 的条件下（手从很高的地方落到键盘上，但动作慢得多）可以得到几乎相同的 v（只是音色上有着微小但却重要的区别）。①

于是可以肯定，钢琴家在处理好"如何制造"这些物理的－机械的声音之后，就变成了人们所听到的最基本的音色特征。但这并非"音乐"，只不过是"初生音"或"乐音"。具有了强、弱的乐音还必须在乐句中通过时值的分配具备快、慢、急、缓。这就涉及音乐之作为一个整体的两个范畴，即声音和时间。涅高兹说道：

> 音乐是声音的过程；正是作为过程而不是一个瞬间，也不是停滞的状态，它在时间上是进行着的。由此可以得出一个简单的、合乎逻辑的结论：这两个范畴——声音和时间——在掌握音乐、掌握音乐表演这一问题上是主要的、起决定性作用的、能决定其余一切的首要要素。[1]

声音在时间中运动就会具有节奏，只要有节奏，即可以说具有了（原初的）音乐。这个基本观点同样属于德国哲学家黑格尔[2]以及德国最著名的音乐美学家汉斯利克，[3] 比如

---

[1] 《论钢琴表演艺术》，第 37 页。

[2] 黑格尔区分节拍（Takt）与节奏（Rhythmus）。节拍是"单凭知解力（人类认知的能力——引者注）来调节的时间尺度（Zeitmass）"；而节奏是使抽象的规律受到生气（即生机——引者注）的灌注，因为它强化节拍的某些部分，弱化某些其他部分。具体讨论参见〔德〕黑格尔《美学》第三卷，朱光潜译，商务印书馆，1979，第三部分第二章中"时间的尺度，拍子和节奏"，第 363 页以降。

[3] 汉斯利克区分广义的节奏和狭义的节奏，他说："音乐的原始要素是规律而悦耳的声音。它的生动原则是节奏：广义的节奏是协调的对称结构，狭义的节奏是照既定的韵律周期，有规律地变 （转下页注）

后者这样定义音乐：音乐的内容就是乐音的运动形式。①
这个定义当然是从演奏家（其实更多地是从作曲家）②、音
乐的"创造者"的视角来规定的。

但是，节奏并非节拍。在时间中运动的乐音必须被赋
予"生命"，而不是简单地往复于严格切分好的时间尺度
之中。这就是"音乐"为什么需要演奏家，（至今电子音
乐的发展仍未能企及人类对音乐阐释的造诣及境界），音
乐（和思想）因而成为生活现象中不可替代的。涅高兹以
生动的笔触呈现了这个事实：

> 人们常常不无根据地把音乐作品的节奏比做生物
> 的脉搏。他们不把节奏和摆钟的摆动、钟表的滴答声
> 和节拍机的敲打声（这些都是节拍、不是节奏）相

（接上页注③）换移动形式。"（〔德〕爱德华·汉斯利克：《论音乐美——音
　　乐美学的修改刍议》，陈慧珊译，台北世界文物出版社，1997，第
　　63页。）

①　《论音乐美》，第64页。

②　汉斯利克写道："最初，作曲家对曲子的轮廓只有一个粗略的概念，
　　然后再逐步雕琢，由各小部分一直到成品的有特色的造形；或者直
　　接进入敏感而多样化的管弦乐形式。整个创作过程是那么地细致及
　　复杂，一切都按部就班地逐渐进行，所以自己没有动手试过的人，
　　是很难体会出这个过程。不仅在音符与音符相互衡量对比的赋格或
　　对位形式的乐章里，也在那流畅的回旋曲中和最委婉的抒情调中，
　　都需要这样的'精雕细琢'。作曲家的创作活动是富于塑性的，就
　　像视觉艺术家那样，作曲家也不该受限于其创作材料，应客观地将
　　他的（音乐的）理想呈现出来，铸造为纯粹的形式。"（《论音乐
　　美》，第86页。）

比，而和脉搏、呼吸、海潮、麦浪的起伏等现象相比是有理由的。在音乐的领域里，节奏和节拍最为吻合的情况发生在进行曲中，因为士兵们的步伐最接近节拍（同样的时间单位）的机械而准确的敲击。……"健康的"节奏的要求之一是：加速和减慢的总和——亦即作品中节奏变化的总和必须等于某一个常数，节奏的平均数（也就是把演奏一首作品所需要的时间除以计拍的单位——例如四分音符——所得出的数目）也必须是一个常数并且和基本的节拍时值相等。……当遇到需要用散板（rubato）[1] 弹奏的地方，我时常不得不对学生们说：意大利文 rubare 就是盗窃的意思，如果你占用了时间而不是很快地把它归还的话，那你就成了小偷；如果你先加快速度，那么后面你就应该减慢速度；始终做一个正直的人——请你们把平衡与和谐恢复起来。[2]

纯机械运动是没有办法"窃取时间"的。所以人的理智就在音乐的创造方面起到了优先性的作用，这同样也是产生和谐的内涵之一，即这里所说的"正直"。据此，音乐的创造就可以包含有"人格"。

然而，听众往往会一厢情愿地误解，事先从某种预设的人格出发理解乐音的和谐，比如在聆听演奏时寻找某位

① 即自由速度。
② 《论钢琴表演艺术》，第37-38页。

钢琴家被命名为"狮王"的形象，寻找刚健勇猛的音色，或者倾听某位钢琴"诗人"，追逐某种充满思逸情调的柔弱无骨。通过感情的复杂的移情作用去理解"音乐"的"内容"，有时壮怀满襟，有时泪眼婆娑。然而这些与演奏者的工作并无太大关系。如涅高兹所说：

> 我的听众，而且是水平很高、非常聪明的听众，不止一次地对我说，在听完我的音乐会之后，他们都变得更好、更善良、更聪明，他们更加强烈地感到生活美好并充满阳光。一切卑微、肮脏和不愉快的事都暂时让位于崇高和美好的东西……我发现，有些庄重的、白发苍苍的老人经常被我的音乐会感动得落泪……每逢此时此刻，我都会想起帕斯捷尔纳克①的诗句："感动分文不值。"……总之，"事务"虽然不大，可它毕竟说明，我有事可做……②

音乐给听众带来的感受是钢琴家工作的副产品，不是他的工作本身，也不是他所创制的音乐本身，只是乐音序列完成后产生的人类学或心理学意义上的效果。但这却

---

① 鲍利斯·列奥尼多维奇·帕斯捷尔纳克（Boris Leonidovich Pasternak，1890–1960），俄罗斯诗人、作家、翻译家。其作品《日瓦戈医生》于1958年获诺贝尔文学奖，但因苏联阻挠被迫拒领。里赫特在涅高兹家中结识帕斯捷尔纳克。里赫特曾回忆钢琴家尤金娜每次在演奏会上朗诵帕斯捷尔纳克的诗，虽担着风险，却受观众欢迎。

② 出自1962年2月20日的日记。参见《涅高兹谈艺录》，第88页。里赫特同样不在乎"听众"，详见后文。

也不失为一件崇高的事业。① 涅高兹的话代表着一种音乐美学的尺度，他的观点与汉斯利克相映证。② 其实，人的听觉不仅具有感受力，同时具有辨别力，③ 即听觉方面的反思力。④

演奏家需要充分地贴近作曲家，首先是理智方面，然后面对乐器的实践去还原理智认知到的形式，但并非特别需要也不必要加入自身情感，而听众却需要通过对乐音的感受逐步缓慢地接近作曲家，这却是必要的。也就是说，

① 法国作家马塞尔·普鲁斯特（Marcel Proust）认为："您可以憎恶拙劣的音乐，但您不能蔑视拙劣的音乐。人们演奏、演唱得更多更有激情的恰恰是拙劣的音乐而不是优秀的音乐，逐渐充盈人们的梦幻和眼泪的拙劣音乐远远多于优秀的音乐。由此可见，拙劣的音乐令人肃然起敬。尽管拙劣的音乐在艺术史中不登大雅之堂，可它却在社会情感史中举足轻重。"（《赞美拙劣的音乐》，收录于〔法〕马塞尔·普鲁斯特《偏见》，张小鲁译，上海文艺出版社，2016，第372页）——那么，何况优秀的音乐！普鲁斯特是作家中鉴赏音乐的极高明者，世间少有，本章会从他对音乐的描写和见解出发，促进读者对里赫特与"听众"关系的理解。

② 汉斯利克竭力反对"情感美学"，认为："迄今，音乐美学的研究方法大多有个通病，即非但没有详细探讨音乐中的美，反而去描述倾听音乐时占据我们心灵的情感。"（《论音乐美》，第23页。）他的主要批判参见该书第一章及第二章。其实这个原则早在德国哲学家伊曼努尔·康德的美学著作《判断力批判》（1790年）中就已提到过了，他说："鉴赏在它为了愉悦而需要有魅力和感动，甚至把它们当做自己的赞赏的尺度的地方，任何时候都是未开化的。"（〔德〕伊曼纽尔·康德：《判断力批判》，《康德著作全集》第5卷，李秋零译，中国人民大学出版社，2010，第231页）。

③ 黑格尔认为人的听觉比其他感官具有更多的观念性。

④ 在康德看来，所有审美判断都是反思判断，他关于音乐（与语言、数学、情感、反思关系）的论述参见《判断力批判》第343页以降。

演奏者的音乐可以是纯形式，而听众的音乐却是从无限多样的内容的可能性逐渐趋近形式，但它的起点是感受，具有鉴赏力的听众虽然可以把自身从某些杂乱的情态之中悬置起来，但并不能否认当下感受，比如勇气或眼泪。[①] 演奏者与听众分别面对音乐之"内容"[②] 的时候，天然地具有角度差异：是否从情感出发，一方是并非必要，另一方却是必要性的。

问题在于：演奏者如何能把贴近作曲家的音乐最完整也最完美地传达给听众？以至于可以最大程度地消弭二者天然角度的差异？——像涅高兹盛赞里赫特时说的"最高雅的，也是最通俗的"？

[①] 德国心理学家、哲学家赫尔曼·洛采对汉斯利克形式美学的批判就是从这个角度入手的，他在《评汉斯利克的〈论音乐美——音乐美学修改刍议〉》一文中说道："（音乐）向我们形象地展示了丰富多彩的、（在我们内部和外部生活过程中对于我们的情感均具价值的）一切均在其共同的形式中发展的各种关系。如果该书作者仅仅把力度因素，亦即那些无足轻重的事件的无色彩的骨架，称作音乐的直接内容，那么我们完全赋予其权利；但是，这些形态的价值就不是其自身的价值……由于心理学方面的必然规律，乐音王国里的所有内在结构已经与感官的情感结合在了一起，以至于这种联系使任何重要的形式也都成了鲜活的审美情感的对象。"（《德奥名人论音乐和音乐美》，第66页。）

[②] 汉斯利克区分德文的"内容"（Inhalt）、"主旨"（Gegenstand）与"素材"（Stoff）三个概念。音乐确然是没有素材的，它的内容也是由形式限定的，但人们常常会把内容与主旨相混淆。他据此批评黑格尔针对音乐的美学论断，也很有见地。可参见《论音乐美》，第132页。

笔者尽可能简短地把演奏家的工作从听众的听觉经验中分离出来，给予一个相对独立的语境，是为了把里赫特作为一位音乐家的轮廓草描出来。热爱他的艺术的读者或许会觉得前面的论述显得多余，迫不及待地想要知道问题的答案：为什么人们都说他的演奏，不论在处理哪位作曲家作品的时候，都会本真地显现出它们的完整性与完美度呢？这个问题就是把"里赫特"这个名字代入上述分析之语境所产生的。所以，把里赫特划在邻近作曲家这一边，从而理解他的音乐创造在前提上就是必需的。

里赫特过早成熟的视奏、读谱能力① 已经证明了他对

---

① "里赫特的读谱能力十分惊人，当他第一次演奏完全陌生的乐曲时，使人感到，他似乎早已熟知这首新乐曲，并基本上能背谱熟练弹奏，令人惊讶的不仅是他具有许多钢琴家、通常是作曲家和伴奏者拥有的超凡的'读谱能力'，而且他还有准确无误地领悟音乐的'内涵'，并立刻完整地再现音乐的能力。在我的班里曾发生过这样一件事：已故的伊贡诺夫的一个学生，请里赫特为他伴奏勃拉姆斯的《第二钢琴协奏曲》（降 B 大调，op. 83）中的第一乐章（其他乐章自己还不太熟悉），里赫特伴奏第一乐章之后，劝那个学生继续往下弹，可那个学生不敢冒险，于是里赫特让那个学生伴奏（勉勉强强地），他弹完了其余的三个乐章。虽然里赫特似乎第一次见到这首乐曲的乐谱，但他弹奏得很漂亮。我曾经在书中写道，每当里赫特演奏瓦格纳的某部歌剧插曲（甚至由德国钢琴家克林德沃特整理的、难度最大的第一版），或《佩丽亚斯与梅丽桑德》插曲，或是《鲍里斯·戈杜诺夫》插曲的时候，我总会得到比听他的音 （转下页注）

任一作品的把握是他极具特色的一项"天赋"。这个天赋的意义在于直观的整体性，也就是从乐句的细节与联系中看出整部作品。涅高兹在这一点上将里赫特与作曲家莫扎特做了比较：

> 我为什么对里赫特表演中的节奏赞赏不已呢？正是因为我可以清楚地感到，整部作品（无论它的篇幅有多么大）在他面前就像一幅巨大的景色，登高俯瞰，无论是整体还是所有的细节，都一览无遗，而且清晰无比。我可以这样说，而且一直不变地这样说：在我所知道的钢琴家中，任何一个人都没有这样的固有的整体感觉、这样的音乐艺术视野……
>
> 在莫扎特的一个熟人的一封不尽可靠的信中讲到莫扎特对于他本人如何创作这一问题所作的答复。我现在只把最重要的话援引如下：莫扎特说，当他在脑中构思一部交响曲时，有时他会越来越激动，甚至最后达到如此的境界：他仿佛觉得，他能够一下子、在一瞬间、同时从头至尾地听到全部交响曲（这部交响曲就像他掌上的一只苹果一般地呈现在他面前）……①

（接上页注①）乐会更大的享受。（这就是我为什么一直想让他担任指挥的缘故。）"涅高兹的这段话把作曲—指挥—演奏很好地关联在一起。参见《涅高兹谈艺录》，第133页。为求译名统一，引用时将原文中的"伊古姆诺夫"改作"伊贡诺夫"。

① 《论钢琴表演艺术》，第58–59页。

即里赫特的钢琴艺术是最贴近作曲家在创作时的神奇体验的，这种神奇体验就是对全部节奏－时间形式的直观，所谓音乐天赋有时就是指这种直观力。在另一篇文章中，涅高兹把里赫特的这种能力比喻为一只苍鹰、一只凌空万里的云雀，这个说法一直是评论家们津津乐道的："他那善于抓住全局并同时再现作品中的每个最微小的细节的能力，完全可以比做'锐利如鹰的目光'（视力、视野等），即他能从万里高空鸟瞰浩瀚宇宙空间，同时又能看清其中的任何最微小的事物。站在您们面前的不仅是一座雄伟的高山峻岭，而且还是一只视力敏锐并直冲天空的云雀。"①

涅高兹把这种能力的来源比作古希腊人探索宇宙全部奥秘的能力，即从哲学角度将其看作最素朴的直观力，即是说，里赫特的演绎具有一种古典性，它来自古典世界深处的均匀的和声。② 那么对应于听众的欣赏而言呢？从他那里听到的应该是一部部紧凑、有力度、节奏感鲜明、前后呼应、句法经济、无间断、一气呵成（无论技术难度有多大）、具有高空视角来观看的作品，亦即"作品本身"！把在时间中流动的转瞬即逝的、当手指离开琴键而所有乐音都会消失的"音乐"，像一个苹果一样递到听众手里，像观看一幅画那样在听众大脑信息存储的活

---

① 《涅高兹谈艺录》，第323页。
② 参见《涅高兹谈艺录》，第323页。

动中留下难以磨灭的印象![1] 最伟大的指挥家同样也可以
做到这一点,[2] 正如最伟大的作曲家莫扎特一样。这大概
就是"音乐天赋"的一项内涵吧。

此外,这种天赋的应用不应局限在个体自身的能力,
而应当把它延伸至当下在场的时空形式之中,也就是把音
乐的整体性的直观形式在心灵与技巧的爆发力中释放,变
成听众所能够把握的"艺术形象"。[3] 这是通过比拟或者还
原等手段而产生的,但在于听众一方,却是最基础的、感
性化理解音乐内容的起点。

涅高兹的教学法既照顾到了音乐的尊严,又设法保证
与听众沟通,作为教育家的他既非常严格,同时也鞠躬尽
瘁。[4] 尽管似乎"天赋"是神秘的,但是他却分析它、描

---

[1] 笔者并未听过里赫特的现场音乐会,但是根据多数资料的记载,凡
是听过他音乐会的人都会留下长久的印象,并且会肯定地说,这种
深刻的烙印在录音中是很难再现的。但是我们如今常听他的录音,
与其他钢琴家相比较,可以看出涅高兹的评论并不是空洞不实的,
他是从一名专业钢琴家的角度来评论的。

[2] 比如阿瑟·尼基什(Arthur Nikisch, 1855–1922, 匈牙利指挥家)
指挥贝多芬的第五交响曲。

[3] 有兴趣的读者可以参考《论钢琴表演艺术》的第一章"论音乐作品
的艺术形象"。

[4] "什么可以教?什么不可以教?这是摆在艺术教师面前的最最重要的
问题之一。著名的女钢琴家、列宁格勒音乐学院极好的教授——娜·
戈卢博芙斯卡娅在回答这个问题时,做了一种怪诞的表述:'只需教
那些根本教不会的东西。'我认为,与其说这种回答有些怪诞,不如
说它是雄辩的辩证观点,而这种观点,常常是经验丰富的音乐教育
家有意识或无意识形成的。"(《涅高兹谈艺录》,第44页。)

绘它、总结它，即音乐作为"艺术"总是在学生（未来的演奏家们）的理智力、想象力、听觉、气质禀赋（人格）以及（最后才是）技巧之上，一层层地通过训练而捶打出来的，它们汇聚于一个"形象"——而这只能通过最大化的努力去实现，却不能保证百分之百的收益。

在我的脑子里，在我的心中有着某种概念，譬如说，就算是关于贝多芬的概念吧！我热爱他、崇拜他、与他同感受把这当作我一生中有极重要意义的一件大事；我感到，并且也懂得，他所表达的是这种或那种情感，他所创作的是在他之前从未有过的东西；我也懂得，就我力所能及，我应当如此这般地表达他的作品。我能不能放弃这种最最鲜明的、最最现实的形象和景象呢？我能不能为了迁就能力差的学生而作任何让步妥协呢？永远不能！如果这样的话，就是既不尊重自己，也不尊重学生。听过我上课的教师们不止一次地暗示我，说这是一种唐吉诃德作风；他们说，我所要求的东西，反正是永远"做不到"的，因为这是该生力不胜任的。"亲爱的商人们"，我回答他们说："你们要求百分之百的利润，而我如果能得到百分之十的利润，就喜出望外了。"①

因为有了里赫特这个学生，涅高兹的"收益"大大增

---

① 《论钢琴表演艺术》，第22-23页。

加了，这便是他永不疲倦地赞美他的原因。① 涅高兹从音乐形象的理解和塑造里找到了"贝多芬"这个形象。如果说贝多芬是他的人格画卷，那么属于里赫特的"音乐形象"又会是谁？他的主要"人格"是什么呢？

二

莱斯姆森认为古尔德与里赫特刚好属于两个相反的钢琴家类型，古尔德躲在中产阶级音乐文化的宗教仪式背后，倾心于录音室，他其实并不像看上去那样属于孤独的一派人，而是用全副力量和才华成为媒体宠儿，围绕着他的神话，一系列多姿多彩的细节闪着光：过低的琴凳、伴随着演奏的哼哼声、曲目全不包含浪漫主义黄金时期的作

---

① 而在里赫特看来，涅高兹在教学上用了太大的精力、误了太多的时间，没有把真正作为钢琴家的工作做到最好。老师对此说道："我本想把里赫特常常在气头上对我说的一句话，当做我对教学法评价（我希望是最后一次评价）的警句：'海因里希·古斯塔沃维奇（涅高兹的名字和父称——译注），您必须清楚，他们（学生们）无论如何也弹不好的。'当然，这种失败的原因，一半确实在我，另一半归我的学生们。里赫特没有这样直言，他是出于礼貌，但我却清楚地了解这一点。对我来说，'使我们变得高尚的谎言，比卑劣的真理我更珍重'！（引自普希金诗歌《英雄》里的两句话——原注）里赫特为什么这么说呢？这是不难理解。他为我的重负、过度疲劳、没有自己的学习（和休息！）时间而着急……简言之，我付出的那些无所谓的和不理智的牺牲，使他感到伤心和气愤。"（记于1962年1月27日的日记中，《涅高兹谈艺录》，第77页。）我们可以看到一位老师的"良心"和一位学生的"良知"。

第二章 音乐

品、羊绒衫、厚手套、演出前把手指浸在温水盆里、对任何身体接触充满恐惧感、生活日夜颠倒，等等。因为这些小故事，他成为媒体捧出的明星。莱斯姆森把古尔德的录音比作若干次"桃色事件"（love affairs），古尔德录制的全套莫扎特奏鸣曲，就连他的拥趸都会觉得太过，而里赫特每当选择要演奏的曲目，只有一个标准，那就是出于"爱"（love）。① 在里赫特笔记中但凡看到他对古尔德的评论，都有几分不甚认可的态度。②

他1957年在莫斯科听到古尔德③演奏巴赫的《哥德堡变奏曲》，④ 并在1972年12月30日聆听古尔德的录音后，评价道：

> 格伦·古尔德，"最好的巴赫阐释者"。
>
> 古尔德找到了演奏巴赫的独到方式，在这一点上说，他实至名归。

---

① 参见 *Richter*：*Pianist*, pp. 14 – 15。

② 古尔德接受 CBS 电视台采访时曾说："里赫特所做到的就是以他极具有威力的个性在观众与作曲家之间安插了一根导线。"这句话似乎是评论他自己的。因为里赫特不是连接的"导线"，里赫特说："你可以全然信任作曲家并且由此相信自己。"他只是一面"镜子"。具体参看本书第四章第二节。

③ 古尔德是冷战期间，西方最先到访苏联的音乐家之一，此外只有小提琴家耶胡迪·梅纽因（Yehudi Menuhin）因其犹太 - 乌克兰血统以及亲苏背景访问过俄国。

④ "1957年，格伦·古尔德（Glenn Gould）来访。我出席了一次他的音乐会。他令人震惊地演奏了《哥德堡变奏曲》，但是不弹复奏，带跑了我的一些愉悦感。我总是认为应该喝一些音乐家的倒彩——这种人也实在多——他们习惯于忽视作曲家的指引，删掉复奏部分。"（*Notebooks and Conversations*, p. 102.）

似乎对于我，他的首要优点在于声音的响度，这种响度正是适合巴赫的。

但是，依我个人看，巴赫的音乐要求更多的深度和朴素，而相对古尔德，一切只是太过显赫和肤浅。然而，最重要的是，他并没有演奏所有的重复段落，这一点我真的不能原谅他。这表明实际上他对巴赫**爱得不够**。①

此外，1976 年 4 月 5 日至 12 日连续聆听古尔德的巴赫录音之后，依旧认为他未能做到极致，有情趣但不够严谨，"主角是钢琴家"，而非"音乐"；② 1985 年 7 月 7 日评价古尔德"太刻意了"乃至"做作"。③ 总之，里赫特对古尔德不演奏乐谱上复奏部分这一点最为挑剔。

恰恰相反，让古尔德印象颇深的是，里赫特竟然演奏所有重复部分。古尔德在接收媒体采访时，曾对里赫特有过如下评价：

> 我第一次听里赫特演奏是 1957 年 5 月，在莫斯科音乐学院，当时他以舒伯特最后的奏鸣曲开场。这首奏鸣曲很长，事实上它是最长的奏鸣曲之一，而里赫特却用我所听过的最慢的节奏演奏它。在这一点上我觉得我得承认……我对舒伯特大多音乐不感冒，我很不适应曲子中

---

① *Notebooks and Conversations*，p. 197. 黑体字为笔者所强调。

② *Notebooks and Conversations*，pp. 231 – 233.

③ *Notebooks and Conversations*，p. 311. 里赫特听古尔德演奏欣德米特第一号钢琴奏鸣曲录音。

运用的重复的音乐结构，当我不得不坐等听完舒伯特的一部较长作品时，我会感到非常不安和局促。但当时发生的是，在之后的一个小时里，我进入了一种施魔般的出神状态。我对舒伯特重复结构的偏见都被抛诸脑后，那些先前被我认为装饰性的音乐细节全都被表现为有机的组织，很多细节我到今天都还记得。对我而言好像正在目击两个在想象上对立的性质相融合。高度分析性的计算通过一种类似即兴演奏的自发性而被揭示了。在那一刻我意识到，与我之后每每听到里赫特录音时的感受一样，我所面对的是我们这个时代所塑造的最强有力的音乐世界的传达者。①

①　原文如下：The first time I heard him play was at the Moscow Conservatory in May 1957, and he opened his programme with the last of Schubert's sonatas. It's a very long sonata, one of the longest ever written, in fact, and Richter played it at the slowest tempo I've ever heard. I think at this point it's appropriate to confess…I'm not really addicted to most of Schubert's music. I find myself unable to come to terms with the repetitive structure, and I get very restless and squirm when I have to sit through one of the longer Schubert essays. What happened was that, for the next hour, I was in a state that I can only compare to a hypnotic trance. All my prejudices about Schuberts repetitive structures were forgotten. Musical details which I'd previously considered ornamental were given the appearance of organic elements. In fact, I can remember many of those details to this day. It seemed to me that I was witnessing a union of two supposedly irreconcilable qualities. Intense analytical calculation was revealed through a spontaneity akin to improvisation. And I realized at that moment, as I have on many subsequent occasions while listening to Richters recordings, I was in the presence of one of the most powerful communicators the world of music has produced in our time. 该段访谈出自一部纪录片，但是其中古尔德的声音显然经过了配音处理，所以把原文附于此处。

"古尔德不明白，他在谈论我，而非舒伯特！"里赫特在一个访谈中回应道："我仅只演奏音符里的东西！如果只是'我'在弹一首舒伯特奏鸣曲，而听众却没有为此神魂激荡，那么你就不是在演奏音符里的东西！"①——舒伯特不是由某人演奏出来的，舒伯特就是那音符本身！

里赫特说古尔德演奏巴赫乃实至名归，那么，古尔德评价里赫特演奏舒伯特的话语，也着实切中要害。莱斯姆森也认为，舒伯特的《漫游者》（*Der Wanderer*）钢琴幻想曲在里赫特的生涯中起到贯穿性的重要作用，而且他自己即担负着"漫游者"的形象，此形象达到一种即使对任何世界性的音乐家而言都显得极不寻常的丰满程度，从而刻画着整个里赫特的成年期。②换句话说，他的人格形象最贴近舒伯特。

里赫特人生第一场独奏会在 1942 年 7 月举办，他准备的曲目包括上半场的贝多芬《悲怆》奏鸣曲、舒伯特《漫游者》幻想曲，③他本打算下半场演奏一些肖邦曲目，但

① *Richter*：*Pianist*，p. 20.

② 参见 *Richter*：*Pianist*，p. 75。

③ 里赫特最初演奏这部作品是在 1938 年，一生共演出 58 次，已出版录音 10 场次，其中录音室录音 1 次。涅高兹对此事有所记录："里赫特在维也纳（应该是巴黎——引者注）录制舒伯特的《C 大调幻想曲》（op. 15）的过程中，全曲从头至尾一连弹了 6 遍！对一个经验丰富的钢琴家来说，弹奏像《幻想曲》这样庞大和重要的 6 首乐曲，算不了什么；然而，要一连 6 遍弹奏同一首乐曲，就是这首《幻想曲》，而且必须始终保持'音乐会上的集中力'（区别是不穿燕尾服），那真是非同小可！里赫特认为，他从这 6 种 （转下页注）

师友们不同意，令他演奏普罗科菲耶夫，他照办了，在下半场演奏普罗科菲耶夫的第二奏鸣曲（另外演奏了六首拉赫玛尼诺夫的前奏曲）。后来回忆起这件事，他说："真是糟糕的节目，变成了可怕的大杂烩，你真的无法将普罗科菲耶夫的第二奏鸣曲跟在《悲怆》和《漫游者》后面。"[1]此外，在战争期间，他因为曲目中包括《漫游者》幻想曲，而被指责为"悲观主义"——这在当时是最严重的意识形态罪行之一。[2] 里赫特回忆起那时候：

> 甚至连舒伯特也很少被演唱或演奏，尽管他设法在钢琴家曲目中争得一个适当的位置，大家总是乐意弹他的即兴曲，如有必要，还有《漫游者》幻想曲，但是看上去没人听过他的奏鸣曲。然而事实上，在阿图尔·施纳贝尔之前，他在西方也无人问津。我第一个在苏联上演它们，我开始敲击琴键，人们便认为我发了疯。老一辈的教授对我说："你为什么演奏舒伯特？真是异想天开！他是如此无趣。快换舒曼。"

> 不管怎样，我不为观众演奏，我仅仅为我自己弹

（接上页注③）方案里分别选择了最成功的片段，这样便组成了一部前后一致的幻想曲。"（《涅高兹谈艺录》，第137页。）

[1] *Notebooks and Conversations*, p. 43.

[2] 参见 *Notebooks and Conversations*, p. 56。他因为坚持自己的想法，也被人指责为"个人主义"。

琴。我想，如果我能从中获得一丝满足，观众便也会满意。当我演奏的时候，我整个姿态只关注作品本身，而不是观众或者意图成功，如果我与观众有任何交流，也是通过作品，此中心同意合。坦率说，或者说得难听一点，我不在乎观众。这并不是说他们该为此感到冒犯。人们不应该以错误的方式评判我的话：这只是说观众不用考虑我，我不需要他们，在他们与我之间有一道墙。我对他们需要得越少，我就能演奏得越好。

事实上，我第一次的舒伯特音乐会反响巨大。不只是在莫斯科，随后，在巴黎，我的第二场独奏会奉献了两首舒伯特杰出的奏鸣曲，未完成的那首，[①] 那次是我第一次演奏它，以及最后一首。[②] 那场音乐会在夏乐宫（Palais de Chaillot）举行，组织方为我非要添这么两出戏码感到遗憾。他们错了，这再好不过了。我只演奏好的音乐。[③]

舒伯特不仅是他人生首演的初选，并且在演奏历史上奠定着他的个性的位置，同时还是在演奏者与听众之间建

---

① C大调奏鸣曲，作品编号D840。里赫特每次演奏此曲都按照原曲谱，即"完整地"演奏这部"残篇"，终结处戛然而止，而不像其他钢琴家那样演奏被后人"续貂"补全的版本。CD 参考编号：Philips 416292 - 2。

② 降B大调奏鸣曲，作品编号D960。

③ *Notebooks and Conversations*, pp. 61 - 62.

造起一堵墙的代表性象征。为什么在舒伯特钢琴文献中使人（在施纳贝尔与里赫特之前）感到陌异的作品不能像肖邦、舒曼等其他浪漫作曲家那样恒久发光？它隐藏着什么，让里赫特即使背负罪名，亦情愿让它形之于声？当里赫特说他只为自己演奏，那么为什么舒伯特会属于这个"自己"呢？

三

舒伯特意味着两个维度的真理——音乐与诗人——的结合。他在器乐与歌曲方面的创作难分伯仲，无奈后人总是单方面把他定性为"歌曲之王"，[①] 即使如此，能够听遍他所有艺术歌曲的人也是寥寥无几。他的钢琴创作之于世人接受的程度，就像冰架之于冰山，待漫长时间崩解后遂成奇观。虽在 20 世纪人们对它们有了更多了解，但在演奏方面，譬如两部《即兴曲》（D899 与 D935）以及《音乐瞬间》（D780）[②] 普遍在钢琴家们的曲目范围里开花，但

[①] 舒伯特几乎为浪漫主义运动时期最重要的诗人诗作都谱过曲，他的歌曲唱本就如同一本内容丰富的诗歌选集。他所写的歌曲并不只是为文字配上旋律，而是使诗文在音乐中生长，为诗境之刻画和理解提供了最为感性化、人性化的直接土壤。

[②] 这几部作品是舒伯特受捷克作曲家们的启发而写作的抒情作品，包括他为钢琴写作的一些短小精悍的舞曲，都具有小型风俗画、镶嵌画、细密画的品格，特别清新可爱，令人极愿把赏。

诸多奏鸣曲还是没有达到喜闻乐见的效果,[1] 至今仍在预热。像施纳贝尔、威廉·肯普夫[2]、里赫特这样竭尽全力推广舒伯特作品的人还不算太多。

难道浪漫派作曲家不都是音乐与诗歌的结合体吗？舒伯特的独特之处在哪儿？舒曼这样评论舒伯特和他的奏鸣曲："他能化最细微的感觉、思想，甚至事件和情形为声音。如同人的诗意的梦境和渴望多种多样，舒伯特的音乐表达力也是各种各样的。他的眼睛所看到的，他的手所触摸的，都变成音乐。……作为所有平庸之辈的主要敌人，他是继贝多芬之后最卓越的，他是以世界上最绝妙的感觉实践音乐的人。……一定要像他一样，回归真实的自我，回归最好的自己。"[3]

从丰富的感觉而生成的浪潮般层层涌现的渴望，在诗的抒情性中寻找寄托，笼罩在正要向那表象诉说出来的话语的直接性周围，向着初生的日与月，升起一片冥冥中思

---

[1] 舒伯特早期奏鸣曲有乐章衔接上的不紧凑之病，他想从贝多芬风格的影响下脱颖而出，却不成熟，但其乐思和旋律是飘逸的、多姿的。后期作品直接雕琢精神性的诗意，虽然乐章之间似乎逻辑仍不延顺，但是彼此相映生辉，透射出无限的音乐的希冀，冥想气质甚至超越贝多芬。其奏鸣曲在乐句上多有重复，颇有吟诗咏诵之滋味，但如不加仔细体会，易被误解为情痴呓语。

[2] 威廉·肯普夫（Wilhelm Kempff, 1895－1991），德国钢琴家，曾录制《舒伯特钢琴作品全集》。

[3] 出自《门德尔松和舒伯特的钢琴奏鸣曲》，〔德〕罗伯特·舒曼《我们时代的音乐——罗伯特·舒曼文选》，马竞松译，漓江出版社，2013，第97页。

念与思想的气氛与薄雾，这些独特的品格使得舒伯特的创作独具一种仅属于他的浪漫，如同孑然一身的漫游者，倏忽即在晨，转瞬而入夜，一腔歌咏百转千回，每一次历险都是向自己回归，归去亦是归来。

在钢琴创作方面，舒伯特是一个历史的黏合点，他之前的贝多芬，[①] 已然在钢琴这件乐器的技巧方面与声响特征上做出了最终规定，并且毫不妨碍作品结构的充沛有力，他对现代钢琴的演奏做了定义。舒伯特要在钢琴的"钢琴性"方面进行突破。他那些重复的乐句（诸如在里赫特的演奏中）毫无重复感，像是一次次力图验证在不同声响力度的支配下，钢琴自身表达性的意义是否能够在实践中树立新维度。在他之后，门德尔松、舒曼、肖邦在仅属于"钢琴之为钢琴"的语句形式中丰富着创作文献，到了李斯特身上，钢琴的纯技巧性、声响造型力、细节表现力、爆发力无以复加地成就了一门极致艺术。[②] 所以，不难看出为什么舒伯特钢琴作品的再发现总是迟迟不来，他就像连接着钢琴创作与表达的两座高峰的优雅山谷，一个自然

---

① 贝多芬降 B 大调第二十九钢琴奏鸣曲，即《槌子键琴奏鸣曲》（op. 106）是特别为现代钢琴所写的，创作于 1817－1819 年。

② 保罗·亨利·朗写道："肖邦的大多数作品为钢琴而写，没有一篇作品不是带钢琴的，这不仅在肖邦是典型的，而且是发现了钢琴的诗意的那个时期所典型的。……肖邦是使现代钢琴变成自己唯一可能的表现手段的第一位大作曲家。李斯特的技巧建立在肖邦的技巧之上，不过肖邦一直紧紧依靠纯粹的钢琴艺术，而李斯特则开拓了钢琴的色彩和管弦乐的功能。"（《西方文明中的音乐》，第 815 页。）

低缓的弧线，给出历史视界的美感；于是，也就不难理解为什么音乐学院的教授劝告里赫特用舒曼替代舒伯特——而里赫特却愿意栖息在舒伯特这片开阔的谷地自由滑翔。

　　舒伯特的很多灵感来自大自然，他给维也纳式的欢乐带来了一种在远处召唤着的草地森林的芬芳，一种诱发人们出离，去那边看看，哪怕布满艰辛贫穷，这样一种新生或许遥在前方的印象，人们或许因为这种担忧的希望而变得崇高。他"决不是一个躲在火热的生活现实后面过着温暖舒适的家庭幸福生活的诗人"，他的歌曲"充溢着一触即发的深刻感人的悲哀和热情"，"他深入到了幻想和幻象界的底层，而这是只有诗人诺瓦利斯才做得到的"。① ——把舒伯特比作诗人诺瓦利斯②是合适的，他们心中徘徊萦绕着对世界满怀深爱，却无从去爱的感叹，他们共同的理想是诗，却远远超越了诗，超越了语言能够塑型的日神领域，返回那幽深的酒神国度：③

　　　　我朝下转向神圣、隐秘、难以名状的夜。这世界很偏僻——沉在一个深渊里——它的地盘荒凉而寂

---

① 《西方文明中的音乐》，第 780－781 页。
② 诺瓦利斯（Novalis, 1772－1801），德国浪漫主义运动时期被认为最有天才的诗人。舒伯特曾为诺瓦利斯的 6 首诗作过曲，分别见于舒伯特作品 D658、D659、D660、D661、D662、D687。
③ 日神精神与酒神精神的区分出自德国哲学家尼采的《悲剧的诞生》，按照起源和目标来讲，就是造型艺术（即阿波罗艺术）与非造型的音乐艺术（即狄奥尼索斯艺术）之间的巨大对立。

寞。深深的悲情拂动着心弦。……

遥远的回忆、青春的心愿、童年的梦幻、漫长人生的短暂欢乐和注定落空的希望披着灰蒙蒙的衣衫纷至沓来，像日落后的暮霭……①

生命的自我放逐，即是寻找自我的归途。歌曲《冬之旅》②的作者把冬夜还给漫游者，把酒神精神还给音乐，就像诺瓦利斯的"认识你自己"③一样。

请原谅！这种出离、未知的希望并非"悲观主义"，相反，远离一切人（不需要观众）的决心需要一种艺术家类型的勇气。诗人不是孱弱的人，有勇气活的人才能感受到舒伯特音乐基于各种感官的吁请，它和贝多芬作品一样，只不过"生命"是后者的意志直接呈现之目的，而舒伯特写出了情感面对生命最短之距离。④ "这在贝多芬后期

① 引自诺瓦利斯《夜颂》第一首。中文译本参见〔德〕诺瓦利斯《夜颂》，林克译，四川人民出版社，2018，第49-50页。

② 舒伯特歌曲套曲，作品编号D911。里赫特与男高音歌唱家彼得·许莱尔（Peter Schreier）合作的录音具有最突出的漫游者气质，CD参考编号：Philips 442 360-2。

③ 古希腊箴言。诺瓦利斯把它作为精神追求自我实现的最高目标之一。他认为"精神是一种纯粹的作用"，"普遍精神的消解就是死亡"，"归返自身意味着放弃外部世界"，"诗人必须有一种宁静而专注的心境，使他远离俗务和琐事的想法或癖好"。这就像舒伯特音乐中的"漫游者"形象。有兴趣的读者可参看诺瓦利斯的《断片》。

④ 里赫特在比较俄罗斯作曲家尼古拉·梅特纳（Nicolas Medtner）与舒伯特的区别时说："（梅特纳）是一位极好的作曲家，我多说一句，他那么专业，以至于写完那些作品，却仍惴惴不安在改（转下页注）

的整个音乐界中，舒伯特是唯一一人。"①

笔者分析舒伯特音乐的特质是为了分析里赫特人格特质，演奏《漫游者》的里赫特并不是落落寡欢的，他在舒伯特"漫游者"的音乐形象中找到了同样发生在自己身上的勇气，就像涅高兹所看到的：

> 在里赫特的整个钢琴艺术（钢琴演奏技巧）中，有一个突出的特点，我想对此做一简短说明。
>
> 人们常说："冒险是善行。"在里赫特的演奏中，可以明显的感到某种冒险成分和大无畏精神，他犹如一个战场上的勇士，他又像杂技场上走钢丝的技巧演员，但他从不系安全绳，他像古代的斯维亚托斯拉夫（基辅大公，公元972年被佩彻涅格人杀害。——原注）那样，勇敢地向自己的敌人们宣战："我来了……"
>
> 这种极度超凡的技艺与使许多演奏者享有盛誉的、冷漠无情的商业目的，毫无共同之处，尤其是现在。这种超凡技艺绝对不同于草率和鲁莽、注定失败和垮台的愚蠢的冒险行为等。……我们所说的斯维亚托斯拉夫（里赫特的名字）……反对以商业目的为重

（接上页注④）写，其他东西冲撞着他的注意。在这一点上，他和舒伯特截然相反，对后者来说，总是似乎只有一个解决办法是可行的。"（*Notebooks and Conversations*, p.48.）

① 《西方文明中的音乐》，第781页。

的做法。

　　超凡技艺（virtus——豪迈）还有一些其他的源泉，这种源泉还产生欲望、智慧、意志、力量、情感、"具有崇高追求的心灵"，它们一并凝聚成极其猛烈的洪流并冲垮它们面前的一切屏障……

　　我特别喜欢里赫特的这种"冒险精神"，尽管有人对他的演奏耸耸肩膀说："为什么他甚至在弹奏技巧最为简单的作品时，同样那么激动和沸腾？"但由于他的"冒险精神"，听众还是非常喜欢他的演奏。①

反对商业（音乐会、听众的需求、功名）是音乐的冒险精神，很多超凡技艺演奏家（virtuoso）如阿图尔·鲁宾斯坦或弗拉基米尔·霍洛维茨②，都能以极大限度的技艺带给观众震撼，能让人们享受到其他人所不具有的"魅力"，似乎也是在带领人们冒险，然而，把舒伯特缓慢的乐章一句句重复，渐渐变成任何一颗崇高心灵都可以领会的自我历险，却是少见的。乐迷会感受到超凡技艺大师在琴键上"冒险"与通过聆听而感受到"音乐的冒险本身"是两回事。

---

① 《涅高兹谈艺录》，第137－138页。聆听里赫特弹奏《漫游者》幻想曲，确实可以领会他的冒险精神，CD参考编号：EMI 5725672。
② 阿图尔·鲁宾斯坦（1887－1982），波兰犹太裔美籍演奏家。弗拉基米尔·霍洛维茨（1903－1989），俄裔美籍演奏家。鲁宾斯坦与霍洛维茨都是里赫特的同道好友、世界范围内的竞争者。

诗人的超越不是技艺的超越，音乐天赋也是一样。①音乐天赋更多地来自纯洁的感情（就像舒伯特那样）：

> 一个艺术家固有的感情越纯洁越好；反之，假如一个艺术家没有这种纯洁的感情，显然，他没有这种感情照样能够生存，尽管艺术因此而受到侵害，但这种恶果对这样的艺术家犹如不解之谜。而里赫特具有这种纯洁的感情，他本人的演奏和精神面貌鲜明地体现了这一点。然而，他是否像我这样了解这种感情，值得怀疑。大概他永远对此只字不提……每当我听他的演奏时，时常回想起布洛克《报喜节》中的两句话："滚开吧，外行，这里是神圣的爱情所在。"（Profani procul ite, hic amoris locus sacer est.）②

值得一提的是，里赫特在生活中也犹如漫游者，有令人难忘的行脚能力，特别擅长走路。在影片《谜》中，多莲卡回忆里赫特曾两次步行环绕莫斯科，熟悉那里的每一

---

① "天赋越大，需要的工作、努力和克服困难的力度则越大。可以毫不夸张地说，天才的演奏家永远不满足于自己已掌握的技巧——永远竭尽全力，以实现'肉体向精神的转化'。天才的天性中有一种对不可企及的事物的要求——绝对的完善是不可能达到的（das Vollkommen kann nicht geworden sein），这才是真正可怕的东西！一言以蔽之，一个人完全可以根据'不健全的宪法，成为一个知足者'。（摘自亚·布洛克诗歌《诗人》——原注）"（《涅高兹谈艺录》，第140页。）

② 《涅高兹谈艺录》，第 144－145 页。

条大街小巷，涅高兹在其文章中也赞赏里赫特的健步能力。[1] 里赫特自己的回忆则更有趣：

> 可以说，我的职业生涯起步于战争时期。在此期间，我一直留在莫斯科，不像其他大多数音乐家，被疏散了。我经常不得不注视着屋顶，并在空袭时保持警戒。有时候我会在城内 100 公里范围里长途行走。我一直喜欢走路，有好几次，我光一天步行就走到 50 公里。起先是我无法去等待，这是我性格的一部分，与其等待电车，或者电车坐满了，我就喜欢出发走路。在战争之前，我经常去攀登高加索山。当然，无疑的是，这不再可能了；[2] 但是现在我仍然可以探索莫斯科和它的周边。我还记得我曾独自穿越了一座森林，突然发现我自己像一头疯狂的野兽一样嘶吼，发生了一种返祖式的本能。这发生得毫无征兆，只有我：grrr！Ow－ow－ow！（嗷－嗷－嗷！）就像一头老虎、一只狮子或者一匹狼。一下子就叫出来了，但我立刻意识到自己在做奇怪的事情。我仿佛已变成一只

---

[1] "我与斯维亚托斯拉夫·里赫特深处已经二十多年了，我眼看着他从一个无人问津的学生，变成一位世界级钢琴家，但他在生活中，仍保持本色不变，他始终坚持令人惊讶的艰苦朴素、谦虚谨慎的生活准则。他从不在人前炫耀自己的成绩和人们对他的好评，甚至一直保持着大学时代的生活习惯，照旧喜欢滑雪散步，有时围着莫斯科一走就是几十公里。"（《涅高兹谈艺录》，第 348 页。）

[2] 说这段话的时候，里赫特已逾 80 岁高龄。

漫游在原始森林中的动物。作为一支插曲，这也没什么大不了的，它只是发生过，有时候会浮现在我的回想之中。①

1986年，72岁的钢琴家花了六个月时间（7-12月），穿越西伯利亚，在不知名的小城小镇举办了近百场音乐会，哪里有钢琴就在哪里弹。那时的里赫特已经多次拒绝赴美商演。古稀之年，载满世界声誉，却游历边远极寒山区，带着音乐漫游，不取分毫。这件事在1989年5月法国的《音乐世界》（*Le Monde de la Musique*）杂志上加以报道。

四

如果演奏家像漫游者一样走远了，他的世界是纯净的，不需要呼声与掌声，他背离我们，那么我们这些需要听音乐、需要跟随音乐的人在何处安身？将如何在发生的音乐性关系中找到一个位置？"听众"是怎样的人？我们是否有聆听的共性？是演奏家创造听众吗？②

---

① *Notebooks and Conversations*, pp. 43-44.

② 在一次古尔德对阿图尔·鲁宾斯坦所作的著名访谈中，讨论演奏家采取如何对待听众的态度时，古尔德说："我不想凌驾于他们，他们哪怕在场我也确实没有激动起来。"鲁宾斯坦答道："你我绝对相反，如果你像我一样步履钢琴职业演奏家多年——已经超过65年——你就会经历那些个定数，你必须用来说服、支配、抓住、从（转下页注）

　　蒙桑容在接触晚年里赫特的那个时期，也被这个问题困扰着。他时常把里赫特与法国作家普鲁斯特关联起来。① 里赫特本人特别喜欢《追忆似水年华》，他抱憾的一件事就是不知道在死前能否读完它的最后一卷，② 因为当时在莫斯科所出版的这部小说的俄文译本，只有最后一卷还没出现。在生命最后的岁月里，里赫特每天读一点儿普鲁斯特或托马斯·曼③。④

（接上页注②）而与群众交流的定数。"（*Richter：Pianist*，pp. 190 - 191.）古尔德似乎不在乎听众是否在场，而鲁宾斯坦要用演奏手段的亮点冲击听众的神经，把"群众"（crowd）掌控在音乐之下，把演奏现场发生的景况看作可以重复的恒常性规律，钢琴家可以掌握这些规律。这里所包含的问题在于：听者的身份到底"是谁"？是古尔德所说的"无所谓之人"，还是鲁宾斯坦谈论的"一千群众"？

① "碰巧因为戈尔巴乔夫改革措施实行，普鲁斯特作品开始出现在俄罗斯，结果随着每次造访莫斯科，我逐渐获得了《追忆似水年华》所有各卷的拷贝，除了最后一卷《重现的时光》，还没出现，其实，到现在也还没出版。我回想起了与贝尔玛（小说中一位戏剧女演员的名字——引者注）相关的段落……在这里，普鲁斯特讲出了所有关于阐释的问题：通过表演《淮德拉》（法国戏剧作家拉辛最后一部作品，小说中的贝尔玛多次上演——引者注），贝尔玛难道是在已存在的杰作上创造了一部新的杰作吗，一部阐释的杰作？我引用这一段落作为结尾，加上：'大师怎么想的？换句话讲，一位阐释者可以是天才吗？阐释可以被视作天才行为吗？'我随即将这十二页纸在他所在的酒店传真给了里赫特。" *Notebooks and Conversations*，p. xiv.

② 参见 *Notebooks and Conversations*，p. xiv。

③ 托马斯·曼（1875 - 1955），德国作家，1929 年获诺贝尔文学奖。里赫特与托马斯·曼的思想关系参见本书第四章。

④ 参见 *Notebooks and Conversations*，p. xiv。

笔者认为普鲁斯特在《追忆似水年华》中很好地解答了这个问题，呈现出听众角度之音乐接受性的基本范式。笔者先从小说的描写入手来分析，然后再回到里赫特对普鲁斯特的响应。

假设从未听过的一段乐音经过耳边，我们开始接收它对我们注意力的吸引，此时所产生的鉴赏的阶段性（如下：A－B－C－D）是鲜明的：

> 原来头年他在一次晚会上听人用钢琴和小提琴演奏了一部作品。起初，他只体会到这两种乐器发出的物质性的音质。而当他在小提琴纤细、顽强、充实、左右全局的琴弦声中，忽然发现那钢琴声正在试图逐渐上升，【化为激荡的流水，绚丽多彩而浑然一体，平展坦荡而又像被月色抚慰宽解的蓝色海洋那样荡漾，】① 心里感到极大的乐趣。②

即（A）乐器的（物质的）声音带来一种舒适感；继之：

> 在某一个时刻，他自己也不能清楚地辨认出一个轮廓，也叫不上使他喜欢的东西到底叫什么名字，反正是突然感到着了迷，他就努力回忆刚才那个乐句或

---

① 【 】为笔者所加。笔者将这段经典描写中关于音乐所引起的"心理印象"层面的文字置于【 】中。

② 〔法〕马塞尔·普鲁斯特：《追忆似水年华》（第一卷），李恒基、徐继曾译，译林出版社，2012，第 208 页。

者和弦（他自己也说不清）；【这个乐句或者和弦就跟夜晚弥漫在潮湿的空气中的某些玫瑰花的香气打开我们的鼻孔一样，使他的心扉更加敞开。】可能是因为他不知道这是什么乐曲，所以他得到的印象是如此模糊，一种也许正是真正的纯粹音乐的印象，是局限于这个范围，完全别具一格，不能归之于任何别的种类的印象。这样一种印象，在一刹那间，可以说是"无物质的"印象。①

（B）对音乐拥有了"印象"：这个印象专属于"音乐"，因为它没有物质内容，不像一幅画有物质性的色彩，不像一件雕塑有物质性的质料；对音乐产生感触的对象或者是一个"乐句"，或者是一个"和弦"；而音乐是流动的，乐句、和弦转瞬即逝，所以要在"印象"中去重新寻找它；音乐的对象如此"模糊"：

> 当然这时我们听到的音符，按照它们的音高和时值，会在我们的眼前笼罩或大或小的空间，描画出错综复杂的阿拉伯式的图案，给我们以广袤或纤小、稳定或反复无常的感觉。然而这些感觉在我们心中还没有牢固地形成，还不足以会被紧接而来的，甚至是同时发出的音符所激起的感觉淹没以前，就已经消逝了。而这种印象却还会继续以它的流动不

---

① 《追忆似水年华》（第一卷），第208–209页。

定，以它的“淡入或淡出”，掩盖那些不时冒出、难以区别、转瞬即逝、只能由它们在我们身上产生的特殊的快感才得以辨认的，无法形容、无法记忆、无法命名、不可名状的主题———即使我们的记忆，像一个在汹涌的波涛中砌造一个建筑物的牢固基础的工人一样，能为我们提供那些逃遁的乐句的仿制品，却无法使我们能把它们随之而来的乐句加以比较，加以区别。[①]

然而，模糊的印象似乎形成了“空间”和“图案”，[②] 于是（C）由于我们知觉[③]的作用，虽然在乐句经过时无法将每一细节在记忆中逐一相连（像在波浪上建筑某物），但我们却已经可以“辨认”它们了：

[①] 《追忆似水年华》（第一卷），第 209 页。

[②] 普鲁斯特为什么说是阿拉伯图案？这是一个非常精致的描述，或许汉斯利克可以为它做注解："视觉艺术中的一种名为阿拉贝斯克的装饰的错综图形，已为我们作了某种程度的说明。我们沿着弧形的曲线看，时而轻悠下降，时而突然上扬，这些大大小小的弧线相互呼应似乎不能融合，但却又相连得很好，每个相对或相辅的部分，即是小细节的集合，也正是一个整体。现在让我们想象一幅阿拉贝斯克，假想它不是静止的而是动态的，在我们面前不断地移动、变化成形。我们不禁要赞叹：那些或强壮或细致的线条是多么奇妙地相互追逐……如此，我们见到的形象便提升起来，更加宏伟。……这样的印象，不是和音乐的印象很相似吗？"（《论音乐美》，第 64 页。）印象中的音乐的“图案”不是一幅画，而是线条、色块、部件的变动着的叠加、区别、融合。

[③] 在哲学讨论中，知觉（perception）的一项作用即在于标记由感觉而产生的感受性的大、小、强、弱。

就这样，当他①感觉到的那个甘美的印象刚一消失，他的记忆就立即为他提供了一个记录，然而那是既不完全又难持久的记录；但当乐曲仍在继续时，他毕竟得以向这记录投上一瞥，所以当这同一个印象突然再次出现时，它就不再是不可捕捉的了。他可以捉摸这个印象的广度，捉摸与它对称的改编乐句，捉摸它的记谱法，捉摸它的表现力；他面前的这个东西就不再是纯音乐的东西，而是帮助他记住这音乐的图案、建筑物和思想了。②

最后（D）依靠印象在记忆中的滞留，音乐变成了思想，或者可以被思想的东西，③久而久之：

他④从此就把音乐的主旨看成是真实的思想，是

---

① 原文是"斯万"，小说中人物的名字，笔者在这里改成人称代词"他"，为了方便阅读。

② 《追忆似水年华》（第一卷），第209页。

③ "此种特别的音乐美，不能被视为只是一种听觉的美或是一种均衡的对称——这些都只是它的附属部分……我们强调音乐美，却不排除精神性内容，反而视它为必要的条件……基本上，我们是把音乐美转化至乐音形式里，这便说明了音乐的精神内容与这些形式有着最密切的关系。……由乐音所组成的形式不是空洞的而是充实的，不是真空的轮廓，而是来自内在精神的形象。是故，与阿拉贝斯克相比时，音乐其实是一幅画，但它的主题不能被文字来叙述或用概念来限定。音乐也有意识及逻辑，但那是音乐性的意识及逻辑，是可以被说、被理解，但却不能被翻译的语言。我们谈音乐的'思想'，那是一种来自潜意识的认知，正如演说一样，有经验的判断力很容易就能区分出是睿智的巧思，还是虚假的空话。"（《论音乐美》，第66页。）

④ 原文是"斯万"。

另一个世界、另一种类型的思想，蒙着黑影、不为人所知、智力所不能窥透的思想，然而这些思想依然是完全可以相互区别，各有不同的价值与意义。①

音乐之于听者就这样一步步客观地从印象－知觉到思想地过程化呈现，当人们把伟大音乐作品的乐谱拿在手中，对照地去聆听有学识的演奏家的演绎，可以听出基于作曲家创作的意识及逻辑而来的简明性、清晰性；或者如普鲁斯特笔下具有审美鉴赏力的主人公那样，深入到音乐内涵的丰富性、深刻性当中。然而，大多数听者难免总是沉湎在印象－情感②的层面，单用耳朵去听"有"的东西，而不用头脑或心灵去理解"无"的事情。普鲁斯特在这一点上的见解高屋建瓴：

> 他也知道，在他回忆之中的钢琴的乐声就越发歪曲他观察与音乐有关的事物的观点，而且展现在音乐家面前的天地并不是仅有七个音符的可怜的键盘，而是一个无限宽广的键盘，几乎还完全未为人所知，只是星星点点地散布着千千万万表现温柔、激情、勇气和安谧的琴键，中间被层层从未被我们探索过的黑暗所阻隔；这些琴键彼此之间有天地之别，只为少数伟大的艺术家所发现；他们在我们心灵深处唤醒了跟他

---

① 《追忆似水年华》（第一卷），第 341－342 页。
② 汉斯利克说道："音乐唤起的每一种情感，首先是以听觉印象影响神经的某一特定方式为基础。"（《论音乐美》，第 100 页。）

们发现的主题相应的情感，告诉我们，在我们原以为空无一物的心灵这个未被探索，令人望而生畏的黑暗中却蕴藏着何等丰富多彩的宝藏而未为我们所知。凡德伊就是这样的音乐家中的一个。[1]

里赫特也是这样的音乐家中的一个。琴键的一边是温柔与激情，是种种人类情感与之相呼应的现象，然而另一边是心灵从未探索的潜藏的方向。琴键一部分白，一部分黑，双手在有限的音符之间摩挲，来唤醒生命的有与无。所以，当奥伊斯特拉赫并不着眼法国作曲家塞扎尔·弗朗克（César Franck）的 A 大调小提琴奏鸣曲时，里赫特坚持让他和自己合奏这部作品，认为它就是"凡德伊奏鸣曲"！[2]《对话》中记载：

> 我在列夫·奥伯林[3]去世后才开始与奥伊斯特拉赫合奏，他与奥伯林的伙伴关系如高山流水。那时，我

---

[1] 《追忆似水年华》（第一卷），第342页。

[2] "凡德伊奏鸣曲"（Vinteuil Sonata）是普鲁斯特在小说《追忆似水年华》中虚构的音乐作品，也就是以上使主人公产生了强烈的音乐认知的作品。在1913年4月初，普鲁斯特聆听了一场由著名小提琴家乔治·埃内斯库（Georges Enescu，罗马尼亚著名小提琴家）演奏弗朗克 A 大调奏鸣曲的演奏会，这场演出给他留下了"震撼的印象"，激起了"强烈的情绪"，他后来解释说，这支乐曲是引发他创造"凡德伊奏鸣曲"的重要灵感来源。参见〔英〕亚当·瓦特《寻找时间的人——普鲁斯特传》，辛苗译，漓江出版社，2019，第138页。

[3] 列夫·奥伯林（Lev Oborin, 1907–1974），俄罗斯钢琴家，伊贡诺夫的得意门生，在独奏家身份之外，常与奥伊斯特拉赫合作，堪称黄金搭档。

的职业生涯已临近尾声。……在我们凑起来（put on to-gether）合作演奏的三或四组节目中，① 只在弗朗克奏鸣曲上有过一点小分歧。当然，他演奏得很到位，但对这部作品不那么看重，认为它比沙龙音乐好不了多少。与此相反，我却很热衷弗朗克以及这首美妙的奏鸣曲。毕竟，它难道不就是普鲁斯特的凡德伊奏鸣曲吗？②

里赫特把现实中存在的弗朗克奏鸣曲与小说中虚构的凡德伊奏鸣曲通过美学直观联系起来，其意义在于：让美跨越有与无的边界，共时性地融合在感性化体验之中，于是，每个人似乎都可以以小说中主人公的方式在音乐聆听中在场，文学想象侵入了听觉世界，听他与奥伊斯特拉赫演奏这部作品的人们，也似乎同样进入《追忆似水年华》的世界，这是音乐史或者音乐美学的一次创造性事件！③ ——如果用文

① 里赫特与奥伊斯特拉赫合作过的小提琴与钢琴奏鸣曲包括：贝多芬四首（第一、第二、第六、第十小提琴奏鸣曲）、舒伯特一首（D574）、勃拉姆斯两首（第二、第三小提琴奏鸣曲）、弗朗克奏鸣曲（M.8）巴托克第一小提琴奏鸣曲（Sz.75）、肖斯塔科维奇奏鸣曲（op.134，作品首演即为他二人）以及普罗科菲耶夫第一小提琴奏鸣曲（op.80）。它们在这些曲目中三三两两搭配成任一场演奏会的节目，故而这里说"三或四组节目"。

② *Notebooks and Conversations*, p. 118.

③ 感兴趣的读者可以亲耳聆听两位大师这部作品的录音，其美学境界与阅读小说时所能够匹合的那种心灵境界融为一体，亲密无间，天衣无缝，令人难以忘怀。CD 参考编号：Le Chant du Monde LDC 278 885（1968 年 12 月 4 日巴黎现场）或 Mobile Fidelity Sound Lab MFCD 909（1968 年 12 月 28 日莫斯科现场）。现行出版录音仅此两场。

学语言来描绘听见他们演奏它的人的印象及感受，当然没有比普鲁斯特更精彩的了：

> 这个乐句以缓慢的节奏把他领到这里，把他领到那里，把他领向一个崇高、难以理解，然而又是明确存在的幸福。突然间，正当这个乐句把他领到一个地方，而他在休息片刻后正准备随它继续前进时，它却猛地变换方向，以速度更快的细碎、凄然、温和而无休止的运动，把他带向新的境界，随即又消逝了。他热切地祈望着第三次再见到它。而它果然又重现了，然而并没有对他作出什么更明确的启示，在他身上激起的快感也没有以前那样深刻。可是当他回到家里，他却需要它：他仿佛成了这样一个人，他在马路上瞥见的一个过路的女子在他的生活中注入了一种崭新的美的形象，这个形象强化了他自己的感情，可他是否还能重逢他已经爱上但却连姓名都还不知道的那个人，连他自己也不清楚。①

听者之听的机能一向预备着，只等待听觉产生印象、激荡知觉与记忆，最后在无法言说的思想中安定下来。聆听者，期待与那不确定的美的形象的邂逅。在此，伟大的音乐家、文学家为我们启示方向。

---

① 《追忆似水年华》（第一卷），第 209－210 页。

五

    弗朗克在法国音乐的现代史中起到关键作用，首先是他，以及聚集在他身边的弟子们引导法国人去欣赏纯粹的器乐作品。当时称霸法国音乐生活的是歌剧，各种类型的歌剧演出及歌剧院，从国家建制到私人设立，林林总总，在巴尔扎克后期小说的描写中可见一斑，法国的音乐精神①是从弗朗克、爱德华·拉罗（Edouard Lalo）、圣－桑这些作曲家开始复兴的。普鲁斯特当时接触到的音乐，正是他们的作品。弗朗克尤其在室内乐和交响曲中将德国复调音乐的精神移植到法国，他一生始终贯彻这一原则，所以其音乐品质较之以浪漫派和声理想为创作原则的作曲家更富思想性，"最好的、最动人的例子就是小提琴奏鸣曲的卡农式的末乐章"②、"弗朗克因而简直如同另外一位神秘主义者布鲁克纳③一样，给人以悲剧但又动人的印象"。④

    弗朗克音乐的特质在于一种"忘我"的喜悦，又富于感官上动荡的美，但是他创作的原则却是缜密的、思辨的。普鲁斯特在《追忆似水年华》第五卷分析"凡德伊"

---

  ① 歌剧相较于纯粹器乐作品而言更多地彰显其社会功能。

  ② 即"凡德伊奏鸣曲"。

  ③ 安东·布鲁克纳（Anton Bruckner, 1824–1896），奥地利作曲家，主要创作交响乐作品。

  ④ 《西方文明中的音乐》，第 942 页。

这位作曲家的时候，说到他的作品"通过一音一符、一拍一调把一个出人意料的世界，一种闻所未闻、不可估价的色彩展示出来"，"他使用千万种方式反躬自问，他习惯于纯思辨。但他那种思辨仿佛是在天使国里进行似的，完全摆脱了推理所具有的分析形式，以至于我们可以测量其深度，但是我们无法将其迻译成人类语言"。① 这些描述都十分适用于弗朗克，相较于圣－桑等同时代音乐家，普鲁斯特声明他对弗朗克的喜爱超过其他人。音乐史家评论这位作曲家时说："对于不再满足于自然音阶和声逻辑、听觉过分精密的听众来说是很悦耳的；同时他们看到这位作曲家的圣德般的信仰，他不图名利，他用使徒般的热忱去感动那些无视纯粹音乐的听众……"② 这与普鲁斯特对于他自己作为一名"听众"的定位也是极为符合的。如果人们聆听比较弗朗克小提琴奏鸣曲与 D 小调交响曲，③ 就会发现普鲁斯特对"凡德伊"两部作品之比较不仅点拨、提拔出不同的音乐印象，并且切中音乐之精神：

---

① 〔法〕马塞尔·普鲁斯特：《追忆似水年华》（第五卷），周克希、张小鲁、张寅德译，译林出版社，2012，第 239、240 页。

② 《西方文明中的音乐》，第 943 页。

③ 作曲家仅创作有一部交响曲。以一种问句形式的主题做引导，在波澜壮阔、气息宽广的发展与呈式中得到回答与抚慰，其色彩性超越其他作家作品。"凡德伊还具备另一种才能，那是一般音乐家，甚至一般画家都望尘莫及的，他使用的色彩不仅如此稳定，而且如此富有个性，以至于它能永远保持新鲜，不为时间所销蚀。"《追忆似水年华》（第五卷），第 237 页。

一个使用短促的呼唤，将一根纯净延绵的长线切成碎段，另一个则将散乱的残音重新融入同一隐形的调号。一个是如此沉静腼腆，近乎于分弓拉奏，又如哲学玄思，而另一个则是如此急促焦虑，苦苦哀求。然而这是同一种祈祷，内心一旦出现不同的朝霞，它就喷溢而出。①

　　普鲁斯特本人及其小说人物，是音乐听者身份的一次绝对性确证。这或许是里赫特的品味向他靠近的原因之一。里赫特说自己憎恶两件事——分析与权力，②（一如其少年时期憎恶学校），于是，弗朗克在感性尺度上延伸出去的条分缕析，与在神性尺度上超越于理性思辨而保留的隐秘纯净，恰恰能够吸引到他。③ 那么，这也应该是里赫特认为听众能够做到的事，或者他为听众所服务的事。——普鲁斯特记录过某次他自己聆听贝多芬第五交响曲的感受：

　　……如果我们的理性没有提前定义这种信号④的

---

① 《追忆似水年华》（第五卷），第239页。

② 参见 *Notebooks and Conversations*，p. 65。

③ 弗朗克的作品在其生命的最后15年达到创作的极致。里赫特常演出他的钢琴三重奏（M.1）、钢琴五重奏（M.7）、前奏曲与赋格（M.21）、为钢琴与管弦乐队所作的交响诗（M.45），以及小提琴与钢琴奏鸣曲（首演日期1967年7月22日，这也是他第一次与奥伊斯特拉赫合作演出的日子）。

④ 指的是乐队指挥用手臂、头部、眼睛等施发给乐队的信号。

能力，那么我们最炽烈的内心冲动就会出来恳求这样的信号。我们自身的理解力每秒钟都在加深并且变成强有力的现实，为此我们感到既忧虑又幸福，在极度惊讶的同时得到了心想事成的满足。对我来说，在和声的峰顶浪尖追逐一股引领我们穿越暴风雨的万千喧嚣潮流让我感到呼吸急促。音乐犹如一颗暂时在我的心脏里跳动的心……①

"在心脏里跳动的心"的比喻，可能是描写听者所听到的音乐的最好的比喻了。如果演奏家想要把这颗心放到听众的心里，那么他需要降低自身的存在感和控制力，需要磨掉所谓风格化的自我，需要孤独地出发去寻找音乐宝藏，需要与作曲家隔着时间与空间的河岸对话，需要思想。

20世纪初，音乐的创作逐渐向印象靠拢，而关于思想的事情，不再成为欣赏主流。作曲家们对音质与音色的追求在一种与观看绘画相同的结构中再现其色彩与光泽，声音之混合超过了调性和弦的原则。②"统一的效果不是通过组合、结构达到的，而是通过各个部分的相似性，通过它们的性质和情调。因此，造成'形式'的不是秩序而是具体的各个部分的情调，因为它不依靠记忆，而只依靠感官的印象作用。这种音乐的主要组成部分是一个标题性的气

①　出自杂文《星期天的音乐学院》，收录于《偏见》，第45–46页。
②　参见《西方文明中的音乐》，第1035页。

氛；不是各种观念的因果的连续或逻辑的关系，而是一种神秘的、乳白色的素质，梦幻性，情绪印象。"① 音乐美学的形式原则渐渐被捐弃了，阅读普鲁斯特的人们也宁愿把对于音乐的想象停留在瑰丽的印象描写之上，而忘记了作者自身对音乐的理解处境。在音乐形式与音乐印象的界碑旁，如同分立着作曲家－演奏家与一般普通听众的对垒，能否穿越身份而通达彼此，就在于对印象内容（情感描述）进行多大程度的剥离或填充。进一步说，印象就如同在音乐中混合了语言，能被表现或者说出的东西更多了，然而普鲁斯特所指明的那种隐匿于"无"的东西就更少了：

> 也许只有虚无才是真实的东西，而我们的梦幻并不存在，然而那时我们就会感到，那些与我们的梦幻相关连而存在的乐句和概念也就不复存在了。我们终究会死去，但是我们手上有这些神奇的俘虏作人质，他们将在我们生存的机会丧失时继续存在下去。有了他们，死也就不会那么凄伤，不会那么不光彩了，甚至不会那么太肯定了。②

人们停留在印象，是因为这边"有"，而宁可不去思想那

---

① 《西方文明中的音乐》，第 1035 页。

② 《追忆似水年华》（第一卷），第 343 页。这里，普鲁斯特把乐句和概念比作人的俘虏和人质。

边"无"了。前文讲到涅高兹评论里赫特的天赋在于在音乐创造中"综览一切"的直观能力，演奏家可以在作品的全部时间里（包括它消失的时间）赋型它完整的形态，经历整体的有－无，他的听众便可以认识到时间是完整的和崇高的。因其完整所以崇高。①

六

音乐会是将音乐在存有层面表现出来的最佳活动，对于任何一位演奏家，音乐会都必不可少。音乐会是听众与音乐相会的时间，也是演奏家直面听众的时间，演奏家与听者建立最直接的联系，莫过于举办独奏会。对于有机会聆听像里赫特这样级别的演奏家，任何一名听众都不会错失良机，时常有来自美国、日本等地的乐迷远程飞赴欧洲追随他的足迹。这里有必要从里赫特演奏会的角度，进一步定义和解释音乐发生的条件。

在与俄罗斯学者雅科夫·米尔斯坦（Jacov Milstein）的一次谈话中，里赫特谈到了他对音乐会活动的直接认识：

> 作为一位音乐会钢琴家，工作的其中一个难题是

---

① 《追忆似水年华》，a la recherche du temps perdu，这个题目的原义是"寻找失去的时间"，普鲁斯特用它来指心脏两次搏起跳动之间短暂静止的瞬息。前一译名颇有印象风格，很唯美，后一译名较为平淡，却真实。

缺乏时间以集中精力。你有时工作蹩脚的原因在于你不能总是进入深度状态……通常是在极短时间要做很多。音乐家是一个系统的一部分。音乐无法依靠自身的力量自个儿存在，它是整体的部分。对我而言，重要的是在乐器上工作时，要感觉到释放。我与情绪紧张以及分心战斗……我的安全感来自对乐谱的深度学习。我一丝不苟地学习它；每一件重要的事都由此开启……第一眼瞥见的未被揭示的东西慢慢出现、成形、被定义。在一种确定的意义下，一切水到渠成。在技巧环节上，我认为你从双手得到的帮助总会是重中之重——时不时地是在纯粹心理学平面。如果你一只手遇到技巧问题，另一只手的对称性运动就来帮忙解决它。①

　　他在这里谈到在音乐会上演奏是一项系统性工作，包括演奏家、钢琴、乐谱、音乐创造等事情之间的种种联系，能让他感觉到安心的是对于乐谱的沉浸式研究，但是音乐会上留给演奏家的时间如此之短，以致音乐创造的过程不免分心，在这个系统活动中最难应付的问题是时间不足。解决它需要一种心理层面的聚精会神，把精力全副投入到乐谱中去，在这时候则需要双手的协调来帮助自己。当人们认为钢琴家的双手在呈现某种"技巧"的时候，毋

① 转引自 *Richter*: *Pianist*, p. 209。

第二章 音乐

宁说，它们实现的是演奏者在心理层面认知到的"对称性"。这是个非常形而上的解释，如果没有关注到他同样在《对话》中的一个话语片断，是决然难以理解的，所以，回到《对话》，人们才会看到这里谈到的"对称性"的真正内涵（它指示了演奏与绘画，或者听觉与视觉性之间的关系）：

> 罗伯特·法尔克[①]在俄罗斯非常有名，但在海外差不多无闻，尽管他在巴黎生活多年。我对他的画作之崇拜暂且不表，也不论他为我画的一张年轻时的肖像，我还有其他的理由对他充满感激。我过去时常到他的画室一次次练习绘画，有一次他做了一个评论，我立即就运用到钢琴演奏上："你知道绘画最难的事情是什么吗？就是画一个完美的圆。但是你用两只手同时画两个圆就不是那么难。"这确实和弹钢琴一样。对称性！一切都具有对称性。他还告诉我，当你多加练习，就能够触到"水刚好沸腾"的那个点，[②] 正是这个时间点才关键。[③]

---

① 罗伯特·法尔克（Robert Falk, 1886–1958），俄罗斯画家，画风偏近法国画家保罗·高更。法尔克的作品在 20 世纪 60 年代后才被俄罗斯联邦和海外世界广泛欣赏收藏。

② 涅高兹也用过水的沸点这个例子，以说明"钢琴家应该做到：花最短的练琴时间而求得最好的效果"。参见《论钢琴表演艺术》，第 3 页。

③ *Notebooks and Conversations*, p. 100.

这或许就是里赫特演奏会的秘密：用像两只手同时画圆那样解决琴键上的技巧难题，因为两手之间的对称性活动使技巧变得相对容易，一只手是另一只手的助手。在音乐会活动中，里赫特能够做到双手协调在琴键上作画，继而，在与米尔斯坦的谈话中，里赫特谈到如何视觉化舒曼的《小叙事曲》（*Novelletten*）①：一曲是关于"大海中央风暴肆起，在一艘海盗船上的一个英雄"，另一曲"伴随着一场大灾难的预警"；有时音乐会让他想到"日落、神秘、像一幅老派大师的画作"，另一幅"令人想起戈雅②的氛围"。在贝多芬的《热情奏鸣曲》（*Appassionata*）③中："所有事都是夜间发生的……夜间风雨的使者，如星闪烁……在终曲的宇宙边际，像是隔着无尽空间的声音互相呼唤着彼此"，等等。④

　　在前文中，笔者曾引述涅高兹评论里赫特在听觉与视觉之间能够进行有效的融合，这是天赋的象征之一。⑤ 那

---

① 作品 op. 21。

② 戈雅（1746－1828），西班牙画家。

③ F 小调奏鸣曲，op. 23。

④ 转引自 *Richter*：*Pianist*，p. 212。

⑤ 涅高兹说道："里赫特不仅是一位音乐家，而且是一位最有才华的画家，虽然他从未受过专业训练，但他却画了许多画。我国有几位最好的老画家告诉我说，假如他把毕生精力献给绘画事业，那么，他一定能取得与钢琴演奏艺术同样辉煌的成就。……前不久，我们在学者之家听里赫特演奏，他在演奏完海顿的《第二十古钢琴奏鸣曲》（C 小调）之后，马上演奏了舒曼的《小叙事曲》（Op. 21），我不由自主地想，人们频繁地谈论'风格'问题，似乎（转下页注）

么，他也就似乎能够在音乐会上直接将听众引领到画家工作的世界，但是在那里呈现的并非一幅一幅具体的画面，而是所有画面基于一种线条或笔触而来的关于对称性的理解和关于作品风格的享受。这样的音乐家心中不仅为作曲家和作品保留地位，同时也是尊重并引导听众的。以下仍援引涅高兹在其《论钢琴表演艺术》第六章"论音乐会活动"之开篇的一席话：

> 里赫特不仅广泛宣传苏维埃的、俄罗斯的和西欧的古典音乐，而且不止一次地在苏联各城市中演奏巴赫的全套《十二平均律钢琴曲集》（和巴赫的其他许多作品）。① 他名副其实地救活了舒伯特的一些无来由

（接上页注⑤）风格是不同于本作品和本作者的一种东西。风格就是某人的名字。当里赫特在演奏完海顿作品之后，立刻开始演奏舒曼作品，听起来一切都变了——钢琴变了，声音变了，表现特点也变了。大家非常明白，为什么先是海顿，后来是舒曼，差别如此明显，这是因为里赫特善于以无比鲜明的特点演奏，并再现每一位作曲家的形象，而且还再现了他们各自所处的时代。这就是我曾在自己的《论钢琴演奏艺术》一书中描写的'多才多艺'，我把这种特点看做是演奏家的最高成果。在这一篇小短文中，哪怕是大致对如此巨大的现象——现代演奏艺术做出评价都十分困难（我开始想把'演奏艺术'写成'演奏艺术功勋'，但后来我犹豫了，好吧，还是这样写吧），'难以在此对里赫特的演奏功勋进行评说'。"（《涅高兹谈艺录》，第321－322页）。换言之，"风格"所展现的是基于作家作品的统一基调，演奏家使其再现，如果一位演奏家能够再现各种伟大作家、伟大作品的风格，那么不亚于一项"功勋"！

① 关于里赫特演奏巴赫的情况请读者参见本书第三章第二节。

地被人遗忘了的美妙的奏鸣曲和韦伯①的几首奏鸣曲，弹奏过李斯特、舒曼和贝多芬的许多在别人的节目中很少出现的作品——总之，他的音乐会不仅使广大听众心旷神怡，而且为他们打开了新的天地，**向他们介绍了一些不很著名但却是非常优秀的作品，经常扩展和提高他们的艺术修养和音乐视野。**

弗·霍洛维茨有一次曾经对我说过（我劝他弹几首卓绝的但还不很流行的作品），他在台上只演奏听众喜爱的乐曲，其他的作品他可以在家里弹。里赫特和霍洛维茨的音乐会活动在某些方面是截然不同的……一个被听众牵着走，而另外一个则**引导听众跟着自己走，同时又估计到他们的欣赏能力及其特性。**霍洛维茨的活动的座右铭是：成功第一！里赫特的座右铭是：艺术第一！第二条座右铭中包含了为人民服务的思想，而第一条则以迎合听众为前提。②

如果说里赫特是通过深入阅读和理解演奏作品而将其展现在音乐会上的这种方式尊重听众的，那么他是谦卑

① 卡尔·马利亚·冯·韦伯（Carl Maria von Weber，1786–1826），德国作曲家。里赫特演奏过他的第二（op. 24）与第三（op. 49）钢琴奏鸣曲。

② 《论钢琴表演艺术》，第239–240页。笔者改变了原文中的人名译法，以求统一。另外，黑体字系笔者所标出。涅高兹在这里特别说明他说的是年轻时候的霍洛维茨，后者在后期音乐会选曲方面有很大改变。

的，即在作曲家面前谦卑、在音乐的艺术世界中谦卑、在可能进入音乐世界的任何一个灵魂面前谦卑。然而，却有人指责他不停地取消音乐会，[1] 因而是极端傲慢自大的演奏家，例如莱斯姆森在他所撰写的传记中把钢琴家描画成"不可一世的人"（enfant terrible），并上升至道德层面。他引用了指挥家库特·桑德林[2]的说法：在桑德林迁往东德后，他邀请里赫特参加的音乐会举行过一次，取消了三次，之后二人再没合作过，因为桑德林决定不再邀请里赫特。（桑德林还抱怨说，里赫特从来不在乎柏林，他乘火车穿越东德只在法兰克福逗留，在波兰的音乐会组织者也抱怨他在华沙以外的地区演奏。）但指挥家鲁道夫·巴夏伊[3]的观点

---

① 里赫特自己是这样说的："人们说我反复无常，说我没有适当理由就取消音乐会。甚至有人写文章说我比以前更出名，不是因为举办音乐会，而是取消音乐会。又一个记者！我确实有时候会因为生病取消音乐会；但事实上，这只发生过几次。但是人们宁愿被引导相信是因为我怪诞而这么做，这完全不对。况且，无论何时，我只要取消了音乐会，都会日后择期再办。"（*Notebooks and Conversations*, p. 110.）

② 库特·桑德林（Kurt Sanderling, 1912 – 2011），德国指挥家，曾长期担任原东柏林交响乐团首席指挥。里赫特与桑德林第一次见面是在1941年。他认为后者是审慎的音乐家、真正的指挥家，他非常喜欢自己与桑德林合作录制的巴赫作品。

③ 鲁道夫·巴夏伊（Rudolf Barshai, 1924 – 2010），俄罗斯指挥家，与里赫特合作默契。里赫特认为二者合作期间总能"认真对待音乐"。在1993年9月21日的日记中，里赫特写道："音乐会的上半场，我随巴夏伊演奏巴赫的两首协奏曲。自从他逃离苏联，我有二十多年没有和他同台了。老实说，他职业素养非常高。巴赫的风格纯正。巴夏伊是一位真正的大师……"（*Notebooks and Conversations*, p. 362.）

正相反，他认为里赫特纯粹是出于艺术精神，有时是因病或状态不好，推延了音乐会日期，对于里赫特来说：要么火力全开，要么偃旗息鼓！（All or nothing!）[1] 当然，桑德林是站在音乐会组织者的角度说的，而巴夏伊是站在听众的角度而论的。

里赫特在演奏会上呈现"音乐"，而不是表现自己，那些可能凭借听觉与他一起创造音乐的听众由"音乐"将他们与他维系在一起，所以他不必特殊地去照顾听众，钢琴家要让予、退一步，才能使得在场的所有人感受到音乐的歌唱。在钢琴家安德烈·鲁塞维奇（Andreas Lucewicz）[2]

---

[1] 参见 *Richter：Pianist*，pp.194-195。

[2] 鲁塞维奇回忆说："人们总是问我，我是怎样遇见里赫特的。幸运与命运吧！我们的交往从第一次见面持续到大师最终与我在1995年3月30日于吕贝克上演他的最后一场音乐会，此后直到他1997年8月1日离开人世。在我早年第一次听他唱片时，他就成了我的榜样。他无以复加的丰满的琴声，显而易见的身体呈现，他精确地演奏的令人惊奇的氛围，都抓住了我，在我身上留下印记。我与他1978年在伊斯曼宁城堡私下会面。然而，直到1983年4月，当时他需要一名司机，我才被选中担当这份工作，干了多年，并且也负责为他在音乐会上翻谱。过了很长时间我才敢给他一份我的音乐会卡带。他很激动。又过了几年，他邀请我跟他合演。一起工作的那些日子是我难以置信的经历，有一次排演回来路上，他邀请我随后几年一起演奏马克斯·雷格（Max Reger）的双钢琴'贝多芬变奏曲'，我们达成了音乐上的默契。我们的排演开始于1994年5月28日，第一场音乐会是7月1日在施利尔塞举行的。第二场于7月3日在韦德巴德-克鲁特的音乐会被录制为CD唱片。从艺术及人性的角度看，从1983年到1997年，我能够与里赫特经历的时间，变成我生命中的一个实在，我至今仍在凭靠着它。"（以上译文参见其个人主页介绍，2021年6月。）

第二章　音乐

的一卷家庭录影带中留下了二人切磋琴艺的画面。里赫特愉悦地说起："现在，就是音乐了。在它还没有变……之前。"（他试图找出适合表达的词）鲁塞维奇插言："平庸？普通？"——"不，变噪音之前！"鲁塞维奇问道："我们不弹得接地气，厚重一点？难道不再流利一些？"里赫特回答："首先它得接上地气，然后就可以自由地流动了。否则，就会变得不清晰。"① ——音乐是与清晰性一道发生的，不然就是噪声，这两极之间，里赫特甚至不会赞同存在所谓"平庸的音乐"。他谈论的是音乐的理念，而不是乐音。清晰性居于乐音的厚重、曼妙之先，而清晰性只在思想中体现。

七

回到这个问题：音乐是什么？音乐是唯一在时间中造型的艺术。② 因而，音乐是帮人们找到纯粹的自我的艺术。黑格尔在其《美学》第三卷第三部分第二章"论音乐"中说：

> "我"是在时间里存在的，时间就是主体本身的
> 一种存在状态，既然是时间而不是单纯的空间形成了

---

① 参见 Richter：Pianist，p. 248。

② 绘画、建筑、雕塑等美术形式都是在空间里的造型艺术。参看第四章。

基本要素，使声音凭它的音乐的价值而获得存在，而声音的时间既然也就是主体的时间，所以声音就凭这个基础，渗透到自我里去，按照自我的最单纯的存在把自我掌握住，通过时间上的运动和它的节奏，使自我进入运动状态；而声音的其它组合，作为情感的表现，又替主体带来一种更明确的充实，这也使主体受到感动和牵引。①

因其与时间的原初关联，音乐（或其节奏）使得"我"在时间中觉察到"我"的"运动"，它就像一个中项，把时间与纯粹自我置放在关系项的两边。次之与情感相呼应，才得到"我"对音乐更鲜活、更充实的印象。音乐除了满足"我"的需求，更证明了"我"的存在。（普鲁斯特的文学描写、里赫特对音乐会的理解，都与这里的哲学分析一致。）每一个"我"都可以在音乐的理念中获得求证。

里赫特对他的音乐会表现十有八九不满意，对其录音也持苛刻态度。他这样一个"我不喜欢我自己"的人，是有理念的。不喜欢自己就是不协调，理念却是自然的协调性。"我"的表象就如同调性活动，在不和谐中的也努力去寻求自然。涅高兹说："我觉得，这些或那些作品所用的调性绝对不是偶然的，它们有着历史根源，是自然地发

第二章 音乐

① 《美学》第三卷，第351–352页。

展起来的，它们服从于一些隐而不现的美学规律，从而获得了自己的象征内容、自己的意义、自己的表现、自己的作用、自己的倾向性。"①

里赫特在音乐会上特别注重表现作曲家风格②，他让听众像观看画作一样看到这些风格，这与他对调性的理解是一致的。兹举一例：1949 年 5 月 30 日莫斯科音乐学院举办的一场里赫特独奏会，被两家俄罗斯录音公司（Aquarius 与 Vista Vera）全场收录并发行，③ 演奏曲目中包含一系列肖邦作品，但 Vista Vera 公司后期做了处理，将曲目做了类型合并，未能像 Aquarius 那样忠实原现场，使听者的感受和感动程度大打折扣，听觉上显得凌乱，只是听到一些肖邦的乐曲，而不像原场那样，勾勒了"肖邦"。

现比较如下页表：

---

① 《论钢琴表演艺术》，第 220 - 221 页。涅高兹在此处接着谈到了舒曼谈论调性的著名文章《调性的特质》。舒曼在文章中说："的确，通过从最初的调性转换到另外一个，作曲达到了一个不同的效果，这看来表明一个调和另外一个调之间的根本不同！……新的音调看来似乎与情绪不相容，之所以如此转调只是因为产生那些作品的情绪被要求在特殊的环境中维持自身。"（《我们时代的音乐》，第 64 页。）

② 普鲁斯特说："风格根本不是一种美化装饰，诚如某些人以为的那样，它甚至不是技巧问题，而是——正如色彩之于画家——一种视觉的资质，一种对我们每个人都能看见、而其他人却视而不见的那个独特天地的揭示。一位艺术家给我们带来的乐趣就是让我们认识另一个天地。"（出自《普鲁斯特关于斯万的解释》，《偏见》，第 252 页。）

③ CD 参考编号：Aquarius AQVR 358 - 2 以及 Vista Vera VVCD - 00242。

Aquarius（原现场演奏次序）	Vista Vera（经修改后次序）
第 2 号谐谑曲，降 B 小调	第 2 号谐谑曲，降 B 小调
第 20 号马祖卡，降 D 调	夜曲，降 B 小调
夜曲，降 B 小调	第 13 号华尔兹，降 D 调
第 13 号华尔兹，降 D 调	第 15 号马祖卡，C 大调
第 15 号马祖卡，C 大调	第 20 号马祖卡，降 D 调
第 1 号练习曲，C 大调	第 3 号练习曲，E 大调
第 12 号练习曲，C 小调	第 1 号练习曲，C 大调
第 4 号叙事曲，F 小调	第 12 号练习曲，C 小调
第 3 号练习曲，E 大调	第 4 号叙事曲，F 小调

在里赫特的音乐会上，音乐在时间中叙事。

生活也是在时间中的叙事。里赫特开始其演奏生涯的时期正是生存环境内外水火不容的历史阶段，外患是世界大战，俄、德双重身份使其备受煎熬，[1] 内忧则是严酷的文化政策。[2] 然而，他却毫发未损，甚至在和平年代成为

---

[1] 20 世纪 40 年代，对于里赫特，"事情总是这样发生。俄国人告诉我：'你是德国人。'德国人告诉我：'你是俄国人。'"（*Notebooks and Conversations*, p. 55.）

[2] 1934 年 8 月苏联作家协会第一次代表大会上，日丹诺夫将社会主义现实主义定为苏联文学创作和文学批评的基本方法，要求文学创作为意识形态服务，并载入了《苏联作家协会章程》。（〔俄〕维霍采夫：《五十一六十年代的苏联文学》，北京大学俄语系俄罗斯苏联文学研究室编译，北京大学出版社，1981，第 149－150 页。）（转下页注）

大师。世界史在他身上似乎没有产生影响，而他却能够以

（接上页注②）从此，艺术在苏联就只能以一种容易被大众欣赏的"真实生活"的视觉化风格，为苏联提供明确的积极形象。高尔基此时提出的社会主义现实主义变成了斯大林的社会主义现实主义，逐渐覆盖了文艺界的方方面面，被当局誉为艺术科学的最高成就。（〔俄〕彼萨列夫斯基：《斯大林的社会主义现实主义原则是艺术科学的最高成就》，富杨译，《电影艺术译丛》1953年第4期。）这就意味着，但凡不符合这个标准的艺术，都将从社会主义阵营中被剔除。肖斯塔科维奇无疑处于这场运动的中心。尽管他的歌剧《姆岑斯克县的麦克白夫人》在国内外大受好评，但是斯大林为了显示政治对于文艺的宰治性，于1936年授意《真理报》指责这部歌剧是"混乱而非音乐"的"形式主义"，是无价值的资本主义复兴，将肖斯塔科维奇的音乐定义为一种政治上的"罪恶"，将青年肖斯塔科维奇推向了悬崖。（〔俄〕肖斯塔科维奇著，〔美〕伏尔科夫记录并整理《肖斯塔科维奇回忆录》，叶琼芳译，外文出版局《编译参考》编辑部，1981，第172页。）戏剧化的是，当第二次世界大战爆发，战事越是吃紧，斯大林对于文艺界的控制就越放松，给予的自由也就越多。斯大林极度重视文艺对于民族战斗精神的升华，因此战争反倒成了苏联艺术的"催化剂"，在卫国战争期间，苏联文艺界又迎来了短暂的繁荣。例如，基于当时的形势，斯大林不仅批准对犯过"形式主义错误"的作曲家肖斯塔科维奇的音乐进行宣传，而且全力支持演奏他的第七交响曲，使之在西方引起强大的政治共鸣。（1942年4月，第七交响曲获得了斯大林奖金的一等奖，这表明了斯大林对于这部作品的肯定。）然而，对于肖斯塔科维奇本人来说，尽管这成了他最受欢迎的作品，人们却并非理解它的音乐性，它的政治使命已经先行了。（《肖斯塔科维奇回忆录》，第199页。）而且，他认为，如果战争结束了，苏联艺术的凛冬又要到来。自1946年8月起，联共中央针对意识形态领域的状况做出了一系列决议，主管思想的日丹诺夫再次扮演了重要角色，主导了对一批苏联著名艺术家的批判。1946年8月，批判了诗人阿赫玛托娃和讽刺作家左琴科的"非政治、资产阶级、个人主义"作品，掀起了一场在文艺界揭发"世界主义者""卑躬屈节者""蜕化分子"的运（转下页注）

自己的方式影响艺术史，这是一种力量，也是一种价值选择。此间，他并非孑然一身，还有伴侣多莲卡终身相随。然而，这样一段风雨飘摇中坚而不摧的关系却被人们捕风捉影，传得扑朔迷离。① 除了音乐理念的支撑作用，里赫

（接上页注）动。作为音乐界的头号人物，肖斯塔科维奇首当其冲。在苏联作曲家第一次代表大会上，日丹诺夫要求作曲家相互揭发，为了自身安全，诸位音乐家开始互相检举，肖斯塔科维奇再次被定义为犯形式主义错误最严重的罪犯。（《肖斯塔科维奇回忆录》，第 210 页。）可以看到，肖斯塔科维奇的个人命运在苏联历史中几经沉浮，事实上，这是绝大多数苏联艺术家与知识分子的人生轨迹。

① 莱斯姆森认为里赫特与多莲卡的关系类似形式婚姻，两人并没有真正结婚，里赫特有同性倾向。但他的资料来源多数是道听途说："如果他的恋人尚有活着的，比似是而非更多点儿的，他们不会与此书联系，来表达他们想被人知道的渴望。"（Richter：Pianist，p. 235.）唯一一份最直接的材料是来自鲁塞维奇的口述："当我们熟识后，我在他眼中是一个帅气的年轻人。一种在古代的意义里，希腊美的典范。按古风，年龄长一些的人把年轻人引领进生活的秘密之中。长者与青年陷入爱恋不是什么稀奇事。这是我第一次公开说，但我知道他从一开始就迷恋我。他知道我是一个钢琴家，但是我是那么害羞而不提它。里赫特不仅是艺术家，他也是个人，当一个年轻人朝向他，一个好司机、一个风趣的谈话者。1983 年 4 月，我们驾车花了 14 小时从维也纳经由华沙到达俄罗斯边境，当然，我感觉是和教父在一起。我也感到他把我看作一个年轻人，一具肉体。但或许是我在寄宿学校度过十年，我有一点对同性爱的过分敏感。如果一个男人觉得我有吸引力，我会立即进入防卫姿态。但你也知道，里赫特是最警觉的。……我清楚地注意到他周身对我产生的兴趣是纯色情的。"根据里赫特 1994 年 9 月的说法，他与鲁塞维奇合作是多莲卡提议，古特曼（Natasha Gutman，俄罗斯女大提琴家，小提琴家卡岗的妻子，与晚年里赫特合作）作担保才开始的。（参见 Richter：Pianist，p. 237.）在鲁塞维奇的话里可以看出——（1）他们之间并没有确实的同性关系。（2）他对希腊式的同性关系的理（转下页注）

特的身、心是怎样在生活中一点点成熟的？他怎样理解音乐和身体的关系？他的心怎样体验和思考？为什么在其他男性中他多有合作者，却很少有朋友？他对女性又是怎样的态度？这都是本章要谈论的话题。

一

因为 1948 年政令，音乐史家、传记作家都把肖斯塔科维奇放在叙事中心，另外一边则将他与普罗科菲耶夫做比较。①

――――――――――

（接上页注①）解是肤浅的。法国哲学家米歇尔·福柯在其《性经验史》中对此是这样说明的："最了解爱情的人还是通晓真理的导师。而且，他的作用就是教会被爱者怎样战胜他的各种欲望，变得'比自己更强大'。这种与真理的关系从此构成一种新的爱情关系，其结果就是出现了一个新的人物：这就是导师的形象，他占据了情人的位置，但是，他凭借对自己的完全控制，改变了爱情互动的意义，转化了角色，提出了否弃'性活动'（aphrodisia）的原则，而且成了一切渴求真理的年轻人爱的对象。"（〔法〕米歇尔·福柯：《性经验史》，余碧平译，上海人民出版社，2002，第 325 页。）这应该是鲁塞维奇当时把里赫特当作"教父"的心理原因。（3）鲁塞维奇一直用猜测的口气揣度里赫特的性倾向，指出的"事实"似是而非，没能提出里赫特对他有何种亲昵行为，他跟随后者合作学习那么多年，逐渐有了钢琴家的名气，但在大师去世之后说出这些话，也有点让人匪夷所思。里赫特在 1989 年 1 月 5 日的笔记中写道："在罗兰德塞克（Rolandseck）时我就认识鲁塞维奇了，那是许多年前了；他经常开车带我周游欧洲，我也一直对他较为赞赏，但仅此而已。"（*Notebooks and Conversations*, p. 330.）

① 里赫特回忆道："1948 年，抵制新音乐的荒诞政令被颁布了，针对的就是肖斯塔科维奇与普罗科菲耶夫。我从来没有读过这（转下页注）

里赫特与后者亲熟，却对肖斯塔科维奇终生保持距离，不喜欢他为人处世的方式。莱斯姆森站在肖斯塔科维奇一边，认为肖斯塔科维奇回忆录对里赫特都不屑一提。但笔者认为，在音乐理念上，里赫特与肖斯塔科维奇更接近，但在音乐品味方面，他则选择偏向普罗科菲耶夫，另外，更重要的是，普罗科菲耶夫是他常年的支持者与合作者，直到作曲家去世。里赫特生前唯一发表过的文章，内容即关于普罗科菲耶夫，被蒙桑容改编穿插在《对话》中。

先从肖斯塔科维奇讲起。他对音乐极其忠诚："音乐使人从内心感到透彻，音乐也是人的最后的希望和最终的避难所。"[①] 正如里赫特将音乐看作一种终极存在，但是，肖斯塔科维奇的音乐不是天国，而是墓碑；不是未来，而是过去：

> 我的交响乐多数是墓碑，我国人民死和葬在不知何处（即使是他们的亲属也不知道）的人太多了。我有许多朋友就是这种遭遇。……只有音乐能为他们做这件事。我愿意为每一个受害者写一首乐曲，但是这不可能，因此我把我的音乐献给他们全体。[②]

（接上页注①）些文件……"（*Notebooks and Conversations*，p.62.）肖斯塔科维奇在抵制运动之前就遭受了很多变故，普罗科菲耶夫因其生存背景，所受心理冲击并没有肖斯塔科维奇那样剧烈。两位作曲家生存处境的不同情况可参阅 *Richter：Pianist*，p.124。

① 《见证》，第253页。

② 《见证》，第178页。

他同样把交响曲用来批判：

> 斯大林一死，我就写了《第十交响乐》，① 这首交响乐表现的是什么至今还没有人猜到。它表现的是斯大林和斯大林时代。第二乐章的谐谑曲大体说来是一幅斯大林的肖像，当然还有许多别的东西，但这是主要的。
>
> ……
>
> 由此可见，用音乐描绘领袖的形象有多难。但是我确实把斯大林应得的给了他，像他们说的，鞋子很合脚。我没有回避我们现实中的这个丑恶现象。②

不同于涅高兹和里赫特的是，肖斯塔科维奇是现实主义的，所以他认为有语言来协助音乐会更好，而不像涅高兹师徒那样认为音乐高于语言。肖斯塔科维奇为了使音乐的意图对人们来说更为彰显，

> ……我开始相信语言比音乐更有效果。不幸，这是事实。当我为音乐加上语言的时候，就比较难于误

---

① 肖斯塔科维奇的第十交响曲是"乐观主义的悲剧"，具有神秘感。第三乐章四字动机 D－降 E（＝S）－C－B（＝H）似乎隐含了他自己名字的缩写，是继第二乐章对斯大林草描一幅肖像后的自画像。它们同样也出现在第四乐章中。这四字动机 D－S－C－H 贯穿于乐曲结构，类似巴赫在《赋格的艺术》中把 B－A－C－H 编写进去一样，被音乐史家看作刻印姓名的创作行为。

② 《见证》，第 163－164 页。

解我的原意了。①

学者们把肖斯塔科维奇看作"颠僧"（yurodivy）。这是俄国特有的一个宗教现象名词。"颠僧能看到和听到别人一无所知的事物。但是他故意用貌似荒唐的方式委婉地向世人说明他的见识。他装傻，实际上坚持不懈地揭露邪恶与不义。颠僧是无政府主义者和个人解放论者。"② 在他的音乐里，实际有一个被从现实世界中抽象出来的世界，通过不经的表达手段，让世人看见现实投下的阴影。涅高兹与里赫特所理解的音乐通过超越性手段，把现实世界（政治）贬抑在理念之下，③ 至少是将其搁置一旁，而肖斯塔科维奇在音乐世界里折叠现实世界，把它变得立体、透明，透过听觉直接呈现，而不必使听觉与视觉沟通兑换。他们虽然路径不一，但目的纯粹，殊途同归。

现实中可视的世界对肖斯塔科维奇来说是那么晦暗：

由于某种原因，人们认为音乐只能向我们述说人的最高尚的精神，或者至少是十分浪漫的恶棍。④ 但是，无论英雄还是恶棍，都是极少数。绝大多数人是普通人，不黑也不白，是灰色的，模模糊糊的灰色。

---

① 《见证》，第 204 页。
② 《见证》，第 7 页。
③ 类似于柏拉图主义者。
④ 笔者所想到的是莫扎特的《唐璜》。

我们时代的基本冲突就发生在这模糊的灰色的中间地带。①

他的音乐具有时代象征，他不像普罗科菲耶夫那样生长在浪漫主义的传统中，而这正是涅高兹、里赫特与普罗科菲耶夫相同之处。

肖斯塔科维奇瞧不上普罗科菲耶夫的音乐（"他始终没有学会怎么恰当地配器"），② 他们后来没有成为朋友，他认为对普罗科菲耶夫的音乐做最后结论的时间还不到。③他比较了普罗科菲耶夫与他的歌剧创作：

> 我不想写讽刺性的歌剧；我不大清楚究竟讽刺性歌剧是什么。普罗科菲耶夫的《三只橙子的爱情》④，有人说是讽刺性歌剧，可是我听了感到厌烦；你不断地意识到作曲家努力想使人觉得它有趣，可是它却一点也不有趣。人们在《鼻子》中找到了讽刺和怪诞，但是我写它的时候完全是把它作为严肃的音乐写的，里面没有讽刺或玩笑。要在音乐中表现机智是相当困难的——在最后太容易成为像《三只橙子》那样的作

---

① 《见证》，第118页。

② 《见证》，第53页。根据肖斯塔科维奇的说法，普罗科菲耶夫学生时代跟随里姆斯基－科萨科夫学习配器时过于自大，耍小聪明，结果学到的东西不多。肖斯塔科维奇与圣彼得堡音乐学院的作曲家教师保持着良好关系，尤其是格拉祖诺夫很爱护他。

③ 参见《见证》，第59页。

④ 为保持与后文统一，这里的译名有改动。

品了。我在《鼻子》中避免开玩笑，我想我做到了这一点。①

他对普罗科菲耶夫的为人也有疑问：

> 普罗科菲耶夫有两句口头禅，一句是"好笑"，是他用来评价他周围的一切的。一切，包括人、物和音乐。他似乎觉得《沃采克》②也包括在"好笑"的范围之内。第二句是"懂吗？"那是他想知道自己是否把意思说清楚了的时候用的。③

这两句口头禅都有过于自赏的意思。里赫特也承认虽然他与普罗科菲耶夫恩情厚笃，但年轻时开始演奏作曲家的作品还是受到了某些外在压力。例如前文所述，他第一场独奏会上的普罗科菲耶夫曲目。

里赫特初到莫斯科时，没有地方住宿，大多时间借宿在涅高兹家，睡在钢琴底下。他说老师养育了他多年。而普罗科菲耶夫一家人与涅高兹就住在同一栋建筑里，抬头不见低头见，普罗科菲耶夫成为他周遭世界的一部分。④

尽管此前，少年里赫特曾会晤过普罗科菲耶夫，他最

---

① 《见证》，第 229 页。

② 奥地利作曲家阿尔班·贝尔格（1885 – 1935）创作的三幕歌剧。贝尔格是肖斯塔科维奇的音乐偶像，另外一位是奥地利作曲家古斯塔夫·马勒（1860 – 1911）。

③ 《见证》，第 60 页。

④ 参见 *Notebooks and Conversations*，p. 69。

初聆听后者是出于《三只橙子的爱情》，其中有一支进行曲，普罗科菲耶夫出访奥德萨的时候弹奏了它，受到人们喜爱。那一年，里赫特12岁，他父亲在音乐学院任教，带他出席了普罗科菲耶夫的演奏会。[1] 里赫特描绘了当时对普罗科菲耶夫的印象：

> 我只看见一个高大的男人登台，他的手臂很长，穿着一套时髦的西装，很明显是外国风格，胳膊与腿处剪裁得很短——看起来好像他几乎长出衣服之外了。……他向观众致意的方式有些滑稽：他一鞠躬，人就好似弯成两半！他的眼神没有变化，直勾勾地看着前面，当他直起身子，两眼便盯着天花板的某个点。他的脸看上去也缺乏表情。[2]

普罗科菲耶夫那时的样子有些憨直。当他们合作与交往的时间长了，在里赫特眼里，普罗科菲耶夫变得"更儒雅，更宽容"。[3]

普罗科菲耶夫身材高大，有勇夫之气：

> 他很粗暴。完全不同于肖斯塔科维奇，后者总是把"抱歉"挂在嘴边。不，他身材壮实，精力爆棚，我甚至倾慕他的这些品质。并且，他也不给政策留空

① *Notebooks and Conversations*, pp. 67 – 68.

② *Notebooks and Conversations*, p. 68.

③ *Notebooks and Conversations*, p. 83.

第三章 生活

闲，尽管 1948 年，在中央委员会举行的一个声讨新音乐的会议上，他因为形式主义被日丹诺夫狠狠攻讦。但是，他就有胆量径直走向日丹诺夫，直直地盯着他的眼睛，问道："你有什么资格对我说这样的话？"①

普罗科菲耶夫因其先天条件以及后天的教育背景，非常自信，② 在音乐创作上勇于攀峰，每一部作品灵感都渴望高于前作。这正是里赫特最敬佩他的原因，他每逢演奏普罗科菲耶夫的作品，都会带来新鲜的刺激感。对于里赫特来说，其演奏生涯贯穿着普罗科菲耶夫的创作，从最初学习第二钢琴奏鸣曲开始，然后是第六钢琴奏鸣曲和第四、第七钢琴奏鸣曲，③ 二人合作演出第五钢琴协奏曲，④ 到里赫特最喜欢的第八钢琴奏鸣曲，⑤ 作曲家最后

---

① *Notebooks and Conversations*, p. 42.

② 肖斯塔科维奇也谈到普罗科菲耶夫的音乐教育背景比自己优渥，属于贵族化。他说："普罗科菲耶夫从小就很幸运，他所要的都能得到。他从来没有我的那些忧愁，他始终有钱又有成就，结果是养成了被宠坏的神童的性格。"（《见证》，第 60 页。）

③ 这两部奏鸣曲被青年里赫特作为巡演曲目放在一起，它们与第八钢琴奏鸣曲属于里赫特最喜欢的音乐作品。里赫特认为吉列尔斯演奏普罗科菲耶夫的第八钢琴奏鸣曲完美无缺，所以他演奏的次数相对较少。一生演出过 25 次，发表录音 13 场次。

④ 普罗科菲耶夫认为里赫特的演奏为这部作品正了名，因为此前这部作品一直被大众误解，不被接受。

⑤ 第八钢琴奏鸣曲被里赫特看作普罗科菲耶夫最丰盈的一部钢琴作品，具有内在生命，非常深刻，并充满了反差。因为它太富足了，难于让人接近，就像结满果实的橡树那样沉重。

一部——第九钢琴奏鸣曲——是题献给里赫特的，① 更不用说，里赫特唯一的一次指挥生涯献给了普罗科菲耶夫的第二大提琴协奏曲。②

虽然普罗科菲耶夫的重要钢琴作品伴随着里赫特的演奏生涯，为他的事业成长助力，然而里赫特还是有保留态度：

> 我同作曲家本人的交往并不比与普罗科菲耶夫的音乐交往深。在个人方面，我从未和他特别亲近：他威胁我。对我而言，总是通过他的音乐来概括他：与他的音乐相遇就是与他本人相遇，基于它们，我才能够谈一下他。演奏这些作品，我才能或多或少用文字说出关于他的一切。③

---

① 里赫特起初认为第九钢琴奏鸣曲写得太简单，没难度，有些不开心，然而当他第一次演奏它，恰逢普罗科菲耶夫六十寿辰，但是作曲家病了，在家中通过电话听里赫特的演奏，里赫特认为它是一部"家庭奏鸣曲"（Sonata domestica），对他来说，耀眼、单纯、亲切。

② 即《E小调为大提琴与管弦乐队而作的交响协奏曲》（op. 125）。当时里赫特因为在外与人打架，右手手指受伤，他趁此机会学习演奏了法国作曲家莫里斯·拉威尔（1875 - 1937）的《为左手而作的钢琴协奏曲》，并担当指挥与大提琴家罗斯特罗波维奇演出了普罗科菲耶夫的第二大提琴协奏曲。另外，普罗科菲耶夫的第四钢琴协奏曲也是一部为左手而作的作品，它同拉威尔的作品一样，都是题献给奥地利哲学家路德维希·维特根斯坦（1889 - 1951）的哥哥保罗·维特根斯坦（1887 - 1961）的，但是后者直到过世都没有演奏过普罗科菲耶夫的这部作品，里赫特也没弹过。

③ *Notebooks and Conversations*, p. 67.

至于普罗科菲耶夫的音乐，我仍然持保留意见，说得更准确一点，我仍然不得不去了解它们。我总是饶有兴味地听他的音乐，但是我还是很被动。问题在于我是在浪漫主义音乐中被养育起来的：① 对于我来说，新音乐的最后话语者是理查德·斯特劳斯②。③

无论如何，里赫特在普罗科菲耶夫的音乐中一直受到鼓励和激励，因为普罗科菲耶夫的身、心都有一种壮大的气息，④ 而肖斯塔科维奇则让人感到阴郁，他们两人就像当时苏联音乐世界的阴、阳两面，一向积极的里赫特偏向了普罗科菲耶夫，而不愿亲近肖斯塔科维奇：

> 我记得在奥德萨歌剧院外面的一幕。已是薄暮，

---

① 里赫特曾回忆放假回家练习普罗科菲耶夫的第六钢琴奏鸣曲时，他父亲说这种音乐就是对耳朵的折磨，"就像一遍一遍被扇耳光一样，哇！砰！哇！"（*Notebooks and Conversations*，p. 74.）

② 理查德·斯特劳斯（Richard Strauss，1864－1949），德国作曲家、指挥家。

③ *Notebooks and Conversations*，p. 69.

④ 里赫特描写了他在 1939 年聆听普罗科菲耶夫第三交响曲时的感受："在听到之前，我从来没有感受过这样的音乐。它让人感到震撼，就像世界末日来临。在这部作品中，普罗科菲耶夫使用了十分激烈的表现手段。在第三乐章中的诙谐曲中，琴弦闪烁着一种不稳定的动机，一股令人窒息的烟雾似乎从琴弦中喷涌而出，仿佛空气本身也在燃烧。最后的乐章以一种阴郁的进行曲开场——一场铺张的管弦骚动，一场名副其实的末日天启，接着是短暂的平息，然后在一种如警钟长鸣的漩涡中加倍发力。我坐在那里，几乎石化了。我想躲起来。我瞥了一眼我的邻座，他满脸通红，大汗淋漓。即使在幕间休息，我的脊背还是不停打战。"（*Notebooks and Conversations*，p. 72.）

街灯还没有亮起。有一个男人盯住我。他有一双白色而没有瞳孔的眼睛。很快，我意识到这是肖斯塔科维奇。我腿软了。

虽然这是我第一次见肖斯塔科维奇，我认出他是由于以前看到过他的歌剧《姆岑斯克县的麦克白夫人》乐谱上的一张照片。我因其脚本中的自然主义，对这部歌剧没有认同感。在实际层面，这本乐谱本身散发出令人反胃的胶水味，我至今一回想起，还能闻到。我已经熟悉了肖斯塔科维奇的交响乐以及弦乐四重奏，还有《鼻子》，这是一部超乎寻常的讽刺性的歌剧⋯⋯

我与肖斯塔科维奇的真正邂逅来得较晚，当时他为了排练他的套曲《摘自犹太民谣》来到了我的公寓。尼娜·多莲卡与扎拉·多鲁赫哈诺娃（Zara Dolukhanova）正准备着它的首演，届时肖斯塔科维奇将亲自用钢琴伴奏。这给我们的感觉就像柴可夫斯基亲临一样。在同一时期——换句话说，40年代后期——我和他在他那里一起视奏他的第九交响曲的钢琴二重奏版。和他一起演奏很折磨人：他开始时还在拍子上，但随后就忽快忽慢。他弹奏低音部分，那么他就有责任控制踏瓣，但他完全置之不理。他一直用极强音（fortissimo）演奏，包括纯伴奏的乐段，因此我不得不弹得更响，以此来拉回主旋律；没有踏瓣来勾勒轮廓，我就是在打一场败仗，还不只是因为我一直都能听到他的喃喃自语："Toon⋯toorooroo⋯toorooroo…toorooroorooom。"

　　……

　　至于肖斯塔科维奇本人，他非常敏感。当穆拉文斯基①拒绝指挥他的第十二交响曲，他感到十分受伤。事实上，那确实是一部相当二流的作品。他对我也是同样的态度。我弹奏过他的许多作品：五重奏、三重奏以及24首前奏曲与赋格中的16首。他的所有主要作品，我都认为是20世纪最关键的作品——归根结底，肖斯塔科维奇后继贝多芬，而超过了马勒与柴可夫斯基。然而他想让我把那24首都演奏了。他并没有理由感到冒犯：我弹我喜欢的，为什么要弹自己不喜欢的呢？他被冒犯了。他被过敏性耗散了，却又往往竭力保持风度……

　　这就是肖斯塔科维奇的生活。他与本杰明·布列顿②不一样，我把后者当作真心的朋友。但肖斯塔科维

---

① 穆拉文斯基（1903 – 1988），俄罗斯最重要的指挥家之一，曾指挥首演多部肖斯塔科维奇的交响曲。

② 本杰明·布列顿（1913 – 1976），英国作曲家、指挥家。里赫特最好的合作伙伴之一，二人通过大提琴家罗斯特罗波维奇相识，性格相投，曾合作演出莫扎特、舒伯特的双钢琴作品。英国著名乐评人彼得·海沃特（Peter Heyworth）对两人的表演曾评论道："在布列顿的旋律线之活力与里赫特异质性的节奏与传神的感性之间，不难看出他们的共同之处。双重大奏鸣曲（Grand Duo，舒伯特作品，C 大调，D812——引者注）的前两个乐章并不激扬，尾随着伟大钢琴家的布列顿弹得言过其实，里赫特的声调在他没有平静下来之前也较为费力且无意蕴。但是到了谐谑曲，奇迹发生了。毫无征兆地，所有关于平衡和风格的难题都一扫而空……音乐在灵感迸发处湍流而泄……"（*Richter：Pianist*, p. 172.）里赫特在 1966 年 （转下页注）

奇和我之间没有产生过真正的友谊——或许在大卫·奥伊斯特拉赫和我首演了他的小提琴奏鸣曲的时候是个例外。我很难习惯他的出现，我总是腿软。他太神经质，临床上就是抑郁。一个天才，但完全是个疯子，像我们其他人一样。为什么我要说"像我们其他人一样"？……大概我或许是想变成疯子。[1]

肖斯塔科维奇与普罗科菲耶夫，他们都属于 20 世纪最伟大的作曲家，而且都来自一个传统，即作为穆索尔斯基所开创风格的探路者。肖斯塔科维奇年轻时以"穆索尔斯基的继任者"自居，[2] 但他受里姆斯基 - 科萨科夫的影响较多，学者认为用一句话来概括肖斯塔科维奇，就是"卓别林真实地再现陀思妥耶夫斯基的人物"。他的音乐是"崇高的感情、奇异的方式、深刻的抒情与朴素的叙述的结合"[3]。肖斯塔科维奇本人对穆索尔斯基的创作这样评论：

（接上页注②）写给布列顿的一封信中说："亲爱的本：请，请为我写一段华彩，为莫扎特降 E 大调协奏曲，op. 22。没有莫扎特所写的。请原谅我。"布列顿满足了朋友的要求，写了两段华彩。事后，里赫特给布列顿发去电报："亲爱的本：用你的华彩演奏了那部协奏曲两次。真心感谢。"（*Richter：Pianist*，p. 173.）

[1] *Notebooks and Conversations*，pp. 125 – 126. 颠僧与疯子都是对肖斯塔科维奇的性格素描。

[2] 参见《见证》，第 8 页。

[3] 参见《见证》，第 14 页。

　　我可以花点时间谈谈"穆索尔斯基管弦乐"，我们必须认为他的管弦乐"意图"是正确的，可他简直无法使之实现。他希望的是一种敏感、灵活的管弦乐。就我所能说得出的而言，他想象的是类似一支歌唱性的线条迂回于各个声部那样的效果，就像俄罗斯民歌中次要声部围绕着主旋律的线条那样。但穆索尔斯基缺乏这种技巧。真令人遗憾！显然，他有纯粹管弦乐的想象力以及纯粹管弦乐的意象。如人们所说，音乐竭力想游向"新岸"——音乐的舞台艺术，音乐的动力学、语言和形象化。但是他写作管弦乐的技巧把他拉回到了原来的岸上。①

肖斯塔科维奇试图通过自己的创作实现和转变穆索尔斯基的传统，而在里赫特看来，普罗科菲耶夫是沿着穆索尔斯基的道路前进的忠诚者：

　　我认为在流行民族剧作中直接继承了穆索尔斯基的人，只有我们的普罗科菲耶夫。他的音乐基于母语的语音范型，他将其带出了最完美的轮廓。②

前文曾屡次提及里赫特对瓦格纳音乐的喜爱，但肖斯塔科维奇不甚喜欢瓦格纳音乐，并以此划分出西方与俄罗斯音乐的传统差异：他认为瓦格纳"写了一些天才的作

---

① 《见证》，第252页。
② *Notebooks and Conversations*, p. 72.

品，写了大量很好的音乐，也写了大量平淡的音乐。但是瓦格纳知道怎样兜售他的货品。那种作曲家兼宣传家的人于我是陌生的，那肯定与俄罗斯音乐的传统不同。可能这也是俄罗斯音乐在西方不像应有的那样受欢迎的原因"。"后来又有穆索尔斯基，尽管受到李斯特的多次邀请，却始终拒绝去拜访他。李斯特打算大大地介绍他出名，但是穆索尔斯基宁愿留在俄国作曲。他不是个讲实际的人。""在俄国的重要作曲家中间，只有斯特拉文斯基①和普罗科菲耶夫两个人知道怎样推销自己的东西……在某种意义上说是西方文化的儿子……他们好名爱出风头，所以不能成为十足的俄罗斯作曲家。""卑下的灵魂必然会反映在音乐里。瓦格纳是个有力的例证，但是远不是唯一的例证。"②

虽然这种观点未免偏颇，但确实在音乐的分水线上（比如穆索尔斯基及瓦格纳）把肖斯塔科维奇与普罗科菲耶夫划在了对立的两边。里赫特虽然同样尊重他们的作品，但生活的周遭世界他把带进了普罗科菲耶夫的圈子。在笔者看来，肖斯塔科维奇与普罗科菲耶夫性格上的差异，还有一个更主要的原因，就是他们不同的身体素质。

---

① 伊戈尔·菲德洛维奇·斯特拉文斯基（Igor Fyodorovich Stravinsky，1882-1971），美籍俄国作曲家。他与谢尔盖·瓦西里耶维奇·拉赫玛尼诺夫（Sergei Vassilievitch Rachmaninoff，1873-1943），同为俄罗斯作曲家，但离开俄国在西方定居和创作。本书没有展开论述他二人对世界音乐的影响，但至少他们与肖斯塔科维奇、普罗科菲耶夫是同等重要的。

② 《见证》，第151-153页。

常常健步的里赫特与强壮的普罗科菲耶夫一样，都善于表现自己，而肖斯塔科维奇因为自小体弱多病，身体每况愈下，① 总在隐藏自己。

二

里赫特认为李斯特改编舒伯特的《魔王》这种级别的高难度技术，会伤害到人的身体，即使有时在演出中能做到十分精准，他也小心翼翼，如履薄冰。② 他寻求身体与乐器的和谐相生，这一点在他演奏巴赫时特别突出。他评论巴赫作品最简洁、最著名的一句话："时不时地听巴赫没有害处，即便仅从卫生保健的（hygienic）角度。"③ 或许包括两层意思：在心理上保持干净，消灭烦恼，像卫生所消毒一样；在生理上也可以得到训练和养护。

意大利钢琴家法鲁西奥·班温努特·布索尼（Ferruc-cio Benvenuto Busni, 1866 – 1924）对练习钢琴有一句名言："巴赫！巴赫！巴赫！"他认为在练习音阶抑扬（即重音）与分句这些方面，没有比巴赫作品更好的了，因为巴赫的音乐织体丰富，能够迫使钢琴从业者、学生不得不去

---

① 20 世纪 60 年代初，医生诊断肖斯塔科维奇患有一种罕见的脊髓灰质炎，导致骨质疏松，肌肉无力。此后余生他连走路都很费力。

② 参见 *Notebooks and Conversations*，p. 115。

③ 出自 1972 年 11 月 25 日的笔记。*Notebooks and Conversations*，p. 196.

学习任何细节。"巴赫强迫学生思考。"①

涅高兹关于巴赫的演奏严谨地在布索尼开启的目标中前行，他精确地表现巴赫在结构方面的构思，对比不多却非常鲜明。他演奏的赋格，气息宽广、淳朴自然、轮廓易辨，向来决定乐曲结构的重音力度表现得合乎逻辑，明朗和阴暗的色彩相互交替，整首作品连最小的细节都能得以深刻的表达，显得自然、雄伟。他的细致柔和的音调、清楚的分句、充满活力的重音、线条的起伏、连奏与断奏，都在从容不迫的节奏中进行。② 他在演奏巴赫时总是使用踏瓣，③ 但用得灵巧、恰如其分，丝毫不会模糊复调结构。

---

① James Francis Cooke ed. , *Great Pianists on Piano Playing*, New York: Dover Publications, 1999, p. 105. 布索尼以其巴赫作品的演奏和改编名垂青史。

② 参见《论钢琴表演艺术》，第 309 页。

③ 有些人认为演奏巴赫不应该用踏瓣，涅高兹分析道："如果我们在现在的钢琴上弹巴赫的作品而完全不用踏瓣，那末，比起羽管键琴来，钢琴在声音方面是多么地贫乏啊！要知道：羽管键琴的特色是具有一种绝妙的银铃般的清脆的声音，其所以有此可能，只是因为羽管键琴和钢琴不一样，它没有制音器。琴弦振动的延续时间要比没有踏瓣的钢琴长得多，而且琴弦的振动是充满着泛音的。可以毫不夸张地说：弹奏羽管键琴就像不断地用踏瓣一样（在钢琴上这是绝对不可能的）。巴赫非常喜爱的那种最柔和的乐器——古钢琴，尽管它的力度很弱（十步以外就很难听清楚它的声音），然而它仍然有一个胜过钢琴的优点：在古钢琴上可以像在弦乐器上一样地弹出揉音。……请读者相信：我在多少地方用踏瓣，也在同样多的地方不用踏瓣；如果用数字来统计的话，在我所弹奏的用踏瓣的音乐中大约有 80% 是用半踏瓣（或四分之一踏瓣）的，而只有 20% 或更少的音乐中用全踏瓣……"（《论钢琴表演艺术》，第185 页）。

在教学中他把这些心得身体力行，并时时强调演奏巴赫与身体、音乐品味之间的联系。首先，"应该彻底了解，巴赫的方法在于他把技术上（动作方面）有用的东西同优美的音乐配合一致，他使枯燥无味的练习和音乐作品之间的对立几乎化为乌有"。"巴赫一定把技术上（更准确地说，在乐器上的动作方面的）一切必要的劝告（手指的位置如何，用什么指法，手怎样放，用多少力量，速度如何等等）都告诉了学生。"[①] 涅高兹认为，巴赫在上课时，由于学生的技术不足或者缺乏相应的知识，他往往当场创作一首创意曲或前奏曲，把这些乐曲谦虚地称为教学参考资料，帮助学生协调身体与乐器的关系。其次，涅高兹建议从巴赫的《玛格达里娜》、二声部创意曲开始研究复调音乐，进而转入三声部创意曲、《十二平均律钢琴曲集》、[②]《赋格的艺术》，而最后以肖斯塔科维奇的前奏曲与赋格为结束来练习钢琴（他认为大概只有肖斯塔科维奇有资格提出"赶上巴赫"的口号）。所以，像《平均律》这样的作品，是在教学当中被涅高兹当作练习曲来处理的。他说自己在教学中的"怪癖"之一就是从《平均律》中选一些前

[①] 《论钢琴表演艺术》，第 108 页。

[②] 共包含两集，第一集创作于 1722 年，第二集创作于 1740 年。每一集包含 24 首前奏曲和赋格，用遍了 24 个大小调。前奏曲形式自由。巴赫声明此作品是为渴望学习音乐的青年而作，也提供那些已经掌握这门技术的人消遣之用。巴赫的《十二平均律钢琴曲集》实现了其律制的自由转调，对音乐史影响深远，被称为"钢琴旧约"。以下简称《平均律》。

奏曲来代替车尔尼或克莱门蒂的练习曲。例如第一集中的第2、3、5、10、11、14、15、17、19、20、21首；第二集中的第2、5、6、8、10、15、18、21、23首。[①]

涅高兹还认为里赫特弹奏的巴赫甚至超越了前人布索尼：

> 巴赫作品的最优秀的，说的更确切些，使我感到最亲近、最有说服力的演奏我是在里赫特那里听到的。在我年轻时，布索尼的演奏也曾给我留下难以磨灭的印象，但是我只听他演奏了他的辉煌的改编曲，很遗憾，巴赫的原著他没有在我面前弹过。里赫特的优点至少就在于他只弹巴赫原著。我认为无须再解释我何以这样讲。我们喜爱真正的东西，而不喜爱赝品。
>
> 如果我想尽可能简短地申述一下为什么我这样珍视复调音乐（以及历史上最伟大的复调音乐作者巴赫），那我就会说：因为其中用音乐手法反映出个体与社会、个人与群众、人与宇宙的高度统一，用声音表现出这个统一体中所包含的哲学的、伦理学的、美学的内容。这可以使人的心和理智坚强起来。当我弹巴赫的时候，我和这个世界是调和的，我也为它祝福。[②]

---

① 《论钢琴表演艺术》，第160页。

② 《论钢琴表演艺术》，第164页。为求统一，引文中更改了部分译名。

里赫特最初学习完成《平均律》是在 1943 年，并于
1944 年完整公演第二集。① 当时，

由于传统浪漫派的曲目已经构建完善了，苏联的
钢琴家就很少演奏巴赫。《平均律》从来没有出现在
音乐会节目中。只有李斯特或布索尼对管风琴作品的
改编之一二似乎赢得接受。尽管"四十八支曲"② 被
认为是足够好的作品，但在音乐学院也仅是作为考试
曲目。在我之前（在我之后，玛丽亚·尤金娜弹过），
我记得只有塞缪尔·费因伯格将它们纳入了他的独奏
会。……他用自己的风格演奏巴赫，弹出来不像巴
赫，反倒像后期的斯克里亚宾，出奇地快且干净。③

《平均律》也是里赫特演奏过的唯一套曲：

我并不特别着迷套曲。比如，我不去弹所有肖邦

---

① 他到达莫斯科的最初两年，就开始学习并公演《平均律》第一集中
的作品，比如作品 BWV846、BWV877 等。1943 年完成了整个第二
集的系统学习。"在第比利斯我开始学习巴赫的《平均律》的第二
集。我用一个月的时间用心去学习它，很快，就能够弹奏前奏曲与
赋格中的八首了。我最先弹给学生们听，之后公开表演，一年之后，
我在莫斯科演奏出了整个作品。"（*Notebooks and Conversations*,
p. 48.）随后，在 1945 – 1946 年演奏了第一集中的其他大部分作品。
在逗留第比利斯期间，他还学习了贝多芬的《热情》奏鸣曲，但他
认为《平均律》的难度要大得多。
② 《平均律》乐曲的总数（作品编号 BWV846 – 893）。
③ *Notebooks and Conversations*, p. 48.

的练习曲，出于一些有利原因，我并不喜欢其中一些，比如八度音的那些。我也不弹所有的贝多芬奏鸣曲，只弹其中 22 首。《平均律》是唯一例外，于我而言，似乎每一位钢琴家都该去弹。出于挑战，我下决心学会它们，也是出于超过他人的渴望。我逼自己当作一种应战去学，是出于超越我自己的渴望。本然，我并非喜欢它们全部，而如果我心意已决，我就去学，毫无疑问，这是因为我父亲早已灌输于我的一种对于所有①音乐的敬重。②

值得一提的是，里赫特灌录的全本《平均律》录音现存世两个版本，第一个版本是 1970 年 7 月 21－31 日以及 1972 年 8 月 29 日－9 月 6 日在萨尔茨堡的录音室录音，被多数公司争先恐后地发行，至今未绝。但里赫特自己对这部录音不满意，他评论第一、二集时说：

> 我的第一集录音无疑比第二集更成功。在第二集

---

① "所有"这个词在原文中打斜体。不仅指作为套曲的音乐，还意味着大全中包含的所有音乐性。比如，里赫特说："还有另一种不容易被定义的困难。我极为喜欢亨德尔的组曲，而对我来说却比学习大多数巴赫的作品还要难，可能是因为我在它们中比在《平均律》或英国组曲中发现的音乐更少。莫扎特对我来说也是一个类似的问题。我无法把他留在脑子里。我更偏爱海顿，他的作品具有更强的新鲜感，更多的惊奇，至少在钢琴奏鸣曲中是这样的。通常，只要音乐占了上风，我就让它牵着我的手走，一切就变得无限容易了。"（*Notebooks and Conversations*, p.139.）

② *Notebooks and Conversations*, p.52.

中，最重要的前奏曲与赋格证明是最糟糕的——降 E 小调，升 F 小调和卓绝的降 B 小调前奏曲与赋格，它们重重地压在我的良心上。[1]

不像第一集，尚还成功，第二集录音错漏百出，尤其——很不幸——在关键的几首前奏曲与赋格中，例如升 F 小调与降 B 小调（后者是我心目中最非凡的作品，不逊色于第一集中的 B 小调）。

很遗憾，这部录音没有达到我预期的水准。[2]

随后，里赫特于 1973 年 7 月 26 日、28 日，并 1973 年 8 月 7 日、10 日，于因斯布鲁克的四场音乐会上，先后同意录制了第二集与第一集，以求完璧。是次演出酣畅淋漓，完美无缺。[3]

从他严谨的态度看，巴赫曲目不仅包含最适宜学习完成人与乐器合一的身体性手段，同时包含完整的"音乐"（即音乐性），即身体性表达的结果。然而，指出这一点并没有完全描画出里赫特是怎样练习此类作品的，为什么他阐释的巴赫那样生机勃勃，而非沉穆庄严？他在钢琴上是如何工作的？

涅高兹教学法把身体之于钢琴的运动表明得非常清

---

① *Notebooks and Conversations*, p. 189.

② *Notebooks and Conversations*, pp. 223 – 224.

③ CD 参考编号：VICTOR VICC 60071 – 74。遗憾的是，此款录音刚面世几天，因为版权纠纷，即被唱片公司召回，所以存世量小。

楚。首先是身体的整体性观念；其次是手的功能与作用；然后是肌肉的记忆与训练。下面将依次引证叙述。如果人们从里赫特留下的访谈和影像资料中仔细阅读、观察，就可以发现他在老师那里学到的东西已经完全可靠地运用在实践中。

首先是纲领性的"身体"认知：

> 要获得弹奏所有钢琴曲所必要的技术，必须利用人类具有的全部生理上的运动可能性，从手指的最末一个关节、整个手指、手、手臂、肩部的几乎察觉不出来的①运动起，直到背部的运动为止，②总而言之，包括整个躯体的上部，也就是说，从一个支持点——接触键盘的指尖——开始，到另一个支持点——接触凳子的躯体——为止。③这彷佛是老生常谈。但是我可以证明，许多钢琴家并没有利用我们身体上的所有的可能性。④两只脚也在工作，因为它们要踩踏瓣。成熟的钢琴家清楚地知道应当开动他身体中哪些隐藏的"动力装置"，⑤也知道要关闭

---

① 肩部运动的力要平均分配到手臂与脊柱上去，所以"几乎察觉不出来"，要减低架起肩膀的凸出感。
② 从骨骼角度看，即指骨与掌骨相连，手骨与小臂、大臂相连，双臂与肩胛骨相连，肩胛骨与脊椎骨相连。
③ 如果从骨骼结构的角度看，即尾椎下方的着力点。
④ "所有的可能性"指身体的"整体性"。
⑤ "动力装置"在这里虽是一个比喻，但它明显指出了手指关节、肘关节、肩关节，乃至脊柱、尾椎都具有制动力。

哪些"动力装置"和为什么关闭；但是不成熟的钢琴家却往往不是用大炮来打麻雀，便是用玩具手枪来对付堡垒。①

亦即，"弹"钢琴的并非触键的手指末端，而是整个身体的参与，举个不恰当的比喻：静止的钢琴就像一头猛虎，需要使用到"浑身解数"去制服它；如果用劲过浊，就是"大炮打麻雀"，过犹不及；如果轻描淡写，就是玩"玩具手枪"，钢琴就会失去艺术生命。叩其两端而竭焉，即：伏在钢琴上准备着力的支持点（指尖）与矗立在琴凳上准备蓄力的支持点（尾椎）形成一条连贯的用力的线。涅高兹说道：

> 有时候整个身体——直到它在凳子上的支持点为止——都要用力；而那些非常热情的钢琴家——例如阿图尔·鲁宾斯坦——就更甚了：他们从凳子上跳起来，② 把原来的"支持点"变成某种独特的"动力装置"，那么手指就不再是独立行动的单位，而变成一些坚强的支柱，它们彷佛是几根能支持任何重量的整齐的圆柱（更准确地说，这是在整只手所造成的拱门下面的一些弧形支柱，原则上，我们可以把整个身体的

① 《论钢琴表演艺术》，第100页。
② 即手指的支撑力足以匹配或承担整个脊柱从凳子上弹跳起来的力。鲁宾斯坦把他的这个动作当作一种舞台风格。

重量①加到这个拱门上来，而这个重量应该是圆柱式的手指所能够支持得住的。手指的主要作用即在于此！……)②

其次是手指的运用原则：

在对钢琴家提出的最合法的要求中，有一条是要求弹得均匀。一个优秀钢琴家应该善于把一切东西弹得均匀，从最简单的技术因素——音阶、琶音、任何经过句、三度音程，所有的双音、八度——到最复杂的和弦结合，都弹得均匀。从前曾有人做过一个错误的结论说，如果要弹得均匀，那末所有的手指也应该生得一样。……但是，如果我们这样来看问题：任何一个手指都应该能够而且事实上是能够弹出任何一种力度的音的话，那末事情就很清楚，根据这个事实可以得出如下的结论：所有的手指都可以弹出力度相等的音。③

---

① 在这里涅高兹对此做了一个注释："钢琴家本来应该能做这样的体育锻炼：把十个手指支撑在地板上，然后整个身体倒竖起来——这就是手指（支撑着手的拱门的那些圆柱或弧形支柱）所应该支持的整个重量。"——涅高兹的这个评论是象征性的，因为人的身体还有肌肉的组成，毋宁说，从身体结构单纯性的整体性出发，他的理解是正确的，但真的让身体在钢琴上倒立起来，在实践上是做不到的。他表达的是一种"身体观"，即关于身体的观念。

② 《论钢琴表演艺术》，第114页。

③ 《论钢琴表演艺术》，第115页。即人们应该以事实（五指不齐）为前提，设法去求得"均匀的音"这个结果；而不应该以"均匀的音"为前提去苛求五指长得长短一样！人的大拇指一般强健有力，而第四指（无名指）最为软弱无力。

五个手指各不相同，这正好是我们的一大幸事；甚至可以说不仅是五个手指不同，而实质上是十个手指都各有各样，因为两只手在键盘上的"倒影式"的安排（这和赋格曲中的主题及其转位旋律的同时出现颇为相像）① 造成十个各不相同的位置。想象一下，如果我们有两只左手或两只右手，那情况会糟到什么地步！一个有经验的钢琴家之所以重视他自己的手指，就是因为每一个手指都有它一定的独特性，都有它为其他手指所不及的独特功能，**但在必要时又都能取代另一只手指**。② 优秀钢琴家的组织得很好的手是一个合乎理想的集体：一人为大家，大家为一人，每一个手指是一个个体，所有的手指在一起就构成一个团结的集体，一个统一的有机体！③

我建议不要把手指仅仅看作一些能独立行动的"有生命的机械"，它们至少应该是这样的东西，特别是在 jeu perlé（"珍珠般的演奏"）、*p*,④ non legato（非连奏）等要求在音量不大的条件下做到清晰、明朗、均匀、流畅的地方，以及在曲调性段落中要求非常强的歌唱性的音时，在绝对的 legato⑤ 使手彷佛和键

---

① 手指的天然结构就像赋格的结构。

② 黑体为笔者所着重标记。

③ 《论钢琴表演艺术》，第 116 页。

④ 即弱奏。

⑤ 即连奏。

盘连结在一起（一秒钟也不离开键盘）时……所谓手指本身，指的是活动范围从手掌骨或腕关节到指尖（接触琴键的指端肉）为止的那一部分。整个手（还有前臂）的重量自然要根据力度变化的要求来调整，有时很小，而有时则很大①……②

在身体与手指运动的整体性上进行分配，进而在练习中形成关于音乐的肌肉性记忆，即成为在钢琴上工作的"自动化"属性：

凡有经验的钢琴家都善于在必要时用一种指法来代替另一种……事实上也应该利用肌肉的记忆，大家知道，它在任何一种体力劳动中都起着巨大的作用（所谓"自动化"）。是否可以这样说（"科学化"地），钢琴家同时运用两种记忆——音乐的（精神的）和肌肉的（肉体的）。③

对此，32 岁时，里赫特在接受音乐学家亚历山大·维辛斯基（Alexander Vishinsky）的一次采访（1947 年 7 月）时印证说道：

---

① 在这里涅高兹举了一个例子，比如拉赫玛尼诺夫在这时会摇晃手、手臂和手肘，这是为了获得充分放松的感觉，也是为了在连奏中得到手和手指的最大幅度。

② 《论钢琴表演艺术》，第 113 页。

③ 《论钢琴表演艺术》，第 174–175 页。

通常，我总是以慢速度来开始练习一部新作品。我不知不觉地有一种倾向去提高速度。我发现当你慢慢弹时，将双手尽可能放松至最大程度是多么重要。这件事我自然地仅在那些较快或非常快的段落中去做。慢速度使帮忙记住这些运动（the movements）变得更为简单些。如果我已经学会了一段，它就提供一种对于身体性自由（physical freedom）的愉悦感去慢慢地弹，并且非常精准地弹，然后再用正确的速度重复弹它。

当我开始学习新的一段，我打开乐谱，找到最难的地方开始练。我并不试图去找一种特别的阐释。那样一来，一切对我而言从刚一开始就是清清楚楚的。都在乐谱里了。较慢的、难题都解决了的乐段，我经常在音乐会之前的几天来弹。我总是不理会节奏，而带着对整个音乐的充分表达去弹，因为它在音符中显现。①

---

① *Richter*：*Pianist*，p. 209. 晚年的里赫特仍大致保留着这种工作方法，他在《对话》中说："无论何时只要我学一首新曲子，就会采用纯粹重复的方法。我会把需要一点技巧的小节挑出来，首先学习它们，并机械地练习。我拿起一页谱子，会按照我的需要不断地复习它，除非我掌握了，绝不弹奏下一页。当我对第二页也胸有成竹了，才会翻开第三页。不管多难，没有哪个乐段在逾百遍的练习下不变得简单的。有时我会慢慢来，但我很少这样做，因为我更喜欢从一开始就按实际速度来工作。这种一味的重复看上去很蠢，我也承认大概也就是这样；也没什么更好的对策来持续学习新作品了。……我从来不会完整地演奏一首曲子，直到我分别学完了每一个乐段。但是我经常把事情留到最后一刻——这不是件好事，但事实就是这样：如果我没有迫在眉睫的音乐会的压力，我将从不会强迫自己去完成任何工作。结果，对于我来说，在台上才第一次弹奏完（转下页注）

在这里可以看出，里赫特练琴有两个方法：第一，放慢速度练习，以便熟能生巧地解决在需要快速使用双手的地方产生的困难，关键是要记住在放慢速度的条件下，身体运动的自由感，不局促，能放松，即使像飓风一般的速度要求，也能通过身体肌肉各方面的协调简单地完成；第二，在节奏较慢或不太困难的乐段里，充分地于每一音符中表达具有精神性的音乐（都在乐谱里了）。这两个方法对应于涅高兹所说的两种记忆（身体记忆与精神记忆）是非常恰适的。

三

弹钢琴时要始终保持坐身中正（sitting upright），这是里赫特在涅高兹那里学到的最关键的基本功。① 在他的生活里，对朋友的选择也存在一条中轴，非常具有代表性的就是与钢琴家阿纳托利·维德尼科夫②以及大提琴家姆斯

（接上页注①）整首乐曲并不是什么罕见的事情。舒曼的《幽默曲》就是如此。……单从技术层面上看，它涵盖了所有各种各样的困难——除了终曲，我把它放在一边。在花了一周的时间学习完余下的乐谱之后，直到那天晚上音乐会开始之前，我都还不能够为终曲起个头。我知道以我的实力完成它并不难。我得说音乐最后还不赖。"
（*Notebooks and Conversations*, pp. 139 - 140.）

① *Notebooks and Conversations*, p. 28.
② 阿纳托利·维德尼科夫（Anatoly Ivanovich Vedernikov, 1920 - 1993），杰出的俄罗斯钢琴家，被苏联铁幕雪藏多年，极少出国演出，钢琴家对此曾说："没有关系，我还有录音。"在他死后，许多录音才由日本开始发行，并引起巨大的国际反响。

蒂斯拉夫·罗斯特罗波维奇的友谊。

　　刚到莫斯科的青年里赫特，常在维德尼科夫家里留宿，他们是亲密无间的伙伴。维德尼科夫比里赫特小5岁，曾是天才少年，也在涅高兹的班上学习。他们俩是小圈子的核心成员。① 两人也形成竞赛关系，各自在音乐学院举办的学生独奏会一向座无虚席。他们也举办过双钢琴音乐会。②

　　里赫特认为维德尼科夫是最顶尖的钢琴家之一，他的录音是伟大的成就，晚年里赫特常常聆听维德尼科夫的巴

---

① "从1939年起，维德尼科夫和我有一个学生圈子。我们每周四都在音乐学院的一间教室碰面，弹奏四手联弹，有我的同学托亚·维德尼科夫（Tolya Vedernikov）（即阿纳托利·维德尼科夫，托亚为其昵称——引者注）、瓦迪姆·古扎科夫（Vadim Guzakov）、瓦洛佳·柴可夫斯基（Volodya Tchaikovsky）、奥列格·阿加科夫（Oleg Agarkov）以及维克托·梅赞诺夫（Victor Merzhanov）。我们弹奏过的作品是很少为人所知或者已被完全遗忘的。我们留下一点儿手写日记，人们会过来听——学生、老师和他们的朋友——来的人数越来越夥。我在那里会弹整部歌剧：《名歌手》（瓦格纳歌剧《纽伦堡的名歌手》——引者注）、《特里斯坦》（瓦格纳歌剧《特里斯坦与伊索尔德》——引者注）、理查德·斯特劳斯的《莎乐美》——还有以四手联弹或双钢琴形式演奏的布鲁克纳（Anton Bruckner）交响乐，这些在别处是听不到的。此外，还会弹奏一些还活着的当代作曲家的作品：米亚斯科夫斯基（Nikolai Mysakovsky）的第二十一交响曲、欣德米特（Paul Hindemith）的《画家马蒂斯》（交响曲音乐，后被作曲家本人改作歌剧——引者注）与《最尊贵的显圣》（芭蕾舞音乐——引者注），以及席曼诺夫斯基（Karol Szymanowski）。涅高兹曾经说这么一个学生圈子比他们被教会的所有课都有用。"（*Notebooks and Conversations*, p. 33.）

② 参见 *Notebooks and Conversations*, p. 33。曲目包括肖邦、李斯特、德彪西与拉赫玛尼诺夫等。

赫录音并与古尔德做比较，在他心目中，维德尼科夫的演奏始终保存着"音乐"，不像古尔德那样只表现"音乐家"。他对维德尼科夫的评价是："你无法听到比这更好的了：形式感、钢琴的生机、无懈可击的音乐性、无瑕的品味、处理作品的全神贯注。（有一种）异样的印象：钢琴家是在真空中演奏。"① 他最喜欢维德尼科夫弹奏德彪西练习曲的录音，认为它无与伦比，并为其没有得到应有的荣誉而惋惜。② 在里赫特的记忆中，他二人唯一留下的双钢琴合作录音是巴夏伊指挥、莫斯科室内管弦乐团协奏的巴赫 C 大调（BWV 1061）。③ 对此，里赫特评道："这样如出一辙，以至实际上不可能分辨出谁是第一钢琴，谁是第二钢琴。"④

如此亲密无间的同学、水乳交融的搭档，却由于维德尼科夫的性格因素，未能善始善终。维德尼科夫始终认为钢琴是打击乐器，⑤ 不可能发出如歌唱般的声音：

---

① *Notebooks and Conversations*, p. 173.

② 参见 1987 年 10 月 2 日的笔记，*Notebooks and Conversations*, p. 320。里赫特会经常反复地聆听这张唱片。

③ CD 参考编号：Melodiya BMG 74321 29461 - 2。但其实还有其他合作作品问世，比如二人演奏巴托克的《为双钢琴及打击乐器所作的奏鸣曲》（Sx. 110）。CD 参考编号：Moscow Conservatory Records SMC CD 0057。

④ *Notebooks and Conversations*, p. 366. 另外一处对此的评论是："维德尼科夫和我一起创造了一版非常成功的巴赫 C 大调双钢琴协奏曲录音，没有人能够听得出谁是主奏，谁是副奏：我们之间是完美的统一体。"（*Notebooks and Conversations*, p. 33.）

⑤ 这种看法并不孤立，比如作曲家巴托克也这样认为。

他有另一种理论，坚持声称钢琴只是一种打击乐器，并不能被用来歌吟：音符一终止，钢琴的声音就衰竭了。这一切显然值得商榷。有一天，我们正在听我的《图画展览会》的录音，其中"陵寝"（Catacombs）① 的最后一个音符必须在很长一段时间内回响。在此录音中，这个声音真的共鸣了很长时间。听完后，在这显见的事实面前，他原则性地辩解道："你看，你什么也听不到！"他像驴子一样倔强。一旦你说什么事情是好的，他总会说它坏。②

在里赫特看来，这种固执己见的性格也影响到维德尼科夫对音乐的理解：

很不幸，维德尼科夫作为一个人太难处了，说得更准确些，他有太多的复杂性。他总是出于一种矛盾精神喜欢与别人告知他的事情对着干，以错误的方式与人摩擦。他有一种理论认为"艺术主义"，正如他这样称呼，它意味着艺术化的个性，对于音乐是一种障碍。这真荒唐！我不是说艺术家应该推着自己往前，也不是说艺术家应该消失。毋宁，他应该作为作曲家的一面镜子，在他自己之内体现后者。③

---

① 《图画展览会》的第 13 支曲。
② *Notebooks and Conversations*, p. 37.
③ *Notebooks and Conversations*, p. 35.

维德尼科夫是一个先锋型的音乐家，他弹奏当代作品的曲目范围与里赫特相当，比如斯特拉文斯基的奏鸣曲、勋伯格的协奏曲等。① 这证明他对音乐家个性的追求也是有意识的，但对于钢琴以及在钢琴上演奏的身体性观念，他不能接受涅高兹的建议，而一意孤行：

> 他的演奏有一个标记性的问题，涅高兹为了解决它大费周章——他的音色缺乏美感。……他从来只用手弹琴，而不是用整个身体。涅高兹总是跟他争论这一点。但他拒绝接受涅高兹有分量的论证，尽管在音色这个事情上，没人比涅高兹更懂。②

所以，他有自己的原则，却忽视普遍性公理，拒绝对话与探讨，维德尼科夫是个矛盾的个体，有时显得开放性较强，有时又故步自封，与里赫特如镜子一般容纳的③性格不甚合和，他更像一个特殊的器皿，④ 只用来呈现限定的用途或观点。虽然里赫特非常珍视他们年轻时的友谊，

---

① 里赫特第一次听到勋伯格的这部作品就是通过维德尼科夫的录音："这是我第一次听到这部作品。这是一张成功的唱片，作品以其方式清晰地被完成了。维德尼科夫的演奏带着必不可少的清晰性与精确性，管弦乐队也是。如果你要了解这类音乐而需反复聆听，精神却总不愿意如此。"（*Notebooks and Conversations*，p. 304.）

② *Notebooks and Conversations*，p. 35.

③ "至人之用心若镜，不将不迎，应而不藏，故能胜物而不伤。"语出《庄子·应帝王》。

④ "君子不器。"语出《论语·为政》。

却无法留住它，他说在此后再没有出现过与维德尼科夫合作时的那种珠联璧合的感觉了。^①

里赫特与罗斯特罗波维奇的合作开始于1949年，他们一起演出普罗科菲耶夫的大提琴奏鸣曲，并首演了它。^②由于罗斯特罗波维奇与普罗科菲耶夫很像，里赫特总产生前者是后者的儿子的错觉。^③他们达成一种类似"战友"关系的起因也是由于一道捍卫普罗科菲耶夫：由里赫特指挥，罗斯特罗波维奇担纲独奏，演出第二大提琴协奏曲。这件事在当时的国家环境下，显得非常危险，但二人还是铤而走险。罗斯特罗波维奇认为，当时有两件事使得莫斯科音乐学院从毁灭性的思想专政与镇压行为所导致的心理重负中解脱出来，第一件事是1951年肖斯塔科维奇回到音乐学院，将自己的新作品呈交给师生们批评；第二件事就是他与里赫特的这次合作，挽回了普罗科菲耶夫所遭受的屈辱和不公，演出时间为1952年2月18日。^④里赫特对此也是记忆犹新：

> 针对普罗科菲耶夫的敌意持续了很长时间。在1952年，他的交响曲首演出现了问题——为大提琴和

---

① *Notebooks and Conversations*, p. 37.

② *Notebooks and Conversations*, p. 116. 关于这部作品的录音，CD参考编号：Doremi DHR-7931/2。

③ *Notebooks and Conversations*, p. 87.

④ 〔俄〕格鲁姆·格日迈洛：《罗斯特罗波维奇访谈录》，王彦秋、赵桂莲译，东方出版社，2004，第14页，另见第25页。

管弦乐队所作的协奏曲，由罗斯特罗波维奇演奏。人们都知道文化部反对它，人们太恐慌而无人指挥。没有指挥家肯碰它。……音乐会于 1952 年 2 月 18 日举行。①

虽然演出后，作品还是遭到了批判，但是两位演奏家做到了为自己心爱的作曲家正名，普罗科菲耶夫到场，并对里赫特意味深长地说："终于还是找到了肯指挥我作品的人。"②

这部作品在成型之前已经被其他大提琴家通过钢琴伴奏来上演过，但并不成功，修改版本加入了罗斯特罗波维奇的原创性意见。③ 但里赫特对此持不同看法：

不论在什么意义上，这部交响—协奏曲都是他④最好的作品之一。罗斯特罗波维奇给出了极为梦幻的演奏，它也被观众温情接受，但是，当局还是为此刻意拉下了长长的脸。在罗斯特罗波维奇的请求下，终章里面的一个非常有趣的乐段不幸被普罗科菲耶夫删掉了。在这一段中，独奏者将演奏三连音来抗衡乐队中第一大提琴演奏的十六分音符。这是极为了不起的一段，但是罗斯特罗波维奇想要创造更多印象，坚持让普罗科菲耶夫换掉这一段。我将永远不会原谅他做的这事情。他如愿以偿，毫无疑问，新版本也是有力

① *Notebooks and Conversations*, p. 63.

② *Notebooks and Conversations*, p. 65.

③ *Notebooks and Conversations*, p. 87.

④ 此处指普罗科菲耶夫。

第三章 生活

的，但是重新改写过的音乐总是缺点儿什么。不知怎
么回事，协奏曲的尾声变得非常平庸。对原初的东西
进行重构这可能吗？我很怀疑这一点。①

无独有偶，罗斯特罗波维奇与里赫特有一次在英国公
演，因为前者生怕后者的风头掩盖了他，刻意让钢琴家把
琴盖放低，导致里赫特非常不喜欢这份录音：

> 我不喜欢在奥尔德堡录制的这个录音，并且觉得
> 它真的毋宁说很失败。斯拉瓦②非常害怕我盖过他
> （！），于是劝说我把琴盖放低。结果是一种吓人的不
> 均衡，同时，给人一种过度谨慎和不和谐的印象，彻
> 底的失败。一部糟糕的录音。③

里赫特最初合作的大提琴家是丹尼尔·沙弗兰（Dani-
il Shafran），④ 后来才转向罗斯特罗波维奇，可是后者妥协
于人或自我妥协的个性让里赫特感觉不到他对音乐理想的
坚持：

---

① *Notebooks and Conversations*，p. 65.
② 斯拉瓦也是罗斯特罗波维奇的昵称。
③ *Notebooks and Conversations*，p. 235. CD 参考编号：Music & Arts CD -
283。
④ 丹尼尔·沙弗兰（1923 - 1997），俄罗斯大提琴家。里赫特评价他
说："他是一位伟大的大提琴家，有着卓绝的音色，但他无论何时演
奏，你总有一种印象，他总是只想着那些能在高音部分迎合的乐段，
他耽留高音并制造迷人的音响。"（*Notebooks and Conversations*，
p. 116.）因为沙弗兰的精神紧张，二人于 1951 年停止合作。

之后我们就因为各种各样的事情疏远了。他总是把一切都归功于自己，怀有与音乐无关的雄心壮志——这来源于作为音乐家的一个人的本性的最深处。我从来不能够忍受这种事情。我不喜欢它，但是却无能为力。我们最后一次尝试合作，与奥伊斯特拉赫一起，是在柏林于赫伯特·冯·卡拉扬（Herbert von Karajan）的指挥下录制贝多芬的三重协奏曲。[1]

是次合作中，四位艺术家分成了两个帮派，里赫特与奥伊斯特拉赫主张坚持音乐的严谨性，而罗斯特罗波维奇追随卡拉扬，做出一些与音乐无关的决定，这也让里赫特十分反感：

> 这是一次糟糕的录音，我完全不认它。至于实际的录音环节，我只记得是一场噩梦。我们之间划出了战线：卡拉扬与罗斯特罗波维奇是一派；奥伊斯特拉赫与我是一派。罗斯特罗波维奇对卡拉扬卑躬屈膝，去完成卡拉扬的所有想法。卡拉扬对于这部作品的认识完全是浅薄的，而且脑筋搭错，他认为作品从未受过好评，而我个人却非常喜欢它。在其他事务中，如第二乐章就被处理得太慢了。他牵住了音乐的自然流

---

[1] *Notebooks and Conversations*, p. 117. 三重协奏曲是贝多芬为钢琴、大提琴、小提琴与乐队所创作的一部协奏曲，op. 56。此处提及的录音，CD 参考编号：EMI 5 66219 2。

淌。他在做样子，无论是奥伊斯特拉赫还是我，都从来不这样。但是罗斯特罗波维奇却倒向了敌营，试图推着自己走，那么他在此不得不演奏的东西就除了造型装饰，什么都不是。卡拉扬看得出我不高兴，奥伊斯特拉赫也在生闷气。他问原因。我故意不把话说穿，不想太惹恼他，但也是因为我发现罗斯特罗波维奇真是气死人。

突然，卡拉扬判定一切都已妥当，录音结束。我强烈要求再录一条。"不，不，"他回应，"我们已经没有时间了，我们还要拍照呢。"对他来说，这比录音更重要。这是多么恶心的照片。卡拉扬摆出一副艺术家的姿势，我们其他人则像傻瓜一样咧着嘴笑。

大体上，卡拉扬的举止没什么特别的吸引力。一天，我们正在聊天，我无意中说："Ich bin ein Deutsche！"（我是一个德国人！）他竟回复道："Also, ich bin ein Chineser. "（这样的话，那我是中国人。）①

虽然，在与里赫特合作期间，罗斯特罗波维奇的人格逐渐不为钢琴家接受，但是里赫特仍然认为他是一位潜在的优秀音乐家，他说："如果不是一位大提琴家，而是作为一名音乐家，罗斯特罗波维奇会无与伦比得更加有趣，一座远要伟大得多的艺术家丰碑。他完全矮化了他。"② 可

---

① *Notebooks and Conversations*, p. 118.

② *Notebooks and Conversations*, p. 116.

见，在他的心目中有两个罗斯特罗波维奇，一个是技艺精湛、在音乐上游刃有余的大人物，一个是在庸碌世间摸爬滚打的小人物。① 罗斯特罗波维奇不够独立的性格与维德尼科夫过度自主的性格一样，都导致了里赫特曾经最要好的友谊由合到分。

---

① 里赫特的评价也被认为有疏忽之处。20 世纪 70 年代后的罗斯特罗波维奇承担了很多生命苦难。性格决定命运，罗斯特罗波维奇天性不甘于一成不变，他不断地寻找事件来拓宽并深化自己，在这种情调之下，其生命轨迹发生了转折。1967 年 11 月，出于对作家索尔仁琴尼窘迫生活的同情，罗斯特罗波维奇邀请他到莫斯科城郊自己的住宅居住，并建立起深厚友谊。在索尔仁琴 50 岁生日的时候，罗斯特罗波维奇专门从海外带回一台复印机作为礼物，为其写作提供便利。随着索尔仁尼琴愈加强烈地批判现行体制，他们的关系逐渐引发了苏联政府对于大提琴家的敌意，当局曾多次警告他停止收留这位危险分子。但是罗斯特罗波维奇把自己逼上了绝路。1970 年 10 月 30 日，他写下一封措辞激烈的为索尔仁尼琴辩护的公开信，尽管被四家报社拒于门外，但副本却通过秘密渠道传到了西方报社。在这封公开信中，罗斯特罗波维奇问道："为什么要让那些在这个领域完全不能胜任的人决定我们的文学和艺术？……每个人都有权利独立思考，表达他的意见。"在这之后的几年中，罗斯特罗波维奇逐渐陷入困境，成了音乐界的透明空气，并一直受到严密跟踪。在美国某参议员的努力下，苏联政府同意罗斯特罗波维奇以赴境外巡演的理由离开苏联。1974 年 5 月 10 日，政府同意他在音乐学院举办最后的告别音乐会。5 月 26 日，几个关系密切的学生和朋友到机场送走了罗斯特罗波维奇。由于受到严格检查，他走时没有任何音乐演出计划，身无分文，只能去伦敦投奔朋友，在异国他乡远离家人的生活还是让他感到非常压抑。另一方面，由于他不能举办任何音乐会，因此也失去了收入来源。因为是"经政府允许"出境的，罗斯特罗波维奇并不打算永久离开，然而苏联政府却在 1978 年突然剥夺了他的国籍，就像袭隆一声拉下了铁幕，或出人意料地筑起了柏林墙，隔断了不安的罗斯特罗波维奇的返乡之路，直到他 1990 年被恢复国籍。

四

里赫特最钦佩和爱戴的女性是意大利戏剧演员爱莲诺拉·杜丝。[①] 杜丝通过对身体和台词的极为精微的控制，传达着人性，甚至在生死转化之际的存在秘密。正像里赫特通过身体与钢琴的关系向听众传达音乐中最深处的秘密一样，她在他的灵魂深处堪为一位向导，如歌德千古流传的名句所说："永恒之女性，引我等上升。"[②]

著名剧评家阿瑟·西蒙（Arthur Symons）这样概括杜丝的表演艺术：

> 技巧抑或天性，是让人强烈地感受得到的力量，这确然是对一位伟大戏剧艺术家的最终测定。杜丝的艺术一再有意识地做到，在身体上雕刻灵魂。在紧要关头，当灵魂似乎退居其后、从非个人的眼睛里去看事物—如其所是的那些瞬间；在那些人们可以察觉到事实上可塑性的美的时刻，如同他们在阐释他们自己的苦痛与热望，一连串的情绪，都在脸容上。所以，

[①] 爱莲诺拉·杜丝（Eleonora Duse, 1858–1924），史上最伟大的演员之一，毕生奉献戏剧舞台，只留有一部默片电影，但她极力否定它，认为并不能代表自己的艺术。在那部 1916 年拍摄的影片《灰烬》（*Cenere*）中，杜丝高贵的舞台身段与电影写实的场景不甚融合，可以看出她的表演或对于表演所具有的理念，远远超过并凌驾于现实。

[②] 歌德《浮士德》之最后两行诗句。

正如当在死亡那至高无上的关头，人的灵魂变形着地（transformingly）进入身体，人看得见灵魂那可见的本体；演员的艺术，在万有之上，应当呈现的是，它经过那一时刻的感觉，应当生动地设计某种活性，甚至要比整个生命自身都善于表达。这乃是有效呈现，但杜丝做到的，是正当呈现。"行动"——之于她正如之于兰波，[1] 是——"强夺某物的方式"，一旦行动"支配了思想"，它便在世界中松动了本己的作用。杜丝的艺术就像法国诗坛魏尔伦[2]的艺术，总在暗示，从不声明，一向弃绝。这种艺术，这样令人惊奇，这样细致入微，几乎战胜了最终的障碍，因为它将一种整个儿外在的、仅仅基于模仿、存在于那幻象之最为迂回的措辞之上的、通过夸张来获胜的艺术，变成了全然精微、几乎精神性的一种暗示、一项规避、一个秘密。[3]

这种精妙的表演，世所少见。例如表演一个角色弥留的瞬间，能让观众看到一具濒死的身体深深瞥见了他自己的灵魂，正如整个几十年的生命都变作转瞬即逝的几秒钟存在的一个意识，这个意识是那样清晰，竟至表演它的人

---

① 让·尼古拉·兰波（Jean Nicolas Rimband, 1854–1891），法国天才诗人，其影响力巨大的诗作均在 19 岁前完成。

② 保尔·魏尔伦（Paul Verlaine, 1844–1896），法国诗人，1871 年结识兰波，两人一起流浪比利时和英国。

③ Arthur Symons, Eleonora Duse: A Recollection, *The Virginia Quarterly Review*, Vol. 1, No. 2 (July 1925), pp. 178–179.

把那"变形着的"灵魂状态无一遗漏地呈现出来，它远远
超过了外在的行为、表情、身段、台词这些所谓的模仿层
次，而将所有人都可以理解的情绪或情景直接带进了诗，
人们或可从中进一步去追踪、解读人性的秘密，或可找到
安全港湾，回避自己可能同样遭受的痛苦、激情。这是表
演艺术的终极之境。里赫特曾为这样的杜丝落泪。①

　　杜丝表演中流露的兰波与魏尔伦一般的诗意，也是里
赫特所最熟悉的。② 高处不胜寒，充满精神美。有心的读
者或许还记得前文提及涅高兹评论里赫特的性格中有一种
羞涩，有时看起来冷峻，实则内心灼烧着自我实现的渴
望。莱斯姆森也看到这一点，认为这种冷峻与一种天然的
看见、经验世界的"高度"相关，作曲家安东·韦伯恩③
在一次登山体验后这样描述道："最高处"的真实意谓就
是"在我自己里面感受到的理想"，"实际的最高处同时包
含着所有惊奇（希冀）"。④ 在笔者看来，也正是这一点，
使得如杜丝这样的女性，在里赫特那里构成了某个理想的

---

① *Richter*：*Pianist*，p. 224.

② 里赫特最常读的作家除了普鲁斯特与托马斯·曼，还有歌德、席勒、
莱辛、蒙田、左拉、巴尔扎克、里尔克、兰波等。他也喜欢电影，
所钟爱的导演有希区柯克、库布里克、波兰斯基、维斯康蒂、费里
尼、帕索里尼等，尤其是英格玛·伯格曼，他认为伯格曼的电影有
"切肤之痛"，就像打针，药剂在皮下踮足。*Richter*：*Pianist*，p. 222.

③ 安东·韦伯恩（Anton Webern，1883 - 1945），奥地利作曲家，里赫
特在 20 世纪 80 年代经常演出韦伯恩的变奏曲（op. 27）。

④ *Richter*：*Pianist*，p. 59.

维度，他对女性的态度因而有些类似歌德。① 后者对爱与女性的界定恰恰形成了托马斯·曼的一个研究课题，他因此创作了《绿蒂在魏玛》这部小说。所以，厘清里赫特与歌德式情感状态的关系，也有助于读者了解他与托马斯·曼之间的亲缘性。②

1828 年 10 月 22 日，星期三，歌德向友人艾克曼谈到女性，他说："妇女好比是一些银制的水果碟，我们把金苹果放到里面，我对妇女的看法不是从现实的现象中概括出来的，而是先天就有的，或者天知道是从我的思想里产生的。我所描绘的那些妇女全都占了便宜，她们比现实中所能遇到的妇女更好。"③ 换言之，女性承载了理想，在理想中塑造的女性往往比现实中的更美好。男女之间的磁性是一种隐秘力量，他在他们的交感力中定位她的存在，以便确定方向，与她相遇，而她把这种偶遇变成现实，即使相见匆匆，或者二人没有任何实质进展，他也总会满足于自己的预感。④ 男性被女性所有的魅力吸引，但爱情唯独与她的智力无关。歌德说他关于女性的想法来自某种先天，也就是来自男性的天性。他说："我们之所以喜欢一个年轻的女子，并不

---

① 前文曾论及里赫特的羞涩与歌德如出一辙。

② 这一话题具体参见本书第四章。

③ 〔德〕艾克曼：《歌德谈话录》，洪天富译，译林出版社，2002，第 360 页。

④ 参见 1827 年 10 月 7 日歌德与艾克曼的一次谈话，《歌德谈话录》，第 307－309 页。

是因为她有智力，而是因为她身上有许多其他的特点。我们喜欢她的美丽、年轻、调皮、爽直，喜欢她的性格，也喜欢她的缺点、怪念头，以及其他所有非言语所能描绘的东西。可是，我们并不喜欢她的智力，如果她的智力是出色的，那么我们重视它，这样，在我们的眼里，一个姑娘可以获得无限的价值。如果我们已经喜欢上她，那么她的智力也许会把我们吸引住；但是，单靠智力是无法燃起我们的激情的。"① 当然女性会在同一件事情的创造力方面比男性强得多，比如某些女作家，② 但这与男性天然地对女性产生爱情毕竟两回事。依照歌德的看法，很多妇女在写作、绘画方面的才能在婚姻中终结。③

歌德在男女两性的自然属性方面强调爱情之理想在于创造，有创造力的男人把女性化为其作品中更完美的角色。托马斯·曼通过小说人物绿蒂之口指责歌德的生活世界有如此多"牺牲品"，他近旁的人们（女人）之于他犹如飞蛾扑火。《绿蒂在魏玛》中的歌德为歌德式人格做出了辩护：

> 你谈到牺牲，但它是神秘的，它是一个巨大的统
> 一体，好像包容着世界上的一切，包括生命、人格和

---

① 《歌德谈话录》，第 44 页。
② 参见《歌德谈话录》，第 76 页："德国也有一些天才妇女，她们能写出一种真正杰出的风格，比某些受人称赞的德国男作家还强。"
③ 参见《歌德谈话录》，第 107 页。

工作，一切都是变动的。人们作为牺牲品向上帝供奉，但到最后，上帝才是牺牲品。你使用了一个比喻，对我来说，是一个十分亲切、十分熟悉的比喻，它长久以来一直占据我的灵魂：我是指那个关于飞蛾和那有诱惑力的致命灯火的比喻。如果你愿意接受的话，那我要说，我就是灯火，飞蛾自己渴望地扑进火里；然而在事物的变动和互换中，我也是那点燃着的蜡烛，牺牲自己的身体，让它燃烧，发出光来，我又是那喝醉了酒似的蝴蝶，掉进火里———一切牺牲的征象，身体转变成灵魂，生命转变成精神。① ……我始终都是一个牺牲品——我又是那把它贡献出来的人。以前我燃烧了你，② 我永远燃烧你，把你变成精神、变成光，要知道"变形"是你朋友最亲爱的最内心的东西，是他巨大的希望，最深的渴望；变化的游戏，改变着的脸容，白胡子变成青年，孩童变成青年……一切都在变动，变动中的统一，自身的互变，事物的变形，正像生命有时呈现它的天然面貌，有时呈现礼法习俗形成的面貌一样，又像过去演变为现在，现在推溯到过去，两者又神妙地充满了预兆，预示着未来。

① 正如杜丝的表演那样。

② 歌德年轻时爱上了少女夏绿蒂·布甫，但当时这位姑娘已经订婚，不能接受歌德的求爱，这在歌德的心头留下了巨大创伤，这段经历促使他创作出文学名著《少年维特的烦恼》。托马斯·曼以此历史事实为背景，描写四十年后，绿蒂与歌德在魏玛相见的故事。

过去的感觉，未来的感觉——感觉才是一切。……然后是离弃，那将是离别，永久的离别……死亡，最后飞进火中——飞向统一的宇宙中，那它为什么也不该是变形？①

"变形"是托马斯·曼根据歌德本有的思想为他的生活做出的总结。一切时间之流衍、空间之转换、个体之变化，充溢着生活与生命，虽说理念之人吸引着凡俗世人放弃自己，而投入美的世界，但他们又何尝不是为理念牺牲着？世界才是永恒燃烧的火，那个被看作上帝的人，像上帝一样牺牲一切。做艺术不就是如此吗？当杜丝的一个身段、一个表情、一句念词，使观众完全忘我，浮现在生死边际；当里赫特在钢琴前留一点微光，将众多灵魂引领到音乐世界茕茕漫游，他们为此而付出的劳动、体验、孤独，难道全然不是牺牲、不是变形吗？通过燃烧自己，将艺术变成精神、变成光，在生命、人格与工作中不断牺牲，才能创造。

毋宁说，在这类人格中恒久不变的价值是理想，理想此时就是爱情。里赫特对同时代的一些女歌唱家、女钢琴家不吝赞美，有一种发自内心的崇拜的爱，就像她们都是永恒理想（音乐与艺术）的诸多"变形"（Metamorpho-

---

① 〔德〕托马斯·曼：《绿蒂在魏玛》，侯浚吉译，上海译文出版社，2008，第358－359页。

sis)① 一样。

《对话》中曾提及一位女士，跟随著名女高音伊丽莎白·施瓦茨科普夫②的大师班学习，在里赫特的音乐节上演唱了多位作曲家的作品，从古典到当代，无一不能驾驭，里赫特欣喜万分："无论是早期音乐（蒙特威尔第）还是当代作品（贝里奥、库特·威尔和斯特拉文斯基），一切听来都是真实的。至于德彪西，我认为没有人比她唱得更好了。她有她一套吟白（Sprechgesang）的方式，完全征服了我。"当晚，演唱安可曲时，她手擎一束里赫特送的兰花，袅娜娉婷，里赫特感叹她就是一位"变形夫人"（mistress of metamorphosis）! 可惜这位歌唱家此后不久过世了，里赫特认为这是艺术的巨大损失。③ 她的名字叫作卡茜·碧贝莲（Cathy Berberian）。

至于施瓦茨科普夫，里赫特几乎对她产生了"迷恋"："无论这位伟大的艺术家唱什么，她总是在她无以企及的状态里，多么生机勃勃! 好极了! 太棒了!"④ 1991 年 2 月

---

① 这是歌德关键性的思想之一，他通过长久的对自然界的观察，创作过《植物变形记》（1790）等著作。诗或文学的本质也是一种变形。罗马诗人奥维德的《变形记》（创作于公元 1 - 8 年）、奥地利作家卡夫卡的《变形记》（1921）等作品所用的都是这同一个关键词。

② 伊丽莎白·施瓦茨科普夫（Elisabeth Schwarzkopf, 1915 - 2006），德国女高音，擅长莫扎特歌剧与理查德·斯特劳斯歌曲，里赫特是她的忠实拥趸。

③ *Notebooks and Conversations*, p. 279.

④ *Notebooks and Conversations*, p. 252.

的一天，里赫特听完自己过去在维也纳的一场录音，回忆起施瓦茨科普夫曾出现在后台，语气中含着幸福和满足："我在楼梯上重重地摔了一跤，两只脚踝都扭伤了，音乐会半小时后就要开场。'这就是我想要的'，我尖叫道，然后一瘸一拐地乘上出租车，拖着自己走到台上。伊丽莎白·施瓦茨科普夫在后台等我。"①

　　另一位他衷心爱戴的女歌唱家是杰西·诺曼。② 她身形硕大，里赫特总觉得她像在一伞华盖之下，既象征着威慑力，又象征着制胜力，③ 她在他眼中俨然女王，或者用里赫特自己的话："她歌唱时就如人所能想象到的墨尔波墨涅④所做一般"，⑤ 无可匹拟。有一次在奥斯陆，里赫特去听她的演唱会：

　　　　音乐厅巨大无比，当然也人满为患。我们下半场才到。衣饰华贵的黑皇后登场了。观众们被迷住了。她的歌声攀上了声乐艺术的顶峰：她的弱音（pianissimo）和她的强音（fortissimo）同样令人震惊。她可以做到任何事，将一切都表现得很好，甚至包括不必要的动作。她不仅美，更是一个象征，一种独一无二

---

① *Notebooks and Conversations*, p. 342.

② 杰西·诺曼（Jessye Norman, 1945－2019），美国黑人女高音歌唱家，横跨高中低音，除了古典歌剧、歌曲，还演唱黑人灵歌。

③ *Notebooks and Conversations*, p. 283.

④ 墨尔波墨涅，古希腊神话中司掌悲剧的缪斯女神。

⑤ *Notebooks and Conversations*, p. 333.

的现象。

……

第二天，杰西·诺曼来听我和丽莎·莱昂斯卡娅的音乐会。她庄严地走下通向我更衣室的狭窄楼梯。彼此寒暄之后，我建议她在舞台上戴一顶皇冠；这对她来说很合适。我们都笑了——她很合意。①

1973 年 4 月 22 日，一个阳光明媚的春日，正值女钢琴家安妮·费舍尔②到访莫斯科，她在里赫特的公寓与他一起听了几卷录音。费舍尔的直率，甚至没有任何交际手段，却处处打动他，她正确地批评了他对巴赫 C 小调法国组曲即（第二号法国组曲）与莫扎特 F 大调奏鸣曲的解读，让里赫特心悦诚服，他为他们不能经常见面而感到惋惜。③ 在此十天前，里赫特在音乐学院的柴可夫斯基大厅聆听了女钢琴家的独奏会，他把她叫作一代“钢琴夫人”（die grosse Dame des Pianoforte［s］）。里赫特甚至认为：“安妮·费舍尔是一位浸染了伟大精神和本真深度的杰出艺术家。勃拉姆斯的 F 小调奏鸣曲是她最杰出的成就之一。至于那一把弹错的音符，谁会指责呢（对不起）！”④

---

① *Notebooks and Conversations*, pp. 361 – 362.
② 安妮·费舍尔（Annie Fischer, 1914 – 1995），匈牙利钢琴家，主要在欧洲与澳大利亚举办音乐会。
③ *Notebooks and Conversations*, p. 201.
④ *Notebooks and Conversations*, p. 315.

另一位极受推崇，与里赫特保持良好友谊关系的女钢琴家是莫妮克·哈斯（Monique Haas），① 他们最初相识是在布拉格，里赫特的一场音乐会结束后，哈斯到后台去祝贺。对于里赫特而言，哈斯是一位极有魅力的、优雅的巴黎女子。他在听完她演奏的莫扎特 C 大调钢琴协奏曲的现场音乐会后，为她辩解道："第二乐章中重复段的左手和弦有点过于强烈，报纸也因此批评她。我不认为她应该对此负责：因为这完全是施坦威钢琴及其失衡的音域所造成的。真糟糕，批评家们再一次表现出了无知。"②

里赫特对合作过的非常卓越的西方女性音乐家几乎无一例外地抱有一种将她们作为理想人格的爱慕之情，但是对他身边的女钢琴家，就显得严格。这或许也是源于羞涩，即对于生活中比较近的女性，反而可以减少在她们面前的距离感，降低羞涩，而不采用颂扬的态度，以更真实的视角来评价。这里举两个例子，关于尼古拉耶娃与尤金娜。

《对话》中两度评价尼古拉耶娃的录音，都无好感。1971 年 2 月，评价她弹奏巴赫的 G 大调第五法国组曲："一名戈登维泽的学生。一位有名的艺术家；尽管如此，她的演

---

① 莫妮克·哈斯（1909–1987），法国钢琴家，不仅擅长古典曲目，对 20 世纪的作品也演绎出众，比如里赫特特别期待听到她演奏的斯特拉文斯基的狂想曲，并渴望学习它。参见 *Notebooks and Conversations*, p. 178。

② *Notebooks and Conversations*, p. 254.

奏毫无说服力，以至于我一直注意到自己没听进去。"①
1988 年 11 月，评价她弹奏贝多芬的《迪亚贝利变奏曲》：
"她确实完全不懂她在弹的东西。这种速度会损害人的健
康；其余的部分则枯燥乏味，缺乏灵感。"②

　　相较而言，对尤金娜的看法层次更多，也更为中肯：

> 　　玛丽亚·维尼亚敏诺芙娜·尤金娜是一位令人起敬
> 的怪才（monstre sacré）。我和她认识，但敬而远之——
> 大家都说她古怪，以至于每个人都躲着她。就她自己而
> 言，表达了对于我的一些质疑与批评。她这样说我："里
> 赫特？哈！作为一名钢琴家，他擅长拉赫玛尼诺夫。"
>
> 　　在她嘴里，这并不是一句褒奖的话，尽管她有时
> 也会弹拉赫玛尼诺夫。她在 20 世纪早期毕业于彼得
> 格勒音乐学院，与弗拉基米尔·索夫罗尼茨基（Vlad-
> imir Sofronitsky）同期……在她生命的最后阶段，尤金
> 娜是一个狂暴的形象，就像克吕泰墨斯特拉（Clytem-
> nestra）③ 一样，在她的音乐会上，总穿着黑色衣服、
> 运动鞋。
>
> 　　……
>
> 　　她关心穷人，收留他们，自己却过得像个流浪

---

① *Notebooks and Conversations*, p. 173.

② *Notebooks and Conversations*, p. 329.

③ 克吕泰墨斯特拉，希腊神话中迈锡尼王国的王后，在丈夫阿伽门农
　出征特洛伊期间，统治国土。在阿伽门农归来后，为了争夺权力，
　杀害了丈夫。

汉。一个古怪的女人，也是一位出类拔萃的艺术家，总感到需要去创造。说实话，我不喜欢她。她很真诚，但在我看来，她和作曲家的关系就不是那么真心。① 尽管如此，我还是在她的葬礼上演奏了拉赫玛尼诺夫。②

在里赫特心里，这些女性要么是夫人、皇后，要么是希腊神话中的女神，或衣衫褴褛的乞人，他在艺术幻想中追寻这些理想形象。除了杜丝，他其次爱慕的女演员是玛琳·黛德丽，③ 彼此为好友。1992 年 5 月 15 日，当里赫特听到黛德丽的死讯时，他正在慕尼黑准备演奏会，当天他送了 500 枝玫瑰到柏林她的葬礼上，并把慕尼黑独奏会题名为"纪念伟大的德国艺术家，玛琳·黛德丽"。极致的深情与浪漫！演奏会上的音乐也异常安静深沉！④

五

多莲卡年轻时的容貌与杜丝颇有几分相似。里赫特初

---

① 里赫特认为尤金娜擅长演奏肖邦、拉赫玛尼诺夫、斯克里亚宾、欣德米特这些"感伤作曲家"。参见 *Notebooks and Conversations*，p. 189。

② *Notebooks and Conversations*，pp. 48 – 52.

③ 玛琳·黛德丽（Marlene Dietrich, 1901 – 1992），德裔女演员，好莱坞传奇。希特勒倾慕她，巴顿将军迷恋她，作家海明威也对她书信传情。

④ CD 参考编号：Live Classics LCL 481。

到音乐学院学习时，由于参加一位乐手的葬礼，第一次看到多莲卡，惊为天人，说她竟像一位公主。从那次一见钟情，直到他去世，二人形影不离，终生厮守。里赫特还记得初次看见这位伴侣的情景：

> 当我 1937 年被音乐学院录取时，一位单簧管手刚刚去世，那是一场平民化的葬礼，由此我出席了追思音乐会，许多音乐家都参与了。伊贡诺夫弹奏了柴可夫斯基《四季》中的一个乐章，涅高兹演奏了一首勃拉姆斯间奏曲；格季克①以管风琴为大提琴家谢林斯基（Sergei Shirinsky）伴奏拉赫玛尼诺夫的《练声曲》——一点儿也不合拍。最后，一位歌者演唱了《索尔维格之歌》与《摇篮曲》。② 这让我喘不上气儿，在我看来，这位歌者真是非同一般。而且，她美丽出众，是一位真正的公主。我开始问我周围每一个人："那么，她是谁啊？她是谁？"他们告诉我她是尼娜·多莲卡。③

多莲卡系法裔，父亲是法国人，母亲是法德混血，她父亲过世比较早，她不愿提他。里赫特母亲给他带来未平

---

① 亚历山大·格季克（Alexander Fyodorovich Gedike, 1877－1957），俄罗斯作曲家、管风琴演奏家，因将多部巴赫管弦乐作品改编为重要的管风琴作品而享有盛誉。
② 格里格管弦乐套曲《培尔·金特》中的声乐名曲。
③ *Notebooks and Conversations*, p. 58.

的创伤，这似乎与多莲卡父亲带给她家的创伤同样脆弱，人们无法得知具体情况到底怎样，即使她最亲近的朋友，也所知甚少。多莲卡母亲是一位优秀的瓦格纳歌者，谙熟歌唱技巧，多莲卡的启蒙正是从母亲那里得到的。多莲卡的音量不甚洪大，但在里赫特看来却非常美。[①]

里赫特开始追求多莲卡是在指挥家尼古莱·安诺索夫（Nikolay Anosov）[②] 的建议下，他鼓励里赫特给她做伴奏。从 1945 年开始，一直到 1961 年多莲卡息声为止，二人合作了大量俄罗斯作曲家的歌曲，以及法国作曲家的作品（多莲卡的法语非常好），包括德彪西、拉威尔等，当然还有德奥歌曲。比如当时在苏联还没有人唱过雨果·沃尔夫（Hugo Wolf）[③] 的歌，是他们二人通过多莲卡在莫斯科的独唱会首次在苏联将沃尔夫的歌唱响，虽然当时没什么人愿意听。[④] 里赫特接受长辈建议开始接近多莲卡的时候，他非常羞涩，有一次跟在她后面，很长时间才开口说：

"我想和你开音乐会。"

---

① 参见 *Notebooks and Conversations*，p. 61。
② 安诺索夫是俄罗斯著名指挥家根纳季·罗日杰斯特文斯基（Genady Rozhdestvensky）的父亲，后者与里赫特有过多次合作。
③ 雨果·沃尔夫（1860 - 1903），奥地利作曲家，1897 年精神失常，最后死于精神病院。他创作的歌曲可以与舒伯特作品对比，其中一个特色是他使钢琴从伴奏的地位上独立出来，与歌者并行不悖，而不像舒伯特那样将二者融合得恰到好处。沃尔夫强调按照唱词的重音和分节来为诗歌谱曲。
④ *Notebooks and Conversations*, p. 61.

"开音乐会？——这是什么意思？你弹上半场，我唱下半场？"

"不！我想为你伴奏。"①

然而，莱斯姆森认为这对伉俪始终只是维持契约关系，多莲卡谢绝舞台后，一度成为里赫特的经纪人与管理者，他们的收入都由她来支配，② 她来决定里赫特可以见什么样的朋友，举办什么样的晚会。里赫特确实说过，如果没有多莲卡陪伴，他不愿意演出，不愿意出国工作，音乐会将失去意义，这可以被解读为多莲卡强大的控制力，也可以被解读为二人唇齿相依的感情，无奈莱斯姆森选择前一视角，因为他始终认为里赫特除了艺术造诣，在生活上没有自我控制的能力。对于这种论调，笔者只能表示遗憾，因为这位作者不理解里赫特对女性所具有的独特情感，甚至不能相信爱情的理想主义。③ 里赫特去世后一年

---

① *Richter*：*Pianist*，p. 84.

② 里赫特除了缺乏政治观念，也欠缺经济头脑，他从来不知道自己的音乐会赚了多少钱，也不知道该怎样花钱，除了外出宴席上的海味珍馐、佳馔美酒，他日常的饮食无非土豆面包。

③ 莱斯姆森认为多莲卡具有女同性爱倾向，二人为了避讳当时社会环境及政策，不得不相互保护，变成形婚关系。（*Richter*：*Pianist*，pp. 84 – 88.）但是他对多莲卡提出的研究证据比里赫特的还少，几乎没有。莱斯姆森还认为里赫特的大多数财产都被多莲卡花在了一个外甥的身上，他是一个名不见经传的三流演员，没有才华，却自视甚高，有不良嗜好，而多莲卡无理由地保护他，为他付出。（*Richter*：*Pianist*，pp. 262 – 263.）但是他的这些分析都来自所谓"匿名者"的材料，并且也不指出这个外甥姓甚名谁，始（转下页注）

183

内，多莲卡就离开了这个世界，她似乎完成了守护天使的使命，随他而去。

生活究竟是什么呢？除了恩恩怨怨，是是非非，爱恨情仇这些偶然来、必然去的纷纷杂杂的事，还有一些不变的恒数造就人生品格与价值，那就是：传统、身体、朋友、女人（或男人）、伴侣等。它们是生活的限度，它们有多高，理想的人格就有多高，它们有多真实，就决定了世界有多真实。在音乐界周遭，里赫特确实选择了普罗科菲耶夫那一边，这是与他学习时期的个人命运与环境相关的；有幸的是，他处在俄罗斯音乐兴旺繁荣的一个周期之内，亲身接触到那么多伟大的作曲家，以及感受到他们之间的张力；当然也有幸从老师那里得到了在不朽的实践中合理地利用身体的真传，以使自己在未来几十年的演奏中所向披靡，几乎很少有人超过他钢琴生涯的时间长度；在这漫长的历程中，他把让自己最具安全感的、最具价值属性的判断方法运用在与人相处上，在友谊中结晶，在伴侣处升华。生活肯定有得有失，如里赫特这样真诚的人也只能尽量达到完美的一面，而无法到达最完美的理想主义的彼岸。理想主义只是理念的种种变形，它残缺地被生命承载着，人们所不了解的另一面，才是最美的。

（接上页注③）终以"X"指代，也就是说，他也可能不知道他是谁。另外还有人制造谣言说里赫特之所以在遗嘱中把所有财产捐献给国家，就是怕多莲卡转手把遗产留给她外甥。哪怕是在人之常情看来，也属无稽之谈。里赫特是国际知名的大艺术家，其身后的一切自然属于人类，不是哪个人能窃取的。可见莱斯姆森选用材料之见识短浅。

托马斯·曼将理想主义划出一条边界，一边是"熟悉得令人感到乏味的理想主义，这种理想主义只会对新事物构成干扰"，它总是以漫无目的、死气沉沉的批判论调看待周围一切；而在另一边，人们会做得更好，让想象紧贴着理智的过程，并在逐渐成熟的框架内去了解那个"即将来临的、已经暗中形成的世界"，那是一个既旧且新的革命复发的世界，一系列价值与之相关：真理、自由、权利、理性。人类历史上，在积极的理想主义中行走的人，不予考虑进步或后退，不是将未来与过去合二为一，而是接近一个原点，走一个圆圈。① 德国哲学家阿多诺认为，在真理性上，哲学与艺术是重叠的，艺术作品的意义之所以能够被哲学解释，乃是因为它们之中蕴含着同一个真理概念，"审美经验务必转入哲学，否则就不是真正的审美经验"。②

音乐是唯一在时间中造型的艺术，其他艺术形式都普遍体现在空间中，比如建筑、雕塑和绘画。在德国古典哲学的传统中，时间与"想象的存在者"（ens imaginarium）是一体的，③ 亦即时间本身并不表象，它是无，不具有质料，而人们想象所有的表象必然"在时间中"才会相关联，毋宁说，时间是先验想象的产物，同时也是一切感性化的源泉。④ 这些基本观点可以解释何以在普鲁斯特那里，音乐既是与一切生命表象相关的感觉或者幻觉，又是一种与死亡相关的无。⑤ 正像哲学家所追问的那样：为什么在

---

① 〔德〕托马斯·曼：《浮士德博士》，罗炜译，上海译文出版社，2016，第474页。这部小说是用哲学与音乐、社会与历史的种种关联性论证所锤炼出来的作品，它受到了德国哲学家特奥多·阿多诺（Theodor W. Adorno, 1903－1969）多方面的提点。

② 〔德〕特奥多·阿多诺：《美学理论》，王柯平译，上海人民出版社，2020，第195－196页。

③ 这个观点源于康德。参见〔德〕伊曼努尔·康德《纯粹理性批判》，李秋零译，中国人民大学出版社，2004，第269－270页。

④ 这个观点源于德国哲学家海德格尔，这是对康德观点的批判性改造。参见〔德〕马丁·海德格尔《康德与形而上学疑难》，王庆节译，上海译文出版社，2011，第184－186页。

⑤ 同样的观点被表达在德国哲学家谢林的书中："声（音）一方面是某活生生者，自为者；另一方面是时间范畴的基本量（转下页注）

一个音符的声响刚刚结束之后它就已经不再存在，而我们却能够滞留着地回忆由它所参与编织的那一段旋律?[①] 亦即，人为什么能够感知和理解"音乐"?

感知音乐的本质在于"听"。听的活动实质上是一个复杂过程汇同的简单性，它单纯地几乎不被人的经验加以分析和注意。例如，从物理层面看，当一个声响传进耳中，它一定经历了一个极为短促的传播瞬间，但这个声速的瞬间被忽视了，好像声音的发生与人耳听见它是"同时的"。从生物学角度看，空气中传递的声波要在柯蒂氏器毛细胞的分泌液中被变成神经信号，在大脑听觉皮层位于颞叶（它也与记忆与情感相关）的部分形成知觉。[②] 这些过程在经验中是潜移默化地作为无的，无法察觉。

人们听见那个"声源"，把它当作声音，然后去判断。对它的描述却总不如对视觉现象的形容那么丰富，无非使用强、弱、快、慢、远、近这些时空性概念，虽然对于音色的描绘会稍多一些，[③] 但也极为有限。但声音的差异性

（接上页注⑤）（纲），而非属空间范畴。"〔德〕弗里德里希·谢林:《艺术哲学》（上），魏庆征译，中国社会出版社，1996，第158页。

① 这个问题是德国哲学家胡塞尔提出的。见〔德〕埃德蒙德·胡塞尔《内时间意识现象学》，倪梁康译，商务印书馆，2009，第68 - 69页。

② 对于节奏（rhythm）的知觉就是对于声音的量的知觉，即对时间感受的知觉；对音色（timbre）的知觉就是对声音的质的知觉；而对旋律（melody）的知觉就是对声音关系的度量的知觉。

③ 如明代徐上瀛《溪山琴况》中的恬、逸、雅、丽、亮、采、洁、润、圆、坚、宏、细。

实则千差万别。① 声音之多样性一经"音乐"敉平，与听觉相对应的就不再是响动，而直接对应精神。音乐的内涵比之声音（乐音）具有更多的统一性（或同一性）。因此，在黑格尔看来，"听觉像视觉一样是一种认识性的而不是实践性的感觉，而且比视觉更是观念性的"。② 同样，汉斯利克认为，音乐的"精神上的意义只能从明确的乐音形式美中取得。那是人类精神在可与精神相容的材料上，自由塑造的创作成果"③。

涅高兹是在思想上重视音乐向哲学转化的代表，他说："当我十五岁的时候，我认为贝多芬没有把自己的音乐'磨练'成为哲学是一件很遗憾的事，因为我想，他的这个哲学一定要比康德和黑格尔的哲学好，比他们的深刻、真实、合乎人情。"他接着对此补充道："那时我对康德，特别是黑格尔的理解非常肤浅，而对贝多芬的理解却相当不错，自不待言。"④ ——那么，不妨看看黑格尔的话：

> 音乐家……有时以较独立自由的方式把某一种情调纳入一种音乐主题的形式里，然后进一步加以发展；但是他的乐曲的真正活动范围却仍是偏于形式或较抽象的内心生活和纯粹的声音，而他对内容的深化

① "夫吹万不同"，语出《庄子·齐物论》。
② 《美学》第三卷上册，第331页。
③ 《论音乐美》，第140页。
④ 《论钢琴表演艺术》，第5页。

并不是使它外现为一种图景，而是一种返回到他自己
内心世界的自由中的过程，一种反躬内省的过程，而
在音乐的许多领域里也是一种信念的确立，即确信他
作为艺术家有离开内容而独立的自由。如果我们一般
可以把美的领域中的活动看作一种灵魂的解放，而摆
脱一切压抑和限制的过程，因为艺术通过供观照的形
象可以缓和最酷烈的悲剧命运，使它成为欣赏的对
象，那么，把这种自由推向最高峰的就是音乐了。①

音乐与自由结合的命题显示在哲学中。无论是音乐家
还是哲学家，彼此隔岸相望的，是音声的浩无边际的海
洋。——听音乐与听闲言不同，语言可以在语言中复制、
增生，如攻讦、诋毁，音乐却永远不存恶意，虽然偶尔会
有玩笑性质。② 听音乐的听是纯粹地听，听语词的听是偏
好地听。换言之，听音乐更自由。

托马斯·曼则把贝多芬式的创造的自由这样来定义：
自由恰恰成为普遍经济的原则，这种原则不允许音乐里有
任何偶然的东西，而且还从被同一性固定的材料当中发展
出极大的多样性来。③ "音乐是一种野生的东西……它的各
种元素，旋律、和声技巧、对位、形式和配器，其历史发
展均是杂乱无章且彼此独立的。每当一个孤立的素材领域

---

① 《美学》第三卷上册，第 337 页。

② 如莫扎特的《音乐玩笑》(*Ein musikalischer Spaß*，K. 522)。

③ 《浮士德博士》，第 246 页。

在历史上得到促进并被划归较好的级别时，其余的总会落在后面并在作品的统一性中对这个通过进步性得以维持的发展阶段进行嘲讽。……当务之急恐怕应该是同时发展所有的范畴，让它们从彼此之中产生，以达到一致。重要的事情恐怕就是音乐范畴的普遍的统一。"① 贝多芬在创作时说过一句话——"要保留一定程度的自由。"②

在托马斯·曼看来，"音乐实际上是一切艺术之中最富于精神的艺术"，不折不扣的音乐是精神性的，因为"音乐的最深沉的愿望不是被听见、被看见、被感觉到，而是，如果有可能的话，在感官的、甚至是情感的彼岸，在纯粹精神的王国里被倾听、被观看"。③ 甚至，有一种乐器，也就是"一种音乐的实现手段，通过它，音乐虽然可以被听，但却是用一种半非感性的、几乎是抽象的和因此而根据其所特有的精神性质的方式来被听的，这就是钢琴"。④

听钢琴甚至比听管弦乐听得到更多的"音乐"（或者说音乐性），虽然管弦乐队会产生更丰富的声音。无论涅高兹还是里赫特，都把诸如穆索尔斯基的《图画展览会》或巴赫《平均律》的钢琴版本远远置于其管弦乐或古钢琴、羽管键琴版本之上，其原因或许即在于：无论钢琴自身的限制如何，它的精神性、自由度在器乐表达中是最强

---

① 《浮士德博士》，第 247 页。
② 《浮士德博士》，第 72 页。
③ 《浮士德博士》，第 81 页。
④ 《浮士德博士》，第 82 页。

的。涅高兹和里赫特都推崇托马斯·曼，① 可以看出，后者在音乐的精神性与哲学的自由之间建立了桥梁，并切实指出这座桥梁可以是钢琴。而在钢琴家里赫特的精神世界中，表达听与自由之关系的命题象征则是——镜子。

一

有一次，里赫特的演奏会将迎来诸如钢琴家吉列尔斯、肯普夫、拜伦·贾尼斯②，以及举世闻名的歌剧红伶玛丽亚·卡拉斯③、好莱坞电影名角格蕾丝·凯

---

① 例如涅高兹写道："最好是认真阅读托马斯·曼的长篇小说《浮士德博士》（第八章）中的一个主人公——音乐家文德尔·克列奇马尔的报告：《为什么贝多芬没有为 op. 111 钢琴鸣曲谱写第三个乐章?》。报告是由凯撒斯劳腾市的一名口吃演讲者的当众演讲，当时在场的听众中有小说主人公——作曲家阿德里安·莱维尔琼。"（《涅高兹谈艺录》，第 417 页。）可见他是非常熟悉这部小说的。

② 拜伦·贾尼斯（Byron Janis, 1928 - ），美国钢琴家，被誉为"美国的里赫特"。其演奏善于刻画浪漫主义作品的艺术形象，在俄国非常受欢迎，也是最早由俄国唱片公司录音的美国钢琴家之一。贾尼斯因病长期脱离乐坛，却在 70 岁高龄克服身体障碍，重返舞台。他的录音不多，却被看作 20 世纪最伟大的钢琴家之一。

③ 玛丽亚·卡拉斯（Maria Callas, 1923 - 1977），美籍希腊裔女高音歌唱家，一生扮演过 43 个角色，演出超过 500 场次。其音质不够高亢、甜润，但是能将角色的灵魂通过歌唱赋予真实的生命，映照在她身上的女性悲剧角色往往在舞台上呼之欲出，深深打动观众，受到狂热追捧。里赫特非常崇拜她，他唯一一次拜访她是在巴黎她的寓所，临别时，她对他说："不要忘记我，永远也别断了咱们之间的联系啊……"（*Notebooks and Conversations*, p. 371.）

利①等座上宾。他为此有些紧张。那场音乐会的钢琴调音师是日本的村上辉久（Teruhisa Murakami）②，村上回忆

①　格蕾丝·凯利（Grace Kelly，1929－1982），美国影星，史上最具传奇色彩的女明星之一，1956年嫁入摩纳哥王室，成为摩纳哥王妃。这次莅临里赫特演奏会已是王室身份。

②　村上辉久来自东京雅马哈公司，他是里赫特最信任的调音师之一，二人长期合作。村上写道："相遇里赫特，友情三十载：在1967年夏季举办的第18届芒通（Menton）音乐节上，我收获了人生最珍贵的财富，那就是与里赫特相遇。自上一年春季有幸成为米凯兰杰利的专属调音师后，周转欧美诸国时又收到了巴黎经纪人的委托，意外受招成为芒通音乐节的官方调音师，成功为里赫特调音。我是通过唱片了解他的音乐的，一下子就成了乐迷，一直都期待着听到现场演奏，因此这次工作令我非常兴奋。那次夏季音乐节计划以钢琴家们为中心，除了芒通，里赫特也被邀参加周边城市——昂蒂布（Antibes）、圣特罗佩（Saint - Tropez）及意大利切尔沃（Cervo）等地的音乐节，单是独奏会就办了4场。各地乐迷都满怀喜悦与期待，失败是不被允许的，就算这么说，那时的我也只是进行最基本的调音，无从得知他的喜好。我的工作是从切尔沃开始的，当时里赫特仅穿了一件衬衫，显得十分随性，他用温柔的笑容缓解了我的紧张——钢琴的事情也是——说'琴键如果手感再硬一点会更好'之类的话，并照顾着我的感受提出意见。当晚的节目单，前半场是贝多芬的奏鸣曲，后半场是舒伯特的即兴曲和幻想曲，那样动人的《漫游者之歌》我是第一次听到，催人泪下。第二天，芒通音乐节的会场中除了肯普夫，音乐家、评论家、名人齐聚一堂，其中还有格蕾丝王妃、玛丽亚·卡拉斯的身影。为迎接正式演出，我再次为钢琴进行调音，让琴键手感重了一些。演出大获成功后里赫特开心地拥抱了我。音乐节演出成功的消息没多久就传遍了世界。自那以后30年间，我和里赫特一直维持着长久的友谊。他还有一大与他人的不同之处，那就是演出曲目之多。他每季都会将节目单全部换掉，从巴赫到欣德米特，他本人也常称还有许多想尝试的曲目，每日花数小时埋头练习。对我来讲，像这样宛如神仙般的巨匠大概只有他一人了。"（此则材料由惠紫从日文版CD内页译出，感谢她的帮助！）

道："我把键盘调低了总计一张纸那么薄的尺寸（0.2 毫米），并在弦槌与琴弦之间扩张了 0.1 毫米的距离。这是在调音师对钢琴所做改变的界限范围之内的。我用这种方法调谐了钢琴的机械，为的是让里赫特按键时感受到更大的重量。"音乐会结束后，对此非常满意的里赫特拥抱了村上，并说："调得真棒！"这句评价被当地记者作为文章标题刊行在了报纸上。[1]

里赫特钟意雅马哈（Yamaha）钢琴，如果有条件，巡回演奏会上他会携带它们。但是诸如西伯利亚之旅，凡到达偏僻的乡村、校舍、礼拜堂，只要有钢琴他就愿意奉献演出，所以，在他自己看来，他是不挑剔钢琴的。或许只有在重要人物参加的场合，他对钢琴才会表现得那样在意。

里赫特认为 60 年代使他名声大噪的美国之旅在演奏上并不成功，其中一个原因就是美国人让他在太多的钢琴中进行挑选，这本身和音乐无关，反而带给人一种心理压力：

> 我在美国发挥不佳的另一个原因还在于我被允许选择我自己的钢琴。有好几打儿钢琴摆在我的面前，乃至于我花掉所有时间在想我是不是选错了。对于钢琴家来说，没有比让他选择即将演奏时所需使用的钢

第四章

自由

---

① *Richter*：*Pianist*, p. 197.

琴更糟糕的事了。无论音乐厅里的钢琴碰巧是什么样子的，你都应该把它当作命运的馈赠，一如既往地演奏。这样，从心理学的角度，一切就变得容易得多。

我还记得伊贡诺夫对我说过："你不喜欢钢琴！""可能是这样，"我回答道，"我更钟情音乐。"我从来不挑钢琴，也不会在音乐会前试弹。这是没用的，令人士气低沉。我把自己托付给钢琴调音师。只要状态好，无论乐器怎么样，我都适应，而一旦我产生了怀疑，就将永远不会成功。你必须相信，除了圣彼得，你也可以在水上漫步。如果你不信，就立刻沉下去。但是我必须说，因为雅马哈让他们的钢琴达到了我的期望，我找到了寻找已久的东西：使声音独一化的可能性以及创制真正的"最弱音"、极致的"最弱音"的可能。再没有比这更勾魂的效果了。

在俄罗斯最深处，我总是不能拥有这些趁手的乐器——差得远；但我不在意。无论如何，我有时候总能够在极差的钢琴上奏出极好的音乐。例如几年前，我不得不在巴黎的苏联大使馆举办独奏会。钢琴调音师看了一眼他们的施坦威就告诉我说，他认为这架钢琴没法儿弹。我立即取消了音乐会。那位大使则无视我的取消——这些人总是这么做事情。音乐会那天下午五点，他打电话给我："观众们要来了。我怎么办？给自己一枪吗？"他的话触动了我的同情心，所以我决定不论怎样我都会去，虽然坚信这场音乐会会变成一场灾难。我一边登台一边想，"让钢琴和他们一起见鬼去吧"，随后，就开始弹奏勃拉姆斯的升 F 小调奏鸣曲。那可能是我那一季最成功的音乐会。①

里赫特与钢琴朝夕与共，但在乎的不是钢琴，而是经由钢琴达到的，即钢琴之表达、钢琴之目的，这便从物质性的存在中争取到了一丝自由。② 他不像有的钢琴家那样喜欢收集钢琴，③ 却终日与钢琴耳鬓厮磨。

---

① *Notebooks and Conversations*，p. 110.

② 按照康德美学，这其中包含了对崇高的敬重，以量定什么是"大的"及"小的"："如果我们关于一个对象直截了当地……只是关于该对象的表象的一个反思判断，这表象对于我们的认识能力在大小估量上的某种应用来说是主观上合目的的；……在这种情况下，我们就在任何时候都把一种敬重与这个表象结合起来……我们甚至把美也称为大的或者小的……"（《判断力批判》，第 259 页。）也就是说，里赫特没有把钢琴作为一个对象物而看待，在对象物之上存在有比它更高的理念，即音乐，所以钢琴是通往这个目的的表象物。他由对此目的的敬重，把钢琴的价值看得相对小，而音乐则至大无边了。乐器就是工具（The instrument is instrument）而已。

③ 例如奥地利钢琴家保罗·巴杜拉 - 斯柯达（Paul Badura - Skoda，1927 - 2019），他收藏了多架古钢琴，将钢琴看作一种历史文化遗物的杰出典范。大卫·奥伊斯特拉赫结束了与里赫特搭档之后，转而与斯柯达合作，他最后一场音乐会的伴奏者即是斯柯达，并且二人合作录音了部分莫扎特小提琴奏鸣曲，非常卓越。因为晚年里赫特与奥伊斯特拉赫的学生奥列格·卡岗的合作日益增多，奥伊斯特拉赫甚至有些微嫉妒。但两对组合平分秋色，尤其是在莫扎特作品方面展开的竞争，为乐迷留下饕餮盛宴，只恨太少，永不嫌多。奥伊斯特拉赫与斯柯达的莫扎特温暖细腻，略带哀伤，卡岗与里赫特的莫扎特率性直接，所向披靡。两位大师在这里分道扬镳，各自展示了他们对莫扎特音乐的独特理解。

有一件悬案似不可解，在电影《谜》中，多莲卡证实里赫特每天练琴 10 个小时以上，蒙桑容在跟随大师的几年中，也发现他无时无刻不在练琴，然而里赫特却口口声声说自己每天练习时间不超过 3 小时，亲众哗然。蒙桑容笃定亲眼所见，认为里赫特所谓的"3 小时"全然是在心理上说服自己，而事实并非如此。[1] 然而，从里赫特本人的话语中，笔者认为可以分析出，他之所以长时间与钢琴在一起，并不是为了"练琴"，琴是生活和生命，是他身体和心灵的一部分，甚至是主要部分，他需要终日寻找乐音的完美度，就像作家平日习惯性的写作，对他来说不是练习写作，而是生存方式，只有在"创作"中的写作才是"练习"，所以，对于里赫特而言，处理不易弹奏的最难篇章，才算练琴。

> 我曾得到工作狂的美誉。据说我每天会花 10－12 小时在钢琴旁边，而且每次音乐会之后都会整晚把自己锁在房间里，以便继续工作于已经弹奏过的曲目上。没什么比这个说法更谬以千里的了。如果我在音乐会之后工作，这是为了排练或者是为了次日音乐会的新作品做最后的润色。也因为我德国式的迂腐，我很久以前就决定每天练 3 小时，这是我的日常配给量，只要我能，我就坚持。让我们算一算。365 乘以 3

---

① 参见 *Notebooks and Conversations*，p. 138 注释。

等于 1095。这样说来，我每年就需要 1095 个小时。长达多日的汽车旅行中是碰不到钢琴的；音乐会需要几个小时的排练（我不认为这是乐器练习）;[1] 疾病发作或不适以及偶然情形下的中断，有时一次持续 5 个月——它们都不得不被补上来。我在钢琴上装了一个计时器并试着做一个诚实的实际工作时间记录。但是我承认有那么几次我不得不工作得更久，尤其是到了最后关头——例如，当我要在四天内学会普罗科菲耶夫的第七奏鸣曲，或在一周内掌握拉赫玛尼诺夫的第二钢琴协奏曲（这不是个简单作品！）。但是，通常不会这样。那些关于我练习 12 小时的说法是荒唐的。

另一方面，我感到了与钢琴保持联系的需要，我无法想象不去创制某种声音的工作;[2] 因此，我每天 3 小时在钢琴旁边的每一分钟都竭尽所能，并且从最直截了当的原则出发，即简单的东西学起来快，难的东西是需要时间的。然而困难也有很多种：你会发现那些具有严格的技巧性本质的作品，如斯克里亚宾的第五奏鸣曲或李斯特的梅菲斯特第一华尔兹，恶魔般困难的曲子，我相信它们是曲目中最难的，我时常弹奏，直到滴水不漏。你不得不没完没了地练习。[3]

第四章 自由

---

[1]　比如在协奏曲中与乐队合作。

[2]　黑体部分为笔者所强调标出。

[3]　*Notebooks and Conversations*, pp. 138 – 139.

二

里赫特晚年遭受心脏病和听力退化所引起的抑郁症的折磨，即使在最艰难的日子，他也坚持每天与钢琴厮守数小时。疾病使他对钢琴的态度发生转变，之前"弹"（playing）的重要性逐渐让位给"听"（listening）。听觉的损伤对于音乐家而言，往往带来的负面结果是精神上的，这虽与职业相关，但也可以说明听与精神活动的直接对应。贝多芬从1800年前后开始遭受听力退化的困扰，那时他才年仅30岁出头，他在1801年6月29日致弗朗茨·威格勒（Franz G. Wegeler）的信中说：

> 我的双耳继续夜以继日地嗡鸣。我必须承认我过的悲惨生活。近两年来我停止参加任何社交聚会，只是因为我发现不可能对人们说：我聋了。如果我是做别的工作，我或许能应付我的弱点，但就我的职业而言，这就是可怕的残疾。我已经常常埋怨我的造物主和我的存在。普鲁塔克①为我指引了一条忍从的路。如果竭尽所能，我将反抗我的命运，尽管我感到我活得越长，我就越会是上帝最不悦的造物。我请求您不要把我的处境告诉任何人，甚至不要告诉洛辰②；我

---

① 普鲁塔克（Plutarchus, circa 46-120），罗马帝国时代历史作家，哲学家。

② 洛辰（Lorchen, 1771-1841），贝多芬一生中第一位爱慕的女子，本名 Eleonore von Breuning。

只把我这个秘密告知你。①

他不得不用意志力来对抗心灵和精神上的干扰，同样的问题也出现在涅高兹及普罗科菲耶夫的身上，正如里赫特告诉我们的：

> 我习惯于保持完美音准并通过耳朵重塑万物，然而我注意到自己的听力越来越糟糕。今天我不仅弄错了调子，把它们混为一谈，或者有时候我听到的会比实际的音高高两个音，只有低音音符不是这样，我会听到比之更低的音。由于一种大脑的软化和听觉系统的弱化，我的耳朵好像失调了一样。在我之前，涅高兹和普罗科菲耶夫都被这相似的症状折磨着——普罗科菲耶夫在他生命的末期听到的会比实际音高高整整三个调。这纯粹是折磨，当然也影响我手指的协调。它将耗尽一个人的音乐生命！②

30 岁的贝多芬在困境面前还尽量保持尊严，不想把事情公之于众，而 60 岁的里赫特已经可以坦然接受它，并从思想上区分"听"和"以为在听"这两回事，逐渐找到了心灵在"听"这件事情上纯然寂静的状态，贝多芬也一定是这样逐渐改变自身，才有那么伟大的创造。通过里赫

① Ludwig Beethoven, *The Beethoven Diary*, ed. by Iris Eggenschwiler and Sophia Gustorff, Baerenreiter – Verlag, 2019.

② *Notebooks and Conversations*, p. 140.

第四章 自由

特的话语，或许可以帮助人们找到接近伟大心灵的伟大状态的契机：

> 有时我会整夜躺在床上醒着，试图弄清楚自己听到了什么——我并不是真的正在听，而是"想"（thought）自己在听[1]——或是想要弄清它的音高。我曾经尝试着辨别出这些音符以及它们的原始和声，并改正它们，尽管这是最不愉快的无意义的事——ta raaa ra riii ri rii——可被各种构想的每一种音调在我脑中挥之不去。我终于意识到，这是一个相对朴素的作品的变体，建立在未发的和谐音级（harmonic steps）之上，奇怪的是，它的巨大影响在我童年时就有了：它就是拉赫玛尼诺夫的《练声曲》。就是它成为我自己早期作曲的无意识的范型。[2]

读者或许还记得本书引言中提到，涅高兹认为音乐的起源即在无意识或下意识当中，[3] 也或许还记得第一章中引用的涅高兹对贝多芬失聪所作的赞歌。[4] 他也曾遭受同样的经历，辨不清音高、缺乏对音质的鉴赏、听不清和声，但基本节奏型的律动在心中仍然构成音乐，甚至可以在"构想"中用想象的声音或"以为"存在的听力来作

---

① 或译为"以为自己在听"。
② *Notebooks and Conversations*, pp. 141 – 142.
③ 参看第 18 页注释①。
④ 参看第 47 页注释①。

曲，在思想中听，在纯粹的时间中构型，而非用耳朵听，换句话，纵使演奏家的能力受到干扰，甚至消失了，他们作为音乐家的事实仍然不变。在里赫特这个例子里，拉赫玛尼诺夫《练声曲》的最简单、最朴素的声律结构深植他心中，催促他成为一名真正的音乐家。可以说，音乐的存在甚至独立于乐音系统。"大音希声。"①

20世纪70年代以后，里赫特就再没有背谱演奏了，但不仅是因为他的听力在某种程度上使不上力了，就要借助视觉；实际上也是因为在听觉的虚无之上，仍能看见音乐的光。这种状态反而拉近了里赫特与作品的距离，使他能够真正谛听。当然他并没有像贝多芬那样完全变聋，所以情形好得多。他把对于音乐作品的聆听放在了关于它们的一切事务之先。演奏时一定要看乐谱，参加其他音乐活动则一定不看谱。或者说，音乐之于他这样的音乐家更真实了，他也因此更诚实了。

以下是里赫特的两段自述，读者可以进行比较：

A）在任何情况下，当远远有更好的事要做的时候，把脑子变乱，会有什么意义呢？这不利于你的健康，也带有虚荣的味道。的确，当你面前摆着一份翻开的谱子，还想保持同样的自由度就不简单——它②并不会直接起作用，还需大量练习——但是现在我已

---

① 语出《老子》。

② 指看谱演奏。

经对此习惯了，发现这有很多好处。首先，我从来不区分室内乐与专写给独奏家演奏的曲目。大家演奏室内乐就需要谱子，那么为什么作为独奏者就可以不要呢？其次，记下一首海顿奏鸣曲很容易，但是我更喜欢通过读谱奏出其二十分，而不是局限在自己的记忆中奏出两分。……最后，最重要的是，这样弹奏是更诚实的：你已知道它是如何在你面前呈现的，而你只是精准地把乐谱演奏出来。阐释者就是一面镜子，演奏音乐并不意味着用你自己的个性去染污作品，这构成阐释所有音乐作品的事则：不增亦不减。谁能记住作曲家所指示的所有演奏标记？做不到，演奏者就开始"表演"，而这正是我反对的事情。①

B）在听音乐的时候，我不喜欢手边备着曲谱。我的目的不是判断这部作品，而是享受它。我发现，提前知道长笛或双簧管将在哪个时刻进入，几乎是令人不快的；我不喜欢它，因为事物随后就失去了魅力和神秘感，那是我不想去捉摸的神秘感。他们假定音乐有一个学术面。但任何时候，我对学术和分析都无感。我弹协奏曲时从来不看管弦乐谱。我不看，我在听。以这种方式，万物对我来说都是惊诧，我可以让整个乐谱浮在脑海，并让我的想象力自由信步。②

---

① *Notebooks and Conversations*, pp. 142 – 143.

② *Notebooks and Conversations*, p. 153.

两段话都用到了"自由"（free）这个词，A）弹琴读谱时实现的自由与 B）听音乐不看谱时的自由；好像二者是相反的，但说的是同一件事，即在音乐面前的真诚。乐谱就是镜子，里面是真实的音乐与作曲家，演奏家成了它们的映像；反之，演奏家是一面镜子，他手下流淌出的音乐是作曲家的映像。当二者交相辉映，就没有谁能够按照自己的个性去"表演"，只能做到交互的"阐释"。镜子的比喻很妙。因为在 A）限制性的（凭借乐谱的）自由中，只有演奏者的让予，使音乐如其所是地显现，此处，让渡即自由；而在听音乐的时候，自由 B）捐弃一切学术化的分析，因为"听"本身就是自由、无所限制的。——其实，在限制性的自由层面，它的核心也是"听"，让渡地听：就像弦乐四重奏乐团中的一人聆听着其他三位的琴声，以校准自己演奏的音乐，共同的工作不可能脱谱。里赫特晚年花费大量精力参与室内乐演奏，① 可以说，工作

① 里赫特一生创办过两个音乐节，除了前文提到过的法国图尔地区的图赖讷音乐节，每年邀请世界著名的独奏家、歌唱家演出，还有在莫斯科的普希金博物馆于每年 12 月举办的"十二月夜音乐会"，由里赫特指定节目，邀请任何他想要邀请的人，在这个音乐节，每每上演的就是他与众多音乐家合作的室内乐。在一间布置得非常华美的大厅，宾客们穿着晚礼服，围着一架钢琴坐下来，钢琴后面是一扇大落地窗，透过窗户隐约可见莫斯科冬夜飘落的雪，其情景颇似浪漫主义时期舒伯特式的社交晚会。他的朋友们把带来的鲜花放在台前，而他就像在家中为朋友们演奏一样。里赫特清晰地记得其中一个献给舒伯特、舒曼、肖邦的浪漫之夜。（参见 *Notebooks and Conversations*, pp. 151 – 152。）苏联的旋律唱片（Melodiya）（转下页注）

的重心即转向了"听"，转向自由：

> 阐释者实在就是执行者，把作曲家的意图实施在字面。他不会往作品中添加任何不在作品中的东西。如果他有天赋，会让我们一瞥作品之真实，作品在其自身就是本真的东西，在他之内被映照出来。他无须控制音乐，而是要溶入它。我不认为我的演奏方式改变过。如果说改变过，我并没注意到。也许我只是开始以更大的自由来演奏，因为我摆脱了存在的桎梏，拒绝所有多余的和让我们会从是其所是（the essential）上分心的东西。通过把我自己关起来，[1] 我找到了自由。[2]

阐释即自由之镜。

三

什么样的人可以找到真正的自由？把自我让渡给理想

（接上页注[1]）公司出版过"十二月夜"的录音，气氛殊为温暖，音乐特别感人。CD 参考编号：Melodiya MEL CD 10 02204。

[1] 即作为一面镜子。演奏者不再是他自己，而是作品的映像。

[2] *Notebooks and Conversations*，p.153. 可以说，里赫特找到的是积极的自由、真正的自由。哲学家康德认为："……积极意义上的自由……亦即自由的自律，而这种自律本身是一切准则的形式条件，惟有在这条件下它们才能够与最高的实践法则相一致。"（〔德〕伊曼纽尔·康德：《实践理性批判》，《康德著作全集》第5卷，李秋零译，中国人民大学出版社，2010，第36-37页。）

的人，或者质朴的人。① 质朴是真实的前提。"镜子"不是谦辞，而是认识自己。② 涅高兹说："幼稚的人们有时认为，里赫特善于'故作谦虚'，他们觉得，他不可能看不到，也不可能意识不到，他的演奏对听众产生的实际印象；不太幼稚的人们以为，他对自己估计不足；一点也不幼稚的人们（我也天真地把自己算在这类人当中）清楚地知道，他表达的是最圣洁的真理。"③ 这个真理就是：无论多么有天赋、有才华、有能力，无论付出多少，他所能达到的艺术之标准以及美的理想，在每一项伟大的事业中都会显得微不足道。涅高兹在自己的老师利奥波德·戈多夫斯基（Leopold Godowsky）④ 那里学到这个真理，同样在里

---

① 托马斯·曼说："那是一个艺术家的生活；而又因为我这个质朴的人，被赋予了如此近观的使命，所以，我的灵魂对人类生活及其命运所怀有的全部情感，也就一股脑儿地集中到了人类存在的这一特殊形式上来。"（《浮士德博士》，第31页。）在他看来，质朴的近观与艺术家的生存本质，与对人类的关怀有关。感兴趣的读者还可阅读席勒的美学论文《论质朴与多情的文学》之第一章"论质朴"。

② "认识你自己"是古希腊神庙上镌刻的箴言，也是古希腊哲学的真理。

③ 《涅高兹谈艺录》，第418页。

④ 利奥波德·戈多夫斯基（1870-1983），俄裔美籍钢琴家，史上最伟大的钢琴家之一，能演奏19世纪绝大多数的钢琴作品，曲目范围十分广泛，其改编的肖邦练习曲至今被认为是最难演奏的作品。涅高兹受戈多夫斯基的影响很深，屡次在自己的书籍、文章中提及。涅高兹说："戈多夫斯基非常重视自己所处的时代，我是说他加工改编的肖邦练习曲，这种改编是一项不可思议的高难度工作，难就难在改变后的音乐在很多情况下，容易失去原作的诗韵和精神。但它们都是钢琴演奏技巧中最高学派的代表，历史给了它们应有的地位，它们作为'时代文献'保留了下来。"（《涅高兹谈艺（转下页注）

赫特的身上窥见了它。有一次，戈多夫斯基对涅高兹说："这个演出季我一共举办了 83 场音乐会，您知道有多少场令我自己满意？——只有 3 场。"①

谦虚这个词不足以说明此种人性，因为谦虚对应评价，谦卑一词也不是很好，谦卑缺少尊严。做到真实，如其本是，愿意应对最难的事，哪怕做不到，而不做多余的事，始终如一，这种品性就是质朴。戈多夫斯基教给涅高兹的是：演奏者最好能比较清晰并合乎逻辑地传达乐谱的内容。② 涅高兹认为正是这一点使他的老师掌握了肖邦乐曲中极为丰富的钢琴歌唱法，成为一代无与伦比的大师。③ 他进而认为，演奏者应该让听众感到"我演奏的是肖邦的作品"，而不该让人觉得"演奏肖邦的是我"。④ 这些看法

（接上页注④《录》，第 311 页。）德国著名钢琴家威尔海姆·巴克豪斯（Wilhelm Backhaus, 1884 - 1969）非常认可戈多夫斯基的肖邦改编曲，认为它们不仅能够极大地帮助自己在钢琴上完成难度技巧，而且提供了一种音乐性的支点，基于和声与对位，它们显得那样灵光四射，而使人们忘记了技术的错综复杂。参见 Wilhelm Backhaus, "The Pianist of Tomorrow", in *Great Pianists on Piano Playing*, p. 55。

① 《涅高兹谈艺录》，第 418 页。
② 《涅高兹谈艺录》，第 311 页。
③ 涅高兹比较了布索尼与戈多夫斯基的演奏："当布索尼演奏时，我们既可听到铜管乐声，也可听到小提琴发出的颤音，还可听到竖琴发出的柔和弦声。而戈多夫斯基弹奏出的钢琴声只有钢琴声，在他的演奏中，没有那种气势磅礴的热烈激情。然而，音色推敲的精细度，乐句那珍珠洒落的清脆声，演奏技巧的完美，加之那无可挑剔和高雅品味等，简直令人神往。"（《涅高兹谈艺录》，第 311 页。）
④ 《涅高兹谈艺录》，第 312 页。

与"镜子"是一致并一贯的。

涅高兹对于肖邦的认识是真理性的,① 刚刚 5 岁时的他听到母亲弹奏肖邦,"高兴得想哭"。② 任何一位真正喜爱肖邦的人都会有相似的感受。肖邦音乐的坦率、真诚、即兴性,是众所公认的。"肖邦是一个只有当外界触动他的神经和情绪时才会去认识外界的作曲家,他讲的是自己,说给他自己;他写的是自白。他的忧郁和感伤散发着一种迷人的芳香,因为这一切都是在生活中体验过和真实感受到的。"③ 普鲁斯特也这样评价肖邦:"……隐秘的病态音调在其狂乱的行动中保持着自省,此时只有感受,没有感情,经常是疯狂的冲动,从来没有舒缓,没有温柔,一味回归自身……"④ 回归自身,认识自己,⑤这是人的最朴素的真实。成长在浪漫主义氛围中的里赫特也懂得这份自由的珍贵。⑥ 所以,"对里赫特来说,在音乐

① "我已经悟到了肖邦风格的真实性和真谛。"(《涅高兹谈艺录》,第312 页。)

② 《涅高兹谈艺录》,第 310 页。

③ 《西方文明中的音乐》,第 823 页。

④ 〔法〕马塞尔·普鲁斯特:《驳圣伯夫——一天上午的回忆》,沈志明译,百花文艺出版社,2013,第 159 – 160 页。

⑤ 涅高兹认为肖邦的浪漫主义就是古希腊人的浪漫主义。他说:"是的,他的确是个浪漫主义者,但在早期的古希腊和晚期的古希腊,曾经有过类似的浪漫主义者。"(《涅高兹谈艺录》,第 257 页。)

⑥ 里赫特认为涅高兹对肖邦乐曲的弹奏是天才般的。1971 年 4 月 12 日他在自己的公寓举办了纪念涅高兹诞辰的私人聚会,邀请了同学扎克等人,一起聆听老师经常演奏的肖邦 B 大调夜曲和 F 小调夜曲的录音。1973 年 4 月 16 日,他聆听涅高兹演奏肖邦 E 小调（转下页注）

艺术中，最重要的是揭示音乐的哲学和诗歌实质，讲述他本人反复思考和感受，由此产生严格而朴实的演奏艺术风格"。[①]

为什么人们听到一首乐曲的时候会"高兴得想哭"呢？难道不是因为"自由"？难道不是因为感受到被自由所爱吗？在涅高兹看来，肖邦"在音乐艺术中的严格原则、在钢琴风格中的革新和无与伦比的美妙等，所有这些，只有以自然性和表达方式的纯朴性为条件，才具有真正的活力"。[②] 在各种关于肖邦的创作特点和风格的评价中，人们常常遇到一个很难翻译的波兰词语"zal"，大致的意思是悲伤或忧伤，但这不是单纯心灵的痛苦哀鸣，而是饱含着对人们的爱，在宽广的胸襟中无法言传的深厚的悯恤之情，毋宁说是慈爱的悲悯，是"怜悯、温柔、同情、热爱的结合"。[③] 肖邦好像音乐世界的一个特例，他生活在浪漫主义时期，创作却是古典主义的，然而又脱离了

（接上页注⑥）协奏曲的录音，在日记中写道："每次听这段录音（我已经记不清听过多少次了），我都觉得自己置身于典范性的、活生生的肖邦阐释之中。贵族品味的解读，换句话说，简单而且自然。"（*Notebooks and Conversations*, p. 200.）他认为老师演奏的肖邦是最好的，另外比较欣赏未成名前的德佐·兰基（Dezsö Ránki, 1951 - ，匈牙利钢琴家）的诠释，但是对自己演奏的肖邦总持有批判态度，对其他钢琴家也是如此，例如霍洛维茨、毛里奇奥·波利尼（Maurizio Pollini, 1942 - ，意大利钢琴家）等。看来，通过演奏肖邦而达到质朴的境地也并非易事。

① 《涅高兹谈艺录》，第 347 页。
② 《涅高兹谈艺录》，第 313 页。
③ 参看《涅高兹谈艺录》，第 313、317 页。

贝多芬式的古典主义传统，① 几乎所有的作品都为钢琴所
作，唯独在钢琴中找到了自我坦白的力量，这使得肖邦几
乎是不可比较的。②

　　为什么钢琴之于肖邦、肖邦之于戈多夫斯基、涅高兹
以及他们所传承的音乐表现，具有独特的意义呢？钢琴之
于音乐是怎样的真理性？所有纷杂的意见都不如托马斯·
曼所解释的那样精到、鞭辟入里：

　　　钢琴会通过抽象使得一切变得平坦，③ 既然管弦
　　乐的灵感经常就是灵感自身，就是其本体，④ 那么，
　　钢琴上几乎经常留不下器乐的一丝痕迹。钢琴就是
　　一个纯粹的记忆的工具，⑤ 它所回忆的是那些人们先
　　前在现实中不得不经历过的事情。⑥ 但这种抽象同时
　　又意味着一种高贵性，⑦ 这种抽象，它意味着音乐的

① 保罗·亨利·朗认为肖邦的古典主义恰好与贝多芬的古典主义是对
　　立的，他不被高高在上的形式法则所支配。参见《西方文明中的音
　　乐》，第 822 页。
② 虽然斯克里亚宾与拉赫玛尼诺夫都模仿肖邦，但肖邦"这样的独创
　　性是不可模仿的。试看斯克里亚宾的前奏曲，它们被复制出来的只
　　是肖邦前奏曲的某些外貌，而不是其本质，它们的本质是在人的最
　　隐秘的心弦上引起共鸣"。（《西方文明中的音乐》，第 822 页。）
③ 变得朴素。
④ 例如贝多芬的交响乐对瓦格纳的影响，而瓦格纳几乎不从事钢琴作
　　品创作。
⑤ 像是一面平坦的镜子，记住音乐的形象。
⑥ 例如肖邦在反映外界时才开始创作。
⑦ 如涅高兹评论戈多夫斯基的那种高贵性，以及里赫特评价涅高兹的
　　那种高贵性。

高贵性本身，① 这种高贵性就在于抽象的精神性，② 而倾听钢琴和为钢琴且只为钢琴而写的伟大音乐的人，既是在听这个音乐，也是在看这个音乐，彷佛没有感性的媒介，③ 或者是通过最少的感性的媒介，④ 似乎是置身于一种纯粹的精神的氛围。⑤

托马斯·曼所理解的音乐本质，就是倾慕（理想）和悲伤（比如贝多芬丧失了听力，一颗憔悴的心远离现实世界；再如肖邦的"zal"），这一切就是爱，或者去实现爱与被爱的自由：

> 倾慕和悲哀，倾慕和忧愁，这不几乎就是爱情的定义？⑥

这也是里赫特在舒伯特的音乐中看到和把握到的真理。所谓"德不孤，必有邻"。⑦

音乐中实现的自由如果在钢琴上被抽象为精神性地反

---

① 乐谱中的音符、听众听到的乐音、音乐家理想中的音乐，乃至钢琴，在此都是同一的。

② 即如自由。

③ 音乐的创造是可以脱离乐音的。

④ 通过纯粹的"听"。

⑤ 《浮士德博士》，第82页。

⑥ 《浮士德博士》，第283页。读者可能还记得在本书引言部分所提的一个问题，一直没有回答：悲伤和欢喜的关系是什么？这就是答案：爱。

⑦ 语出《论语·里仁》。

映出来，则一定有一个灵魂亲近地贴近另一个灵魂之真诚。如涅高兹与肖邦亲近，① 里赫特与涅高兹亲近。在师生相互砥砺启发的生活中，最重要的也就是朴素和真实。涅高兹说：

> 像许多别的教师一样，我总是努力启发学生喜爱朴素和真实，并且力求做到这样……托尔斯泰说过，艺术家应该具有三个特点：真诚，真诚和真诚。……我竭力做到用柴可夫斯基或肖邦的某一简单乐句来做示范……先强迫自己倾吐真心，就是要真心——把它弹得"真实"，也就是弹得感情充沛、朴素、真诚、干净利落而且精彩。……
>
> ……每一个艺术家都知道：要获得朴素的印象所需要花的时间和努力（如果不是得之于"天"的话）、所需要的意志要比创造出有趣的、耸人听闻的、"不平常的"艺术多得多。主要是当艺术家以异常的魄力、说服力、真挚热情来陈述时，观众、听众、读者才会得到"朴素"的印象②……我们称之为朴素的东

---

① 肖邦也是"在自己的音乐中强烈地突出斯拉夫民族因素的第一位伟大的作曲家，从此以后，斯拉夫民族因素归入了欧洲音乐的主流"。（《西方文明中的音乐》，第823页。）请读者注意涅高兹的波兰血统。关于涅高兹演奏肖邦个别艺术作品的充分表现力，可以参见雅·米尔斯坦的书评。《论钢琴表演艺术》，第318－325页。

② 艺术家在付出大量努力之后才能实现的朴素性，在人类感官的类比性中具有更多的异质化的属性。听觉印象比视觉、味觉、触觉、嗅觉所带来的印象朴素得多，尤其是在音乐中迅速变换着（转下页注）

西事实上恰好是最复杂的东西……①

所以里赫特的同学雅·扎克，

> 当他在音乐学院大音乐厅，听完里赫特举办的音乐会之后，他说："世界上有像大自然那样的原创的、崇高而纯洁的、纯朴而鲜明的音乐；后来的人们开始对音乐进行涂色，给它加上各种花饰，给它戴上不同的面具，穿上各式服装，任意歪曲它的思想。突然来了个斯维亚托斯拉夫，他一把扯下了音乐身上所有这些附加物，于是音乐重新变得鲜明、纯朴和圣洁……"②

所有这些，都是"镜子"的内涵。当任何一位音乐家都能像里赫特那样真实、质朴，涅高兹眼中就看到了一个共同体、一个联合体、一个学派、一个映像：

> 在里赫特的演奏中，他那大艺术家的风范和严谨性，使人感到高兴，他的演奏没有半点儿装腔作势，

（接上页注②）形式的"听"，其原因就在于它的感性化过程纯粹就是时间与空间的形式，还未来得及掺入其他印象化的观念或意识，例如当我们第一次听到一支无歌词的乐曲，比第一次品尝没有吃过的食品所包含的快乐或痛苦的感觉程度要小，而通过视觉所获得的外界信息是最丰富的。

① 《论钢琴表演艺术》，第235页。

② 《涅高兹谈艺录》，第254–255页。

没有任何追求表面印象的意图，其实，这些特点是苏联学派的所有钢琴家所固有的。我国所有的演奏家，都具有较大的超凡技艺天分，技术装备程度并不是目的本身，而是为了更真实、更准确地表达作曲家音乐构思。他们的演奏纯朴、诚实并具有说服力，成为被广大听众理解的演奏家是每个苏联音乐家的宗旨。①

这种共在的自由，对于涅高兹个人的安慰是："如果说我给了我的学生们一些什么，那末他们给我的东西即使不更多也不会更少，我为此而对他们感激不尽，因为我们为了要认识和掌握艺术而作的共同的努力是我们的友谊、亲近和相互尊重的保证，而这种感情是在我们这个星球上所可能体验到的最好的感情。"②

四

里赫特不单纯是一位钢琴家、音乐家，他是一个音乐现象。③ 年逾 55 个岁月的演奏生涯中，里赫特共有超过27000 场演出，在上千座城市、乡镇举办音乐会约 3600 场，共计 80 套以上曲目，涉及 833 部作品，小到肖邦的一

① 《涅高兹谈艺录》，第 240－241 页。
② 《论钢琴表演艺术》，第 238 页。
③ "里赫特是一种前所未有的现象，他不仅具有超凡演奏技艺天赋，而且还具有每个真正的钢琴家所必需的、可以称之为演奏创作、对音乐感染力极强的诠释能力等特质。"（《涅高兹谈艺录》，第 240 页。）

首华尔兹，大到贝多芬的《迪亚贝利变奏曲》，并伴奏超过 800 首歌曲。① 在全部可统计的音乐会中，他演奏肖斯塔科维奇 4641 次、拉赫玛尼诺夫 2683 次、德彪西 2444 次、贝多芬 2327 次、普罗科菲耶夫 1797 次、舒曼 1734 次、巴赫 1664 次、勃拉姆斯 1375 次；在莫斯科举办音乐会次数最多，共 319 场，超过在巴黎 60 场次的 4 倍之多。他是音乐史上阐释作品最夥、最多样化、最具有非凡意义的演奏家。② 迄今，能发掘到的未授权、未发行的最早录音文献在 1944 年前后，已出版授权的录音最早可追溯至 1947 年 5 月 30 日，③ 最后一场被发行的音乐会是在 1994 年 10 月 13 日慕尼黑的现场。④ 半个多世纪以来，新发现的里赫特录音如雨后春笋，源源不绝，一直令人期待。从文献角度看，在 20 世纪的所有钢琴家中，过世犹如生前，独领风骚的一代枭雄，唯他一人。

他的录音历程大致可分为四个阶段：第一阶段是在 1948 – 1956 年，苏联旋律唱片（Melodiya）公司发行超过 40 面的 78 转密纹唱片，1952 – 1959 年，共有 23 张 LP（黑胶唱片）面世，包括独奏会、协奏曲。这些唱片流往西方，为他在 1960 年露面美国之前奠定了名气。绝大多数人最初是从唱片开始了解里赫特的艺术的。第二阶段在 20

---

① *Notebooks and Conversations*, p. 379.

② *Notebooks and Conversations*, pp. 381 – 382.

③ CD 参考编号：ANKH 200401。

④ CD 参考编号：Live Classics LC 05954。

世纪 50 年代末到 60 年代，西方的录音公司（由 DG 打前阵）首先在华沙录制了他的演出，随后 1960 年出访美国的 5 场卡耐基演出在纽约录制，至此，唱片录制便如洪水决堤一般。第三阶段是 20 世纪 70 年代，里赫特决意录制 50 张整场独奏会，参与的厂家包括德国的阿瑞欧拉（Ario-la）以及苏联的旋律唱片公司，但这个心愿并未达成。里赫特对于录音的态度总在有意、无意之间，如今涌现出来的"无心插柳柳成荫"的文献比他当时预计的还多。第四阶段就是完全放任自流的现场录音了，从图尔到伦敦、阿姆斯特丹、德累斯顿、日本……凡所到之处，皆有多家录音厂家跟随，一直持续二十多个年头。忧郁症困扰他的那几年中，演出活动中辍，人们以为神话就此完结，然而 20 世纪 90 年代初重返舞台，人们无不嘘唏惊叹，另一个伟大的里赫特似乎破茧成蝶了。[①]

笔者在此想简略谈一谈对于里赫特唱片的"听"。我们与他毕竟是在时间与空间的隔岸遥相呼应，只能通过文献重塑里赫特形象，虽然这个形象可能不如那些参与他生命的人们感受到得那样鲜活，但作为一个理想，一个自由人格与人性的象征，其美学意味和价值是向我们临近的。"听"本身即是临近、亲近。

在多如牛毛的出版物中，发布整场演奏会的文献相对较少，而根据第二章的结论，里赫特在安排一场独奏会

---

① 关于 20 世纪 90 年代里赫特重返乐坛的评论参见附录四。

时，会按照音乐作品外在发展的逻辑以及它透入人心的内在发展的历史来安排节目单。如果海顿奏鸣曲与肖邦练习曲同时出现在一场音乐会中，前后次序绝不颠倒，海顿便要被安排在肖邦之先。如果演奏会是为了纪念某人，则选择一定与此人生命有关的曲目，进而勾画出他或她的人生面貌。所以，完整地聆听一场演奏会比剪裁拼凑地聆听里赫特单纯演绎某些作品的资料，所获得的愉悦与感激会更多。这类演奏会出版物常被冠以如下标题：《里赫特在布达佩斯》（1958 年 2 月 9 日现场）、① 《里赫特在莱比锡》（1963 年 11 月 28 日现场）、《里赫特在赫尔辛基》（1976年 8 月 25 日现场）、② 《里赫特在萨尔茨堡》（1977 年 8 月26 日现场）③ 等；也有专门标记时间、地点、事件的：如《1949 年 5 月 30 日在莫斯科音乐学院大音乐厅》、《纪念大卫·奥伊斯特拉赫》（1985 年 3 月 6 日、8 日）、④《格里格抒情小品：为纪念作曲家 150 周年诞辰》（1993 年 7 月 7日）等；另有某些厂家专注出版特定专场演奏会，如金字塔（Pyramid）公司出版之 1973 年 7 月 8 日、⑤ 1985 年 6月 30 日⑥在图尔地区图赖讷音乐节上演的节目等；当然还

---

① CD 参考编号：WHRA 6023。

② CD 参考编号：Music & Arts CD - 1020。

③ CD 参考编号：Music & Arts CD - 1019。

④ CD 参考编号：JVC VDC - 5015/6。

⑤ CD 参考编号：Pyramid 13503。

⑥ CD 参考编号：Pyramid 13497。

有少数录像问世，比如 1985 年"十二月夜音乐会"《浪漫主义的世界》的 DVD 版本，由 MDM 银行资助出版，但未进入商业流通。

　　里赫特对于商业录音的态度不是很明晰，但确实为旋律（Melodiya）、DG、百代唱片（EMI）等大公司精心留下了不可多得的录音作品。他为录音工作有所准备的情况还有可能是为了更正先前录音所留下的遗憾，比如在 1972 年 5 月的日记中反思了萨尔茨堡录制的全本《平均律》之后，于 1973 年 7 - 8 月在因斯布鲁克重演一遍，火力全开，制作成录音史上的丰碑，自那以后，整个 20 世纪 80 - 90 年代再未公开演奏过《平均律》，也就是说，"因斯布鲁克版"成为最后的总结，也是最终满意的答卷。从这件事可以看出他个人对录音的态度有时也是正面的，虽然他常说不爱录音。

　　飞利浦（Philips）是第一家出版所谓"里赫特合集"的厂商，并在封面上烫金印刷里赫特签名，制作一流，声称由里赫特授权，但里赫特并不予以承认，反之，晚年的他非常信任法国和意大利的小公司，与斯特拉迪瓦乌斯（Stradivarius，意大利）合作甚欢，主要录制了巴赫其他的一些作品。著名的"道歉信"也印刷在该公司出版物的内页："现在里赫特意识到，他是多么懊悔，在《意大利协奏曲》第二部分将近结尾处的第三小节，40 年来的一个事实事件是，没有任何一位音乐家或者技术人员曾指出过，他把一个'F 音'弹作了'降 F'。同样的错误可以在大师 50

第四章

自由

年代录制的唱片中找到。"① 也就是说，曾经弹错的一个音被他自己从这张唱片中听了出来，40 年来他一直这样弹，然而却始终没有一个人听出来！

大约每隔 10 年的录音就会呈现出一个不同形象的里赫特：20 世纪 40 年代末 50 年代初的里赫特技巧非常完美，对作品的演绎是春风扑面的直接感，有青春气息，有初生牛犊不怕虎的勇气；60 年代的里赫特风头正劲，势不可挡，如在卡耐基，几乎像风火轮或火炬那样熊熊燃烧；70 年代的里赫特对作品内涵的理解酝酿出更丰厚的味道，他从这时开始不再背谱演奏；80 年代是留下录音不多的一个十年，如 1987 年录音几希，但由迪卡（Decca）公司发行的海顿奏鸣曲十分空灵逸动，实属上品；② 90 年代的里赫特深深沉浸在音乐世界中，没有了 60 年代的意气风发，却让人感到绘事后素，清净无染。加拿大乐评人、音乐学博士凯文·巴扎纳③评论道："里赫特是我们

---

① CD 参考编号：Stradivarius STR 33323。

② CD 参考编号：Decca 436 454 - 2 & 436 455 - 2。发行这次录音与意大利的艾米·莫蕾丝库（Emy Moresco，1907 - 1988）女士相关。里赫特写道："从我 1962 年初到意大利的五月音乐节剧场（Maggio Musicale Fiorentino）举办音乐会伊始，她不仅是一位出色的经理人，也是我非常好的朋友。在她的陪伴下我发现了她美丽的国家，并度过了欢乐的时光。这些录制于曼托瓦的音乐会是她最后操刀的唱片，我想借此 CD 得以发表的机会来纪念她，表示我爱的敬意。"

③ 凯文·巴扎纳（Kevin Bazzana），出版里赫特录音的各大唱片公司最优秀的撰稿人之一。1996 年毕业于加利福尼亚大学伯克利分校，音乐学博士学位，古尔德研究专家，对里赫特情有独钟。

这个时代最勇敢的一位音乐家，也是最真诚的音乐家。"

里赫特最喜欢演奏的作曲家出人意料地是以下三位：瓦格纳、德彪西、肖邦。① 这里拿肖邦举例陈述里赫特总体的艺术风格。一般听众会认为他演奏的肖邦不够纤巧、细致、精美，但巴扎纳看出了实质：里赫特的肖邦不是为了吸引倾向于偏爱悦意、袅娜、顾影自怜的听众，他的肖邦灌注了一种坚定笃实、大骨架范式的风格，却也不会刻意避免他经常表现出来的韵感、动能和音质的强力，坦诚地说，这种处理方法更适合结构宽大的作品，比如 B 小调第一谐谑曲（*Scherzo in B minor*，op. 20）及《波罗乃兹幻想曲》（*Polonaise - fantasie*，op. 61）等，而不适用于小型沙龙音乐。肖邦的大型作品更适于有一双大手的钢琴家

---

① 瓦格纳的作品他只演出一首，对肖邦作品的演奏又常常遭到自我批评，自愧不如涅高兹。德彪西是法国作曲家，不是俄罗斯本土作曲家，也不是德奥主流，但里赫特喜欢他作品中的色彩。里赫特是一位音乐色彩大师，或许与他的绘画实践相关。里赫特是这样评论米凯兰杰利演奏的德彪西的："又是这种完满的完美，缺乏的不只是氛围，而且（在我看来）也缺少了对这些前奏曲而言绝不可缺少的魅力。即便如此，演出可是音音完美。他是真正的完美主义者。但是我认为这种迷恋和他为自己设定的极端的乐器标准，阻碍了使他飞翔的想象力，也阻止了他对自己无可挑剔地弹奏的作品的真正的爱。这里少的是'灵感'。这个观念在今天的字典里已经被抛弃了吗？如果是这样，那就太不堪了。但是——不要去评判一位大师。"（*Notebooks and Conversations*，p. 257.）又是这样来评价自己所弹的德彪西的："这些作品不仅是需要灵感。一个人怎样才能把自己提高到它们的水平呢？？？我不知道，我真的不知道。"（*Notebooks and Conversations*，p. 265.）可见，德彪西对他而言，是"灵感"所在。

（里赫特的手能跨越十二度音程），也更适用于现代钢琴。里赫特演奏的谐谑曲具有权威性，有气势，有弹性，可谓艺高人胆大，体现出了整部作品的建构性，他驾驭大型作品的技艺、品味、戏剧性都是首屈一指的。巴扎纳问道："你能把沙龙搬到一座岿然不动的大山上去吗？"当然，里赫特在肖邦的小型作品中有时也尽量体现这种属于他风格的宏大性，听起来不像珠玉那般可爱，却是严谨、正确、有洞见的。

　　不妨比较一下阿尔图罗·贝内代托·米凯兰杰利①与里赫特演奏的肖邦 B 小调第一谐谑曲。前者非常看重这部作品，20 世纪 50 年代经常将其纳入演奏会曲目，而此后30 年再没有演出它，似乎在闭关修炼，最后一次呈现是在1990 年的伦敦演奏会上。② 这一次的演奏被评论家看作他诠释这部作品的重中之重，称为"一次戏剧性的诗意的忏悔"。从他第一次公开演奏肖邦开始，共计 60 载，最终把肖邦的这部大型作品当作一次手术，用钢琴做解剖仪器，解析了它神经紧张的尾声、撕裂感与可视化的本质。这种大胆探索让一般听众听来，是与众不同的、不可预期的。而里赫特主要是在米凯兰杰利不演出它的 20 世纪 60 - 70

---

①　阿尔图罗·贝内代托·米凯兰杰利（Arturo Benedetti Michelangeli，1920 - 1995），意大利钢琴家，与里赫特一道被誉为 20 世纪钢琴家的两位"提坦"（古希腊神话中，奥林匹斯众神之前存在的神族，有"巨人"之意）。

②　CD 参考编号：Aura AUR 227 - 2。

年代阐释该作品的。以 1977 年慕尼黑现场为例，^① 里赫特的演奏流畅无碍（CD 显示时长 10 分 28 秒，米凯兰杰利的版本为 13 分 10 秒），具有谅解力，深入展现了当两股恼人的和弦从琴键上对立的方向袭来后，其最终能在位于中心的三重奏（Trio）中延息，它的纯净的气质是从一首圣诞民歌《睡吧，小耶稣，睡吧》汲取而来的，里赫特对尾声的处理不是悲剧性的，而干净了断，符合原作的气质。两位钢琴家对同一部大型结构作品的处理，一位更具有解构力，一位更具有本真性。

在生活中，米凯兰杰利也曾离群索居，但与里赫特的方式不同。米凯兰杰利比里赫特高傲。根据雅克·莱瑟（Jacques Leiser）^② 的回忆，当有人问米凯兰杰利他最欣赏的钢琴家是谁，他说："Sono tutti morti!（他们都作古了!）"当别人问起里赫特，他说："克莱本、傅聪、古尔德、索夫罗尼茨基……"^③ 1964 年 12 月，里赫特在巴黎歌剧院演奏格里格的协奏曲，莱瑟劝说百般不情愿的米凯兰杰利去听。一个半月后，米凯兰杰利在同一地点演出同一曲目。里赫特到后台看望他，"里赫特满面笑容，但米凯兰杰利像一尊雕塑，就像莫扎特歌剧《唐璜》中的雕塑!"^④ 他们二人对钢琴的态度也有天壤之别，里赫特不

---

① CD 参考编号：Olympia OCD 338。

② 米凯兰杰利的私家经纪人。

③ 此处根据凯文·巴扎纳的说法。

④ *Richter：Pianist*, pp. 192 – 193.

在意任何一架钢琴，米凯兰杰利对自己的钢琴有一种精神性的迷恋。里赫特虽然尽量减少音乐或音乐会以外的社交活动，但其程度远不及米凯兰杰利，后者几乎不介入任何社交。有意思的是，用哲学家康德在同一文本临近处的分析来分别看待这两位钢琴家的个性，是再适合不过的了。康德说："纯朴彷佛就是自然在崇高者里面，甚至也在道德里面的风格，道德是一个（超感性的）第二自然，我们只知道它的法则，但却不能通过直观达到我们自己心中包含着这种立法根据的那种超感性的能力"，即是说像里赫特那样真诚的人，心中只有音乐作为世界的最高理想和法则，认为自己达不到，就形成了纯朴（质朴）的风格；而像米凯兰杰利那样的人，康德说道："自给自足，因而不需要社会，但却不是不合群，亦即不是逃避社会，这就是某种近乎崇高的东西了，对需求的任何超脱亦是如此。"① 两位钢琴家因此都可以说是崇高的典范。

里赫特并不是唯一具有影响力的钢琴家。但是关于他的录音文献的目录学从 1986 年开始兴起，直到今日不绝如缕，中国有多位爱好者在网络上帮助梳理里赫特的各路录音资料，虽未像西方学者那样编撰成书，却也事无巨细，望其项背。在世界范围内展开的这项工作，还未在其他钢琴家身上这样显著。

---

① 《判断力批判》，第 286、287 页。

五

　　本书试图呈现里赫特作为一个音乐现象的美学意义。这种美学的滥觞是德国先验美学或形式美学。但是在20世纪的俄罗斯出现了类似于"道成肉身"的位格。有人常问笔者，为什么那个时代的俄罗斯人才辈出，光芒万丈？笔者认为有几个方面的原因：其一是战争背景所带来的心理创伤亟须愈合，而艺术是治愈人类的最佳良方；其二是俄国与西方标准相调谐的多重化转型逐步定格，以里赫特为例，他能通透地理解德法文化的精髓（如托马斯·曼和普鲁斯特），又能熟稔地浸润在俄罗斯文艺的传统之中（深入阅读他喜欢的普希金、果戈理、陀思妥耶夫斯基），使他相对独立，又充满自信，他所代表的不是德国血统或俄国人种，而是某种程度上的"世界人"，故而在今天受到世界性的推崇和喜爱；其三是形成了很强的知识分子的环境氛围，主要以他和涅高兹的关系展开，随之，当时最真诚、最具反思力的音乐家、诗人、作家、画家、数学家、物理学家等等，在一起形成了一个非常有张力的圈子，里赫特的出身并没有多高，但他带着一种质朴的气息，使得青年以后的他在圈子中获得极大养分，乃至于日后行走在世界级的文化圈中，也安然若素；其四是他坚守音乐理念，他的真诚，把自己看作音乐世界的漫游者的理想主义，使得诗性和自由像守护神一样佑护着他，这种自由就是康德哲学及美学中最高自由的显现，在这种自由中自我实现的人具有普遍的爱的能力，乐迷对于他的录音的追捧亦即出于相似的爱。"真正的爱只是用有节制的音乐的精神去爱凡是美的和有秩序的。"①

笔者在本书第一章以瓦格纳与贝多芬为思想象征，标记出里赫特父子以及涅高兹师徒音乐缘分的历史叙事；在第二章用舒伯特的音乐形象草描了里赫特的人格特征，并关注到弗朗克，他为钢琴家与普鲁斯特搭设了桥梁；第三章，在肖斯塔科维奇与普罗科菲耶夫的对立性上铺垫了里赫特理解时代性音乐创作的视角，并通过巴赫谈论了器乐与身体的关系；第四章则用肖邦呈现了钢琴家们在音乐表达上的差异，以及音乐与聆听的质朴性。这些提炼工作的目的即是找到研究里赫特的"公式"，为他的艺术建立美学原点。每位作曲家都有独特性，限于篇幅，笔者未能讨论诸如舒曼与勃拉姆斯对里赫特心灵的影响。众所周知，他们的作品也是他的拿手曲目。或许留白是好的，未书写的世界正如语言之于音乐所不能传达的。唯有聆听让人自由。

① 《柏拉图文艺对话集·理想国》，朱光潜译，重庆出版社，2016，第62页。

附录一　里赫特演奏生涯大事记①

1934 年

——3 月 19 日于奥德萨：首次公演。

1937 年

进入莫斯科音乐学院，演奏了《平均律》第一集中的一部前奏曲与赋格、贝多芬奏鸣曲 op. 101、肖邦第四叙事曲、他自己的 C 小调前奏曲。年终测试：贝多芬，奏鸣曲 op. 22 以及 op. 110。

1938 年

完成了在音乐学院的第二年。

学生音乐会。

1939 年

学生音乐会。

毕业考试。

---

① 该年表出自 *Notebooks and Conversation*，何彦昊翻译，仲辉校对。注释均为译注。

1941 年

于莫斯科：在普罗科菲耶夫本人的指挥下演奏了作曲家的第五协奏曲。

1942 年

在无线电广播中与吉列尔斯演奏圣 – 桑的变奏曲。

1943 年

在沃洛格达、阿尔汉格尔斯克、北德文斯克以及摩尔曼斯克：举办即兴音乐会。它们不是真正的音乐会，而是在前线与医院为军队举行的表演。

1944 年

——1 月 31 日于莫斯科：在无线电广播中演奏李斯特《超技练习曲》中的 4 首。

——10 月 15 日、29 日，11 月 8 日，12 月 5 日、8 日：在无线电广播中演奏肖邦、拉赫玛尼诺夫、李斯特与舒曼作品。

——5 月 18 日于耶烈万：在无线电广播中举行肖邦与李斯特作品独奏会。

1945 年

——3 月 7 日、7 月 26 日、10 月 20 日、11 月 3 日：在无线电广播中演奏贝多芬、舒伯特、拉赫玛尼诺夫及肖邦作品。

1946 年

——1 月 21 日于莫斯科：在无线电广播中演奏弗朗克五重奏。

——10 月 9 日于列宁格勒：在无线电广播中举行了一场肖邦作品独奏会。

——10 月 26 日于莫斯科：在无线电广播中与尼娜·多莲卡举行了一场舒伯特音乐会。

1947 年

——1 月 23 日于莫斯科：在无线电广播中演奏舒曼与沃尔夫作品。

1948 年

——2 月 10 日：在无线电广播中演奏舒曼协奏曲。

——6 月 15 日：于塔林无线电广播中演奏格林卡、柴可夫斯基、拉赫玛尼诺夫作品。

——6 月 23 日：于维尔纽斯无线电广播中举办莫扎特与舒伯特作品独奏会。

1949 年

——9 月 27 日于莫斯科：演奏普罗科菲耶夫为作曲家协会秘书处创作的大提琴奏鸣曲。

——12 月 29 日于莫斯科：在克里姆林宫圣乔治大厅为斯大林 70 周年诞辰举办的庆祝会与音乐会上，弹奏了拉赫玛尼诺夫的两部前奏曲；其他演奏者包括奥伊斯特拉赫①、普丽谢斯卡娅、科兹洛夫斯基。

1950 年

——3 月 23 日于莫斯科：在为党中央委员会而举办的

---

① 此奥伊斯特拉赫应为大卫·奥伊斯特拉赫。

音乐会中，里赫特演奏了李斯特的一首练习曲以及拉赫玛尼诺夫的两首前奏曲。

——4月22日于莫斯科：在纪念列宁诞辰80周年的音乐会上演奏。

——5月5日于特普利采：首次在国外举办音乐会。

1952 年

——6月9日于莫斯科：在电视广播中演奏柴可夫斯基《四季》中的两首曲目。

——10月15日于莫斯科：在克里姆林宫圣乔治大厅举行的为纪念第19届共产党全国代表大会的音乐会上，演奏了肖邦的第二诙谐曲；其他演奏者包括吉列尔斯与伊戈尔·奥伊斯特拉赫。

1953 年

——3月8日-9日于莫斯科：在圆柱大厅举行的斯大林葬礼上进行演奏；其他演奏者包括塔蒂亚娜·尼古拉耶娃、大卫·奥伊斯特拉赫、指挥家亚历山大·梅利克-帕沙耶夫以及亚历山大·高克；里赫特演奏了巴赫与贝多芬。

——5月13日于列宁格勒：与罗斯特罗波维奇合作，在一场音乐会中演奏了贝多芬的所有大提琴奏鸣曲。

——5月24日于莫斯科：在电视上演奏了门德尔松的《庄严变奏曲》。

1954 年

——3月4日于布达佩斯：里赫特首次在匈牙利的音乐会上登场，他演奏了柴可夫斯基的第一协奏曲。

——6月9日于布拉格：唯一一次在音乐会上与自己最钟爱的指挥家瓦茨拉夫·塔利赫合作，演奏了巴赫的 D 小调协奏曲。

——8月25日于莫斯科：在无线电广播中与尼娜·多莲卡上演普罗科菲耶夫的《丑小鸭》。

1957 年

——5月9日于莫斯科：在音乐学院的大礼堂中举行舒伯特与李斯特作品独奏会；格伦·古尔德出席音乐会，两位钢琴家相遇。

1959 年

——3月25日于莫斯科：在奥尔加·克尼碧－察克霍瓦的葬礼上，演奏了李斯特的《葬礼小船》。

1960 年

——3月10日于莫斯科：在为纪念米哈伊尔·阿布尔加科夫举行的音乐会上，演奏了贝多芬的一部奏鸣曲和肖邦的一首练习曲。

——5月10日于赫尔辛基：首次在西方的音乐会上登场，这次他演奏了贝多芬的四部奏鸣曲。

——10月15日于芝加哥：首次在美国的音乐会上登场，演奏了勃拉姆斯的第二协奏曲。

——10月19日于纽约：上演卡耐基大厅八场中的首场，演奏了贝多芬的五部奏鸣曲、舒伯特的一首即兴曲、舒曼的一首幻想曲小品，将肖邦的两首练习曲作为返场。

——12月18日于纽约：于卡耐基大厅在伦纳德·伯

恩斯坦的指挥下演奏了李斯特的第二协奏曲与柴可夫斯基的第一协奏曲。

1961 年

——4 月 14 日于莫斯科：于在克里姆林宫圣乔治大厅举行的对宇航员尤里·加加林的表彰大会上演奏了拉赫玛尼诺夫的一首前奏曲。

——7 月 8 日于伦敦：首次于皇家节日大厅在大不列颠岛的音乐会上登场，演奏了海顿的一部奏鸣曲与普罗科菲耶夫的十三首作品——第二奏鸣曲、第八奏鸣曲以及十一首《瞬间幻想》。

——10 月 16 日于巴黎：首次于夏乐宫在法国的音乐会上登场，演奏了勃拉姆斯的第二协奏曲。

——10 月 28 日于尼斯：在纪念毕加索诞辰 80 周年的音乐会上，里赫特演奏了普罗科菲耶夫的第六奏鸣曲。

1962 年

——5 月 19 日于佛罗伦萨：里赫特首次在意大利的音乐会上登场，他演奏了亨德尔的第五组曲、欣德米特第一奏鸣曲，以及普罗科菲耶夫的不同作品，包括第六奏鸣曲以及十一首《瞬间幻想》，并将拉赫玛尼诺夫和德彪西作品作为返场。

——6 月 1 日：首次在维也纳的音乐会上登场，演奏了舒曼的《维也纳狂欢节》以及第二奏鸣曲、肖邦的《波罗乃兹幻想曲》、德彪西的《版画集》以及斯克里亚宾的第五奏鸣曲。

——10月3日于米兰：于斯卡拉歌剧院在谢尔盖·切利比达奇的指挥下演奏了勃拉姆斯的第二协奏曲。

1964 年

——6月20日于奥尔德堡：与布列顿会面，他们首次在音乐会上合作。

——6月23日于图赖讷音乐节的官方开幕式上演出，这个节日是里赫特自己在图尔附近的梅斯莱庄园创立的；他演奏了普罗科菲耶夫和斯克里亚宾的奏鸣曲，以及拉威尔的《高贵而感伤的圆舞曲》《镜子》。

1965 年

——6月20日于奥尔德堡：第一次与菲舍尔－迪斯考演出，他们上演了勃拉姆斯的《美丽的玛格洛娜》。

——10月10日于莫斯科：在纪念海因里希·涅高兹的音乐会上演奏了贝多芬的五部奏鸣曲。

1966 年

——2月3日于戛纳：参加了为雷杰美术馆举办的音乐会，演奏了贝多芬的一部奏鸣曲，以及肖邦与德彪西的作品；其他演奏者包括玛娅·普丽谢斯卡娅以及吉恩·维拉尔。

1967 年

——7月2日于梅斯莱庄园：第一次与大卫·奥伊斯特拉赫联合演出，他们演奏了舒伯特、勃拉姆斯以及弗朗克的奏鸣曲。

1969 年

——3月5日于巴黎：在洛林·马泽尔的指挥下演奏

拉威尔的左手钢琴协奏曲，在这之后，因为明显不满意自己的演奏，又重新演奏了这部作品作为返场。

——5月3日于莫斯科：与大卫·奥伊斯特拉赫进行了肖斯塔科维奇的小提琴奏鸣曲的首演。

1970 年

——1月18日–4月17日：在美国巡演23场，在这之后谢绝再返美国。

——9月3日–10月26日：初次日本之旅（19场音乐会）。

——11月24日于莫斯科：在钢琴家玛丽亚·尤金娜的葬礼上演奏了拉赫玛尼诺夫的B小调前奏曲①。

1972 年

——4月9日于莫斯科：首次在音乐会上与奥列格·卡岗合作，他们演奏了贝尔格的室内乐协奏曲。

1975 年

——10月27日于莫斯科：与奥列格·卡岗合作举办了纪念大卫·奥伊斯特拉赫的贝多芬音乐会。

1986 年

——7月20日起：从列宁格勒到符拉迪沃斯托克（海参崴）并返程，途中举办91场巡演；最后一场音乐会在11月31日②于莫斯科举行。

---

① 编号应该是 op. 32/10。

② 此处记录应有误。

1991 年

——1 月 1 日 - 2 月 26 日：在意大利、西班牙以及法国之旅中，里赫特只演奏巴赫的作品，每一场节目都题献为"纪念我的朋友，音乐家奥列格·卡岗"。

——4 月 27 日于莫斯科：在纪念鲍里斯·帕斯捷尔纳克 100 周年诞辰音乐会上，演奏了巴赫的《第三英国组曲》、莫扎特的幻想曲与 C 小调奏鸣曲、贝多芬的奏鸣曲 op. 111。

——5 月 21 日于莫斯科：在纪念安德烈·萨哈罗夫的音乐会上演出。

1992 年

——12 月 23 日于茹屈埃的修道院（abbey of notre-dame de fidélité）：据里赫特记录说，他在他朋友 B. E. E. A 的洗礼上演奏了拉威尔的《钟声谷》。

——5 月 15 日：听说了玛琳·黛德丽的死讯，将 500 枝玫瑰送到了她在柏林的葬礼，并在慕尼黑献出一场独奏会，名为"纪念伟大的德国艺术家，玛琳·黛德丽"。

1995 年

——3 月 30 日于吕贝克：举行了最后一场音乐会，演奏了海顿的第五十五、第五十六、第五十七奏鸣曲，以及雷格尔的贝多芬主题变奏曲与赋格 op. 86。

附录二 里赫特演出曲目列表

（按年代演出次数）①

作曲家	曲目	30S	40S	50S	60S	70S	80S	90S	总计	首演年份（日期、地点）
阿利亚比耶夫	歌曲	0	0	2	0				2	1956
巴赫	歌曲与康塔塔咏叹调	0	1	2	0				3	1945
	4部二重奏 BWV 802－5					0	0	21	21	1991（5月8日于莫斯科）
	第一英国组曲 BWV 806	0	0	2	0	0	0	28	30	1951

① 该附录统计数据出自 Notebooks and Conversations，由向彦昊翻译整理，王云锋、仲辉校对。表中数据及空白与原书严格对应。30S指代20世纪30年代，40S指代20世纪40年代，以此类推。

作曲家	曲目	30S	40S	50S	60S	70S	80S	90S	总计	首演年份（日期、地点）
	第三英国组曲 BWV 808	0	5	0	0	0	0	29	34	1948
	第四英国组曲 BWV 809					0	0	27	27	1991（1月1日于比萨）
	第六英国组曲 BWV 811					0	0	27	27	1991
	第二法国组曲 BWV 813	0	0	3	14	0	0	21	38	1953（12月6日于莫斯科）
	第四法国组曲 BWV 815					0	0	25	25	1990（2月14日于穆尔西亚）
	第六法国组曲 BWV 817	0	0	2	0	0	0	23	25	1951
巴赫	法国序曲 BWV 831					0	0	17	17	1991（1月23日于塞睿诺）
	G 大调小步舞曲 BWV 843							6	6	1991（1月1日于比萨）
	十二平均律钢琴曲集（第一集）：									
	前奏曲与赋格第一首 BWV 846	1	16	14	25				56	1937
	前奏曲与赋格第二首 BWV 847	0	16	13	23				52	1943
	前奏曲与赋格第三首 BWV 848	0	11	13	21				45	1945
	前奏曲与赋格第四首 BWV 849	0	16	13	21				50	1943
	前奏曲与赋格第五首 BWV 850	0	10	13	21				44	1946

附录二 里赫特演出曲目列表

续表

作曲家	曲目	30S	40S	50S	60S	70S	80S	90S	总计	首演年份（日期、地点）
	前奏曲与赋格第六首 BWV 851	0	9	13	21				43	1945
	前奏曲与赋格第七首 BWV 852	2	9	12	20				43	1937
	前奏曲与赋格第八首 BWV 853	0	11	13	21				45	1946
	前奏曲与赋格第九首 BWV 854	0	9	2	8				19	1946
	前奏曲与赋格第十首 BWV 855	0	7	4	9				20	1946
	前奏曲与赋格第十一首 BWV 856	0	13	4	8				25	1943
巴赫	前奏曲与赋格第十二首 BWV 857	0	15	2	9	1	0	0	27	1943
	前奏曲与赋格第十三首 BWV 858	0	8	1	14	1	0	0	24	1946
	前奏曲与赋格第十四首 BWV 859	0	7	1	14				22	1946
	前奏曲与赋格第十五首 BWV 860	0	7	1	13				21	1945
	前奏曲与赋格第十六首 BWV 861	0	7	1	13	1	0	0	22	1945
	前奏曲与赋格第十七首 BWV 862	0	6	4	16				26	1946
	前奏曲与赋格第十八首 BWV 863	0	5	4	16				25	1946

作曲家	曲目	30S	40S	50S	60S	70S	80S	90S	总计	首演年份（日期、地点）
	前奏曲与赋格第十九首 BWV 864	0	11	4	17				32	1943
	前奏曲与赋格第二十首 BWV 865	0	11	4	19				34	1943
	前奏曲与赋格第二十一首 BWV 866	0	5	4	12				21	1946
	前奏曲与赋格第二十二首 BWV 867	0	7	4	11	1	0	0	23	1946
	前奏曲与赋格第二十三首 BWV 868	0	13	5	9				27	1946
	前奏曲与赋格第二十四首 BWV 869	0	14	5	10				29	1945
巴赫	十二平均律钢琴曲集（第三集）：									
	前奏曲与赋格第一首 BWV 870	0	2	0	0	9	0	0	11	1944
	前奏曲与赋格第二首 BWV 871	0	2	0	0	10	0	0	12	1944
	前奏曲与赋格第三首 BWV 872	0	1	0	0	9	0	0	10	1944
	前奏曲与赋格第四首 BWV 873	0	1	0	0	9	0	0	10	1944
	前奏曲与赋格第五首 BWV 874	0	3	0	0	9	0	0	12	1944
	前奏曲与赋格第六首 BWV 875	0	3	0	0	9	0	0	12	1944

附录二 里赫特演出曲目列表

237

续表

作曲家	曲目	30S	40S	50S	60S	70S	80S	90S	总计	首演年份（日期、地点）
巴赫	前奏曲与赋格第七首 BWV 876	0	1	0	0	9	0	0	10	1944
	前奏曲与赋格第八首 BWV 877	1	1	0	0	9	0	0	11	1938
	前奏曲与赋格第九首 BWV 878	0	2	0	0	13	0	0	15	1944
	前奏曲与赋格第十首 BWV 879	0	2	0	0	12	0	0	14	1944
	前奏曲与赋格第十一首 BWV 880	0	1	0	0	12	0	0	13	1944
	前奏曲与赋格第十二首 BWV 881	0	1	0	0	12	0	0	13	1944
	前奏曲与赋格第十三首 BWV 882	0	3	0	0	12	0	0	15	1944
	前奏曲与赋格第十四首 BWV 883	0	3	0	0	13	0	0	16	1944
	前奏曲与赋格第十五首 BWV 884	0	1	0	0	12	0	0	13	1944
	前奏曲与赋格第十六首 BWV 885	0	1	0	0	12	0	0	13	1944
	前奏曲与赋格第十七首 BWV 886	0	2	0	0	9	0	0	11	1944
	前奏曲与赋格第十八首 BWV 887	0	2	0	0	9	0	0	11	1944
	前奏曲与赋格第十九首 BWV 888	0	1	0	0	9	0	0	10	1944

作曲家	曲目	30S	40S	50S	60S	70S	80S	90S	总计	首演年份（日期、地点）
	前奏曲与赋格第二十首 BWV 889	0	1	0	0	9	0	0	10	1944
	前奏曲与赋格第二十一首 BWV 890	0	1	0	0	9	0	0	10	1944
	前奏曲与赋格第二十二首 BWV 891	0	3	0	0	9	0	0	12	1944
	前奏曲与赋格第二十三首 BWV 892	0	3	0	0	9	0	0	12	1944
	前奏曲与赋格第二十四首 BWV 893	0	1	0	0	9	0	0	10	1944
巴赫	A小调幻想曲与赋格 BWV 904	0	3	0	0	0	0	3	6	1948
	C小调幻想曲 BWV 906	0	2	0	0			33	35	1948
	D大调托卡塔 BWV 912					0	0	12	12	1992
	D小调托卡塔 BWV 913					0	0	11	11	1991（10月30日于不来梅）
	G大调托卡塔 BWV 916					0	0	33	33	1991（10月30日于不来梅）
	G小调托卡塔 BWV 917					0	0	19	19	1992（3月17日于圣塞巴斯蒂安）
	C小调前奏曲（幻想曲）BWV 921	0	1	0	0	0	0	11	12	1949
	A小调幻想曲与赋格 BWV 944					0	0	3	3	1992（7月19日于纳贝格）

附录二　里赫特演出曲目列表

续表

作曲家	曲目	30S	40S	50S	60S	70S	80S	90S	总计	首演年份（日期、地点）
巴赫	D 大调奏鸣曲 BWV 963	0	2	0	0	0	0	38	40	1948
	D 小调奏鸣曲 BWV 964	0	0	4	0	0	0	9	13	1951
	C 大调奏鸣曲 BWV 966							17	17	1991（5 月 8 日于莫斯科）
	G 大调柔板 BWV 968							10	10	1993
	意大利协奏曲 BWV 971	0	3	0	0	0	0	17	20	1948
	为去世的兄弟而作的随想曲 BWV 992	0	4	0	0	0	0	1	5	1948
	E 大调随想曲 BWV 993					0	0	13	13	1991（5 月 8 日于莫斯科）
	前奏曲，赋格和快板 BWV 998					0	0	11	11	1993
	A 大调第二小提琴奏鸣曲 BWV 1015	0	0	1	0				1	1952
	E 大调第三小提琴奏鸣曲 BWV 1016	0	0	1	0				1	1952
	C 大调第四小提琴奏鸣曲 BWV 1017	0	0	1	0				1	1952
	G 大调小提琴奏鸣曲 BWV 1021	0	0	1	0				1	1952
	G 大调古大提琴奏鸣曲 BWV 1027	0	0	1	0				1	1955（3 月 27 日于莫斯科）

作曲家	曲目	30S	40S	50S	60S	70S	80S	90S	总计	首演年份（日期、地点）
巴赫	D大调古大提琴奏鸣曲 BWV 1028	0	0	2	0				2	1952
	G大调古大提琴奏鸣曲 BWV 1029	0	0	2	0				2	1952
	E小调长笛奏鸣曲 BWV 1034	0	0	1	0				1	1953（12月6日于莫斯科）
	第五勃兰登堡协奏曲 BWV 1050					10	0	0	10	1978（3月21日于杜布纳）
	D小调协奏曲 BWV 1052	0	1	14	0	8	0	0	23	1941
	E大调协奏曲 BWV 1053	0	0	0	3				3	1969（5月20日于莫斯科）
	D大调协奏曲 BWV 1054					0	0	10	10	1991（5月18日于莫斯科）
	A大调协奏曲 BWV 1055	0	0	0	3				3	1969（6月29日于帕尔赛梅斯莱）
	F小调协奏曲 BWV 1056	0	0	0	5				5	1964（6月28日于帕尔赛梅斯莱）
	F大调协奏曲 BWV 1057					10	0	0	10	1978（3月21日于杜布纳）
	G小调协奏曲 BWV 1058					0	0	10	10	1991（5月18日于莫斯科）
	为双键盘而作的C小调协奏曲 BWV 1060					0	0	1	1	1993（11月23日于伦敦）
	为双键盘而作的C大调协奏曲 BWV 1061	2	1	2	0				5	1938

附录二 里赫特演出曲目列表

作曲家	曲目	30S	40S	50S	60S	70S	80S	90S	总计	首演年份（日期、地点）
巴赫	为四键盘而作的 A 小调协奏曲 BWV 1065	0	1	0	0				1	1941
巴拉基列夫	歌曲	0	1	3	0				4	1949
巴托克	第二协奏曲	0	0	4	3				7	1958（10 月 6 日于布达佩斯）
	为双钢琴及打击乐器所作的奏鸣曲	0	0	1	0	0	2	0	3	1956（10 月 2 日于莫斯科）
	第一小提琴奏鸣曲					3	0	0	3	1972（3 月 29 日于莫斯科）
	滑稽曲 3 首，第一首			5	0	0	15	0	15	1988（10 月 23 日于京都）
	滑稽曲 3 首，第二首					0	15	0	15	1988
	滑稽曲 3 首，第三首					0	15	0	15	1988
	15 首匈牙利农民歌	0	0	5	0	19	0	0	24	1956（10 月 6 日于莫斯科）
贝多芬	合唱幻想曲 op. 80	0	1	3	0				4	1949
	C 大调第一钢琴协奏曲 op. 15	0	4	11	10	0	3	1	29	1944
	C 小调第三钢琴协奏曲 op. 37	0	2	13	6	10	0	0	31	1949
	降 B 大调回旋曲 WoO6	0	0	0	2	1	0	0	3	1962（5 月 8 日于莫斯科）

作曲家	曲目	30S	40S	50S	60S	70S	80S	90S	总计	首演年份（日期、地点）
	三重协奏曲 op. 56					3	0	0	3	1970
	第一大提琴奏鸣曲 op. 5/1	0	0	3	1				4	1951
	第二大提琴奏鸣曲 op. 5/2	0	0	5	1				6	1951
	第三大提琴奏鸣曲 op. 69	0	0	5	2				7	1950
	第四大提琴奏鸣曲 op. 102/1	0	0	4	1				5	1950
	第五大提琴奏鸣曲 op. 102/2	0	0	4	1				5	1952
贝多芬	钢琴三重奏（大公）op. 97					0	2	2	4	1984（6月23日于图尔）
	钢琴与木管乐五重奏 op. 16					0	2	5	7	1984（6月30日于图尔）
	"知爱的男人"变奏曲 WoO46	0		2	0				2	1951
	第一小提琴奏鸣曲 op. 12/1	0	1	0	0	4	0	0	5	1970（5月6日于莫斯科）①
	第二小提琴奏鸣曲 op. 12/2	0	0	0	0	10	0	0	10	1975（10月14日于莫斯科）
	第三小提琴奏鸣曲 op. 12/3					2	0	0	2	1970（5月6日于莫斯科）
	第四小提琴奏鸣曲 op. 23					13	0	0	13	1975（10月14日于莫斯科）
	第五小提琴奏鸣曲（春）op. 24					15	0	0	15	1974（7月5日于帕尔赞梅斯来）

① 原稿记录信息前后不对应。

续表

作曲家	曲目	30S	40S	50S	60S	70S	80S	90S	总计	首演年份（日期、地点）
	第六小提琴奏鸣曲 op. 30/1	0	0	0	4	2	0	0	6	1969（5 月 3 日于莫斯科）
	第十小提琴奏鸣曲 op. 96					3	0	0	3	1970
	F 大调行板 WoO57					25	0	0	25	1977（3 月 3 日于巴黎）
	钢琴小曲 op. 33/3	0	1	16	0				17	1948
	钢琴小曲 op. 33/5	0	1	15	0				16	1948
	钢琴小曲 op. 119/2	0	1	16	2				19	1948
	钢琴小曲 op. 119/7	0	1	15	2				18	1948
	钢琴小曲 op. 119/9	0	1	16	2				19	1948
贝多芬	钢琴小曲 op. 126/1	0	1	14	2	84	0	0	101	1948
	钢琴小曲 op. 126/4	0	1	5	0	48	0	0	54	1948
	钢琴小曲 op. 126/6	0	1	16	0	54	0	0	71	1948
	迪亚贝利变奏曲 op. 120	0	0	3	0	12	17	0	32	1951
	英雄变奏曲 op. 35	0	3	3	27	18	0	0	51	1949
	回旋曲 op. 51/1	0	0	6	0	0	34	0	40	1951

作曲家	曲目	30S	40S	50S	60S	70S	80S	90S	总计	首演年份（日期、地点）
贝多芬	回旋曲 op. 51/2	0	0	6	0	0	34	1	41	1951
	F小调第一钢琴奏鸣曲 op. 2/1	0				57	0	0	57	1975（7月10日于古尔东）
	C大调第三钢琴奏鸣曲 op. 2/3	0	5	0	31	78	0	0	114	1947
	降E大调第四钢琴奏鸣曲 op. 7					37	0	0	37	1974
	F大调第六钢琴奏鸣曲 op. 10/2		1			0	43	0	44	1944
	D大调第七钢琴奏鸣曲 op. 10/3	0	6	18	38	20	34	0	116	1949
	C小调第八钢琴奏鸣曲（悲怆）op. 13	0	19	22	0	0	1	18	60	1942
	E大调第九钢琴奏鸣曲 op. 14/1	0	4	1	32	18	0	7	62	1944
	G大调第十钢琴奏鸣曲 op. 14/2	0	5	0	26	0	0	7	38	1947
	降B大调第十一钢琴奏鸣曲 op. 22	2	11	3	26	14	0	11	67	1937
	降A大调第十二钢琴奏鸣曲 op. 26	0	14	11	42	40	0	16	123	1947
	D小调第十七钢琴奏鸣曲（暴风雨）op. 31/2	0	18	11	51	0	33	12	125	1941
	降E大调第十八钢琴奏鸣曲 op. 31/3	0	1	9	58	0	25	16	109	1941
	G小调第十九钢琴奏鸣曲 op. 49/1	0	0	2	7	0	0	9	18	1952

附录二　里赫特演出曲目列表

里赫特尔……一种音乐美学

246

作曲家	曲目	30S	40S	50S	60S	70S	80S	90S	总计	首演年份（日期、地点）
贝多芬	G 大调第二十钢琴奏鸣曲 op. 49/2	0	0	2	6	0	0	9	17	1952
	F 大调第二十二钢琴奏鸣曲 op. 54	0	4	5	32	0	0	22	63	1944
	F 小调第二十三钢琴奏鸣曲（热情）op. 57	0	19	17	32	0	0	6	74	1943
	E 小调第二十七钢琴奏鸣曲 op. 90	0	4	1	30	24	0	0	59	1944
	A 大调第二十八钢琴奏鸣曲 op. 101	1	5	1	32	24	39	0	102	1937
	降 B 大调第二十九钢琴奏鸣曲（槌子键琴）op. 106					22			22	1974（4 月 13 日于莫斯科）
	E 大调第三十钢琴奏鸣曲 op. 109	0	0	1	24	22	0	20	67	1952
	降 A 大调第三十一钢琴奏鸣曲 op. 110	4	1	11	40	23	0	38	117	1937
	C 小调第三十二钢琴奏鸣曲 op. 111	0	0	7	21	52	0	15	95	1952
	6 首变奏曲 op. 34	0	0	10	0	20	0	0	30	1950
	6 首变奏曲 op. 76	0	0	8	0	20	0	0	28	1950
	6 首歌曲	0	5	13	0				18	1947

作曲家	曲目	30S	40S	50S	60S	70S	80S	90S	总计	首演年份（日期、地点）
贝尔格	室内协奏曲	0				29	7	0	36	1972（4月9日于莫斯科）
比才	6首歌曲	0	2	7	0				9	1947
鲍罗丁	在修道院中	0	0	1	0	1	0	0	2	1952
	C大调玛祖卡	0	0	1					1	1952
	小夜曲	0	0	1	0				1	1952
	降B大调第二钢琴协奏曲 op.83	1	1	18	20	1	0	0	41	1939
	A大调第二钢琴四重奏 op.26	0	0	2	0	0	7	0	9	1952
	C小调第三钢琴四重奏 op.60	0	0	2	0				2	1951
	F小调钢琴五重奏 op.34	0	1	4	0				5	1941
勃拉姆斯	E小调第一大提琴奏鸣曲 op.38	0	0	6	2				8	1950
	F大调第二大提琴奏鸣曲 op.99	0	0	5	1				6	1952
	F小调第一单簧管奏鸣曲 op.120/1	0				6	0	0	6	1977（2月18日于莫斯科）
	为小提琴和钢琴而作的C小调谐谑曲 WoO2	0	0	0	6	1	0	0	7	1967（7月2日于帕尔赛梅斯莱）
	G大调第一小提琴奏鸣曲 op.78			0		0	12	0	12	1985（2月12日于柏林）

附录二　里赫特演出曲目列表

续表

作曲家	曲目	30S	40S	50S	60S	70S	80S	90S	总计	首演年份（日期、地点）
	A 大调第二小提琴奏鸣曲 op. 100	0	0	0		3	0	0	3	1972（3月29日于莫斯科）
	D 小调第三小提琴奏鸣曲 op. 108	0	0	0	10	4	0	0	14	1967（7月2日于帕尔赛梅斯来）
	D 小调叙事曲 op. 10/1	0	1	1	18	0	0	25	45	1946
	D 大调叙事曲 op. 10/2	0	1	1	39	0	0	26	67	1946
	C 大调随想曲 op. 76/8	0	0	0	32	0	0	22	54	1964（4月14日于列宁格勒）
	G 小调狂想曲 op. 79/2	0	0	0	20		0	22	42	1964
勃拉姆斯	G 小调随想曲 op. 116/3	0	0	0	23	25	0	22	70	1964（4月14日于列宁格勒）
	E 小调间奏曲 op. 116/5	0	0	0	29	26	0	21	76	1964（4月14日于列宁格勒）
	E 大调间奏曲 op. 116/6	0	0	0	22	28	0	26	76	1964（4月14日于列宁格勒）
	D 小调随想曲 op. 116/7	0	0	0	22	25	0	20	67	1964（4月14日于列宁格勒）
	降 B 小调间奏曲 op. 117/2	0	2	6	1	8	0	3	20	1947
	A 小调间奏曲 op. 118/1	0	2	10	53	37	0	11	113	1941
	G 小调叙事曲 op. 118/3	0	3	9	62	13	0	2	89	1941
	降 E 小调间奏曲 op. 118/6	0	2	3	46	0	0	3	54	1941

作曲家	曲目	30S	40S	50S	60S	70S	80S	90S	总计	首演年份（日期、地点）
	B 小调间奏曲 op. 119/1	0	6	6	40	0	0	4	56	1941
	E 小调间奏曲 op. 119/2	0	4	5	41	1	0	1	52	1945
	C 大调间奏曲 op. 119/3	0	5	6	47	6	0	2	66	1941
	降 E 大调狂想曲 op. 119/4	0	5	5	53	0	0	8	71	1941
	C 大调第一奏鸣曲 op. 1	0				0	32	0	32	1986（3 月 7 日于尼特拉）
	升 F 小调第二奏鸣曲 op. 2	0	0	3	0	0	50	0	53	1959（1 月 8 日于莫斯科）
勃拉姆斯	根据原初主题而作的变奏曲 op. 21/1					0	9	0	9	1988（6 月 4 日于罗兰赛克）
	根据匈牙利歌曲而作的变奏曲 op. 21/2					0	40	0	40	1983（11 月 27 日于图拉）
	根据亨德尔主题而作的变奏曲与赋格 op. 24					0	31	0	31	1988（7 月 23 日于文尼察）
	根据帕格尼尼主题而作的变奏曲 op. 35					0	56	0	56	1986（3 月 7 日于尼特拉）
	11 首歌曲	0	4	13	0			0	17	1946
	4 首严肃歌曲 op. 121					0	1	0	1	1982（7 月 4 日于帕尔赛梅斯来）
	美丽的玛格洛娜 op. 33	0	0	0	2	1	0	0	3	1965（6 月 20 日于奥尔德堡）
布列顿	D 大调协奏曲 op. 13	0	0	0	5	5	0	0	10	1967（6 月 18 日于斯内普）

附录二　特里赫特演出曲目列表

表

续表

作曲家	曲目	30S	40S	50S	60S	70S	80S	90S	总计	首演年份（日期、地点）
布列顿	大提琴奏鸣曲 op. 65	0	0	0	2	0	8	5	15	1961（12 月 26 日于莫斯科）
	为中提琴和钢琴而作的"哭泣" op. 48		0	0		0	14	0	14	1984（12 月 6 日于莫斯科）
	引子与清谱风格回旋曲，为双钢琴而作	0	0	0	1	0	9	0	10	1967（6 月 20 日于斯内普）
	悲衰的玛祖卡舞曲，为双钢琴而作	0	0	0	1	0	9	0	10	1967（6 月 20 日于斯内普）
肖松	2 首歌曲	0	0	1	0				1	1957（4 月 23 日于列宁格勒）
凯鲁比尼	咏叹调	0	0	1	0				1	1954
肖邦	F 小调第二钢琴协奏曲 op. 21	0	0	0	5				5	1966（11 月 25 日于热那亚）
	G 小调大提琴奏鸣曲 op. 65	0	0	0	3	0	4	0	7	1961（12 月 26 日于莫斯科）
	为双钢琴而作的 C 大调回旋曲 op. 73	0	1	0	0				1	1942
	行板与波罗乃兹 op. 22	0	0	0	3				3	1961（6 月 27 日于蔡契）
	G 小调第一叙事曲 op. 23	0	0	0	39	3	27	11	80	1960（1 月 31 日于亚罗斯拉夫）
	F 大调第二叙事曲 op. 38	0	0	1	12	15	26	11	65	1950
	降 A 大调第三叙事曲 op. 47	0	29	19	27	34	22	13	144	1943
	F 小调第四叙事曲 op. 52	2	24	7	26	29	22	13	123	1937

作曲家	曲目	30S	40S	50S	60S	70S	80S	90S	总计	首演年份（日期、地点）
肖邦	升F大调船歌 op. 60	1	16	0	60	19	0	0	96	1939
	C大调第一练习曲 op. 10/1	2	29	50	85	0	54	4	224	1937
	A小调第二练习曲 op. 10/2	0	0	7	8	0	55	4	74	1951
	E大调第三练习曲 op. 10/3	1	32	45	44	5	52	4	183	1939
	升C小调第四练习曲 op. 10/4	0	1	28	36	36	69	4	174	1945
	降E小调第六练习曲 op. 10/6	0	1	7	11	5	44	4	72	1943
	降A大调第十练习曲 op. 10/10	0	19	29	69	47	48	4	216	1943
	降E大调第十一练习曲 op. 10/11	0	4	5	11	0	45	4	69	1943
	C小调第十二练习曲 op. 10/12	0	41	36	48	0	59	4	188	1942
	E小调第十七练习曲 op. 25/5	0	0	9	5	0	69	0	83	1950
	升G小调第十八练习曲 op. 25/6	0	0	8	6	0	56	0	70	1951
	升C小调第十九练习曲 op. 25/7	0	0	3	5	40	22	0	70	1951
	降D大调第二十练习曲 op. 25/8	0	0	5	5	0	55	2	67	1951
	A小调第二十三练习曲 op. 25/11	0	0	3	7	0	50	0	60	1951

附录二 里赫特演出曲目列表

续表

作曲家	曲目	30S	40S	50S	60S	70S	80S	90S	总计	首演年份（日期、地点）
肖邦	C小调第二十四练习曲 op. 25/12	0	14	10	7	0	32	1	64	1943
	F小调第二十五练习曲 op. post. no. 1						0	9	9	1990
	降A大调第二十六练习曲 op. post. no. 2	0	1	0	0	0	6	9	16	1946
	降D大调第二十七练习曲 op. post. no. 3					0	7	9	16	1986
	升F大调第二即兴曲 op. 36					0	0	7	7	1990（1月31日于拉罗兑当泰龙）
	降G大调第三即兴曲 op. 51					0	0	7	7	1990（1月31日于拉罗兑当泰龙）
	降B大调引子与变奏曲 op. 12	0	13	0	16				29	1943
	升F小调第一玛祖卡 op. 6/1	0	2	0	0				2	1949
	降E小调第四玛祖卡 op. 6/4	0	3	0	0				3	1946
	降B大调第五玛祖卡 op. 7/1	0	9	0	0				9	1944
	C大调第九玛祖卡 op. 7/5	0	7	0	0				7	1945
	A小调第十三玛祖卡 op. 17/4	0	1	2	13				16	1945
	G小调第十四玛祖卡 op. 24/1	0	24	11	1				36	1943
	C大调第十五玛祖卡 op. 24/2	0	21	3	28				52	1945

作曲家	曲目	30S	40S	50S	60S	70S	80S	90S	总计	首演年份（日期、地点）
肖邦	降 A 大调第十六玛祖卡 op. 24/3	0	26	5	2				33	1946
	降 B 小调第十七玛祖卡 op. 24/4	0	13	4	1				18	1946
	降 D 大调第二十玛祖卡 op. 30/3	0	23	6	19				48	1943
	D 大调第二十三玛祖卡 op. 33/2	0	2	0	0				2	1945
	C 大调第二十四玛祖卡 op. 33/3	0	1	0	0				1	1946
	C 大调第三十玛祖卡 op. 56/2		1						1	1949
	升 C 小调第四十一玛祖卡 op. 63/3	0	6	0	0	40	0	0	46	1949
	C 大调第四十四玛祖卡 op. 67/3	0	3	0	0	40	0	0	43	1945
	F 大调第四十八玛祖卡 op. 68/3	0	5	0	5	40	0	0	50	1943
	F 小调第四十九玛祖卡 op. 68/4	0	2	0	5				7	1943
	A 小调第五十八玛祖卡 op. post					40	0	0	40	1976
	降 B 小调第一夜曲 op. 9/1	0	10	5	17	10	0	0	42	1946
	B 大调第三夜曲 op. 9/3					5	0	0	5	1975（1 月 12 日于莫斯科）
	F 大调第四夜曲 op. 15/1	0	23	16	39	32	0	0	110	1943

附录二　里赫特演出曲目列表

253

254

续表

作曲家	曲目	30S	40S	50S	60S	70S	80S	90S	总计	首演年份（日期、地点）
肖邦	升F大调第五夜曲 op. 15/2	0	0	0	3	15	0	0	18	1969（11月21日于利沃夫）
	G小调第六夜曲 op. 15/3	0	4	1	3	10	0	0	18	1949
	G大调第十二夜曲 op. 37/2	0	6	1	0				7	1949
	F小调第十五夜曲 op. 55/1	0	12	1	0	12	0	0	25	1943
	降E大调第十六夜曲 op. 55/2	0	6	0	0	12	0	0	18	1943
	E大调第十八夜曲 op. 62/2	0	6	1	4	19	0	0	30	1942
	E小调第十九夜曲 op. 72/1	0	0	2	3	19	0	0	24	1950
	升C小调第一波罗乃兹 op. 26/1	0	10	3	14	0	1	35	63	1943
	A大调第三波罗乃兹 op. 40/1	0	9	4	0	0	0	35	48	1943
	C小调第四波罗乃兹 op. 40/2	0	10	4	0	0	0	35	49	1943
	降A大调第七波罗乃兹（"波罗乃兹－幻想曲"）op. 61	0	14	6	34	54	9	53	170	1943
	D小调第八波罗乃兹 op. 71/1	0	0	1	0				1	1950
	A小调第二前奏曲 op. 28/2	0	2	5	5	30	0	0	42	1944

作曲家	曲目	30S	40S	50S	60S	70S	80S	90S	总计	首演年份（日期、地点）
	E小调第四前奏曲 op. 28/4	0	0	0	3				3	1967
	D大调第五前奏曲 op. 28/5	0	5	5	6	34	0	0	50	1944
	B小调第六前奏曲 op. 28/6	0	1	5	9	30	0	0	45	1944
	A大调第七前奏曲 op. 28/7	0	1	4	3	32	0	0	40	1944
	升F小调第八前奏曲 op. 28/8	0	0	1	2	30	0	0	33	1950
	E大调第九前奏曲 op. 28/9	0	2	1	1	30	0	0	34	1945
肖邦	升C小调第十前奏曲 op. 28/10	0	5	5	11	30	0	0	51	1944
	B大调第十一前奏曲 op. 28/11	0	5	5	13	30	0	0	53	1944
	升F大调第十三前奏曲 op. 28/13	0	5	5	13	30	0	0	53	1944
	降D大调第十五前奏曲 op. 28/15	0	6	5	13	30	0	0	54	1944
	降A大调第十七前奏曲 op. 28/17	0	7	5	13	30	0	1	56	1944
	降E大调第十九前奏曲 op. 28/19	0	2	4	13	30	0	0	49	1944
	降B大调第二十一前奏曲 op. 28/21	0	1	1	15	34	0	0	51	1944
	F大调第二十三前奏曲 op. 28/23	0	1	1	14	30	0	0	46	1944

附录二　里赫特演出曲目列表

255

里赫特……等一种音乐美学

续表

作曲家	曲目	30S	40S	50S	60S	70S	80S	90S	总计	首演年份（日期、地点）
	D小调第二十四前奏曲 op. 28/24	0	1	1	14	30	0	0	46	1944
	升C小调第二十五前奏曲 op. 45	0	2	0	11				13	1946
	F大调马祖卡舞曲式回旋曲 op. 5	0	0	0	24				24	1967（8月24日于萨尔茨堡）
	B小调第一谐谑曲 op. 20	0	0	2	43	10	0	0	55	1950
	降B小调第二谐谑曲 op. 31	0	28	25	57	30	0	0	140	1943
	升C小调第三谐谑曲 op. 39	0	10	2	57	11	0	0	80	1944
	E大调第四谐谑曲 op. 54	1	19	17	60	52	0	0	149	1939
肖邦	降A大调第二华尔兹 op. 34/1	0	8	1	0	22	0	0	31	1942
	A小调第三华尔兹 op. 34/2	0	7	1	0	22	0	0	30	1942
	F大调第四华尔兹 op. 34/3	0	4	1	0	62	0	0	67	1942
	B小调第十华尔兹 op. 69/2	0	1	0	0	3	0	0	4	1942
	降D大调第十三华尔兹 op. 70/3	0	10	0	0	40	0	0	50	1942
	E小调第十四华尔兹 op. post	0	9	0	0				9	1949
	5首歌曲	0	4	3	0				7	1946

作曲家	曲目	30S	40S	50S	60S	70S	80S	90S	总计	首演年份（日期、地点）
科普兰	钢琴四重奏	0	0	0	2				2	1961（于列宁格勒）
达尔戈梅日斯基	9首歌曲	0	0	12	0				12	1950
德彪西	为钢琴和管弦乐队而作的幻想曲					0	1	0	1	1983（6月25日于图尔）
	大提琴奏鸣曲	0	0	0	4	0	2	0	6	1961（12月26日于莫斯科）
	为双钢琴而作的白键与黑键	0	2	0	1	0	21	0	24	1940
	版画集：宝塔	0	0	0	23	40	0	0	63	1962
	版画集：格拉纳达之夜	0	0	0	24	40	0	0	64	1962
	版画集：雨中花园	0	0	0	32	42	0	0	74	1962（5月23日于佛罗伦萨）
	第一练习曲：五指练习				0	0	0	18	18	1990
	第二练习曲：三度音程练习					0	0	18	18	1990
	第三练习曲：四度音程练习					0	0	18	18	1990
	第四练习曲：六度音程练习					0	0	18	18	1990
	第八练习曲：装饰音练习					0	0	18	18	1990

附录二 里赫特演出曲目列表

续表

作曲家	曲目	30S	40S	50S	60S	70S	80S	90S	总计	首演年份（日期、地点）
	第十练习曲：对立的共鸣练习							18	18	1990
	第十二练习曲：和弦练习							18	18	1990
	向海顿致敬	0	0	0	3	45	0	0	48	1967
	意象：水中倒影	0	10	0	6	45	21	0	82	1942
	意象：向拉莫致敬	0	5	0	4	25	2	0	36	1944
	意象：运动	0	3	0	5	39	20	0	67	1947
德彪西	叶林钟声	1	11	34	35	14	3	0	98	1938
	欢乐岛	0	13	4	25	40	12	32	126	1943
	更为缓慢些（圆舞曲）	0	1	0	0	24	0	1	26	1947
	前奏曲：德尔菲斯的舞蹈女神	0	2	2	15	0	12	0	31	1947
	前奏曲：帆	0	2	7	25	0	32	0	66	1947
	前奏曲：平原之风	2	5	15	24	11	36	0	93	1938
	前奏曲：暮色中的声音与芬芳	2	1	13	11	3	26	3	59	1938
	前奏曲：阿纳卡普里山峦	2	8	36	32	0	36	0	114	1938

作曲家	曲目	30S	40S	50S	60S	70S	80S	90S	总计	首演年份（日期、地点）
德彪西	前奏曲：雪泥踪迹	0	1	1	31	16	27	0	76	1947
	前奏曲：西风所见	0	0	6	27	0	30	0	63	1952
	前奏曲：中断的小夜曲	0	1	3	52	0	25	0	81	1947
	前奏曲：被淹没的大教堂	0	2	4	16	0	31	0	53	1947
	前奏曲：小妖精之舞	0	1	13	27	16	40	0	97	1947
	前奏曲：雾	0	1	1	21	0	0	1	24	1940
	前奏曲：枯叶	0	2	1	28	0	0	9	40	1940
	前奏曲：维诺之门	0	1	2	24	0	0	1	28	1940
	前奏曲：仙子是最好的舞女	0	2	5	37	16	13	9	82	1940
	前奏曲：欧石南	0	4	1	52	61	0	5	123	1940
	前奏曲：怪人拉文将军	0	3	2	60				65	1940
	前奏曲：月照阳台	0	0	3	25	0	3	0	31	1956（2月16日于莫斯科）
	前奏曲：水妖	0	2	8	20	9	0	0	39	1947
	前奏曲：匹克威克颂	0	0	7	31	0	0	18	56	1954（5月23日）

附录二 里赫特演出曲目列表

续表

作曲家	曲目	30S	40S	50S	60S	70S	80S	90S	总计	首演年份（日期、地点）
德彪西	前奏曲：骨壶	0	4	0	46	0	0	20	70	1945
	前奏曲：三度交替	0	0	0	41	0	0	18	59	1966（12月14日于布尔诺）
	前奏曲：焰火	0	0	0	47	0	0	18	65	1966（12月14日于布尔诺）
	贝加莫组曲	0	4	0	42	38	0	0	84	1944
	水彩画（unidentified）	0	4	18	0				22	1945
	比利蒂斯之歌	0	1	3	0				4	1945
	木马，出自被遗忘的歌	0	1	12	0				13	1945
	游乐画	0	0	0	1				1	1967（6月20日于斯内普）
	曼陀林	0	2	16	0				18	1945
	为人声和钢琴而作的流浪儿的圣诞节	0	1	22	0				23	1945
	歌曲	0	0	2	0				2	1955
	3首被遗忘的歌	0	1	13	0				14	1945
德利布	3首歌曲	0	7	5	0				12	1946
德沃夏克	G小调协奏曲 op.33	0	0	0	9	2	14	0	25	1960（10月21日于费城）

作曲家	曲目	30S	40S	50S	60S	70S	80S	90S	总计	首演年份（日期、地点）
德沃夏克	A大调钢琴五重奏 op. 5					0	21	0	21	1982（1月31日于莫斯科）
	A大调钢琴五重奏 op. 81					0	21	0	21	1982（1月31日于莫斯科）
法雅	5首歌曲	0	0	2	0				2	1952
	3首歌曲	0	1	5	0				6	1947
	西班牙民歌	0	2	6	0				8	1946
	魔神	0	0	2	0				2	1952
弗朗克	F小调五重奏	0	3	4	0	0	8	0	15	1946
	升F小调钢琴三重奏 op. 1/1					0	8	0	8	1983（5月28日于高尔基）
	A大调小提琴奏鸣曲	0	0	0	6	1	0	0	7	1967（7月2日于帕尔赛梅斯来）
	前奏曲：众赞歌与赋格	0	4	13	10	0	11	9	47	1946
格什温	F调协奏曲					0	0	4	4	1993（5月30日于施赫韦青根）
	F小调第一协奏曲 op. 92	0	1	6	0				7	1949
格拉祖诺夫	夜曲 op. 37	0	0	2	0				2	1952
诺夫	以萨沙为名的组曲 op. 2	0	3	0	0				3	1942
	2首浪漫曲	0	1	3	0				4	1949

附录二　里赫特演出曲目列表

里赫特……一种音乐美学

续表

作曲家	曲目	30S	40S	50S	60S	70S	80S	90S	总计	首演年份（日期、地点）
格林卡	20首歌曲	0	12	22	0				34	1945
	A 小调协奏曲 op.16	0	0	1	13	6	0	0	20	1955（8月16日于奇斯洛沃茨克）
	A 小调大提琴奏鸣曲 op.36	0	0	4	3	0	1	0	8	1951
	G 大调小提琴奏鸣曲 op.13				0	0	3	0	3	1984（10月26日于普希诺）
	改编莫扎特双钢琴奏鸣曲				0	0	0	7	7	1992（8月8日于哈蜜尔多夫）
	抒情小品 op.12/1				0	0	0	37	37	1993（7月5日于巴登-巴登）
	抒情小品 op.12/2				0	0	0	37	37	1993
格里格	抒情小品 op.12/3				0	0	0	37	37	1993
	抒情小品 op.12/4							37	37	1993
	抒情小品 op.12/8				0	0	0	37	37	1994
	抒情小品 op.38/12				0	0	0	37	37	1993
	抒情小品 op.38/16				0	0	0	37	37	1993
	抒情小品 op.43/17				0	0	0	37	37	1993
	抒情小品 op.43/22				0	0	0	37	37	1993

作曲家	曲目	30S	40S	50S	60S	70S	80S	90S	总计	首演年份（日期、地点）
格里格	抒情小品 op. 47/23					0	0	37	37	1993
	抒情小品 op. 47/27					0	0	9	9	1994
	抒情小品 op. 54/31					0	0	46	46	1993
	抒情小品 op. 54/33					0	0	9	9	1994
	抒情小品 op. 54/34					0	0	46	46	1993
	抒情小品 op. 54/35					0	0	37	37	1993
	抒情小品 op. 57/39					0	0	36	36	1993
	抒情小品 op. 57/40					0	0	36	36	1993
	抒情小品 op. 57/41					0	0	36	36	1993
	抒情小品 op. 62/43					0	0	9	9	1994
	抒情小品 op. 62/46					0	0	45	45	1993
	抒情小品 op. 65/53					0	0	36	36	1993
	抒情小品 op. 68/57					0	0	36	36	1993
	抒情小品 op. 71/62					0	0	45	45	1993

附录二　里赫特演出曲目列表

作曲家	曲目	30S	40S	50S	60S	70S	80S	90S	总计	首演年份（日期、地点）
格里格	抒情小品 op. 71/63					0	0	45	45	1993
	抒情小品 op. 71/65					0	0	36	36	1993
	抒情小品 op. 71/66					0	0	36	36	1993
	抒情小品 op. 71/69					0	0	9	9	1994
	E 小调奏鸣曲 op. 7	0	2	0	0				2	1944
	6 首歌曲	0	1	5	0				6	1947
	18 首歌曲	0	0	0	0	0	0	2	2	1993（7月28日于莫斯科）
	第二组曲					6	5	0	11	1978（4月17日于莫斯科）
	第三组曲					7	5	0	12	1978（8月24日于沃洛斯）
	第五组曲	0		0	13	3	5	0	21	1962（5月19日于佛罗伦萨）
亨德尔	第八组曲					3	5	0	8	1979（3月14日于东京）
	第九组曲					1	6	0	7	1979（7月8日于莫尔恩斯河畔马尔西利）
	第十二组曲					1	6	0	7	1979（7月8日于莫尔恩斯河畔马尔西利）

作曲家	曲目	30S	40S	50S	60S	70S	80S	90S	总计	首演年份（日期、地点）
享德尔	第十四组曲					1	6	0	7	1979（7月8日于莫尔河畔恩斯河西利）
	第十六组曲					1	6	0	7	1979（7月8日于莫尔河畔恩斯河西利）
	咏叹调	0	0	2	0				2	1955（4月2日于列宁格勒）
海顿	D大调钢琴协奏曲 Hob. xviii: 11					0	2	0	2	1983（12月8日于明思克）
	行板与变奏曲 Hob. xvii: 12					0	0	28	28	1992（2月22日于茹屈埃）
	降B大调第十一奏鸣曲 Hob. xvi: 2	0	0	0	0	0	4	0	4	1985（5月6日于莫斯科）
	降A大调第三十一奏鸣曲 Hob. xvi: 46	0	0	0	0	0	10	25	35	1986（5月16日于米兰）
	G小调第三十二奏鸣曲 Hob. xvi: 44	0	0	0	11	0	16	0	27	1960
	C小调第三十三奏鸣曲 Hob. xvi: 20	0	3	2	5	0	0	7	17	1947
	E大调第三十七奏鸣曲 Hob. xvi: 22	0	0	0	4				4	1961（4月17日于莫斯科）
	D大调第三十九奏鸣曲 Hob. xvi: 24					0	36	0	36	1984（3月27日于东京）
	降E大调第四十三奏鸣曲 Hob. xvi: 28	0	0	0	11				11	1966（7月16日于斯波莱托）
	F大调第四十四奏鸣曲 Hob. xvi: 29	0	0	0	1	0	0	13	14	1961（7月8日于伦敦）

附录二　里赫特演出曲目列表

续表

作曲家	曲目	30S	40S	50S	60S	70S	80S	90S	总计	首演年份（日期、地点）
海顿	A 大调第四十五奏鸣曲 Hob. xvi: 30	0			0				10	1945
	B 小调第四十七奏鸣曲 Hob. xvi: 32		5	5		0	22	0	22	1984（3 月 27 日于东京）
	C 大调第四十八奏鸣曲 Hob. xvi: 35	0	0	0	24				24	1960（9 月 23 日于莫斯科）
	G 大调第五十四奏鸣曲 Hob. xvi: 40					0	12	0	12	1986（10 月 21 日于长野）
	降 B 大调第五十五奏鸣曲 Hob. xvi: 41					0	18	6	24	1986
	D 大调第五十六奏鸣曲 Hob. xvi: 42					0	0	12	12	1995
	F 大调第五十七奏鸣曲 Hob. xvi: 47					0	0	6	6	1995
	C 大调第五十八奏鸣曲 Hob. xvi: 48	0	0	0	16	0	39	0	55	1966（7 月 9 日于枫丹白露）
	降 E 大调第五十九奏鸣曲 Hob. xvi: 49	0	4	0	2				6	1946
	D 大调第六十一奏鸣曲 Hob. xvi: 51					0	0	2	2	1995
	降 E 大调第六十二奏鸣曲 Hob. xvi: 52	0	3	14	47	0	37	2	103	1946
欣德米特	第二室内乐 op. 36/1					16	8	0	24	1977（12 月 8 日于德累斯顿）
	巴松奏鸣曲（1938）					3	0	0	3	1978（4 月 17 日于莫斯科）
	小号奏鸣曲（1939）					3	0	0	3	1978（4 月 17 日于莫斯科）

作曲家	曲目	30S	40S	50S	60S	70S	80S	90S	总计	首演年份（日期，地点）
	降E大调中提琴奏鸣曲 op. 11/4					0	18	0	18	1984（10月5日于茹科夫斯基）
	降E大调小提琴奏鸣曲 op. 11/1					15	0	0	15	1977（10月11日于列宁格勒）
	D大调小提琴奏鸣曲 op. 11/2					4	0	0	4	1978
	E大调小提琴奏鸣曲（1935）					4	0	0	4	1978（4月25日于尤尔马拉）
欣德米特	C大调小提琴奏鸣曲（1939）					19	0	0	19	1976（5月10日于莫斯科）
	调性游戏					0	7	0	7	1985（4月7日于布达佩斯）
	A大调第一奏鸣曲	0	0	0	15				15	1962（5月19日于佛罗伦萨）
	G大调第二奏鸣曲					0	15	0	15	1985（4月7日于布达佩斯）
	"1922" 组曲 op. 26					0	14	0	14	1988（10月23日于京都）
雅纳切克	小协奏曲					0	5	0	5	1980（8月2日于莫斯科）
	降E大调第一协奏曲	0	4	9	3				16	1949
李斯特	A大调第二协奏曲	0	0	5	7				12	1955（3月14日于莫斯科）
	匈牙利民歌主题幻想曲	0	0	1	3				4	1955（8月27日于奇斯洛沃茨克）
	为双钢琴而作的悲怆协奏曲	0	1	2	0				3	1942

附录二　里赫特演出曲目列表

作曲家	曲目	30S	40S	50S	60S	70S	80S	90S	总计	首演年份（日期、地点）
李斯特	旅行岁月：在泉水边	0	2	12	0				14	1948
	旅行岁月：奥伯曼山谷	0	1	13	0				14	1948
	旅行岁月：婚礼	0	1	7	0				8	1948
	旅行岁月：彼特拉克的十四行诗第123号	0	5	30	0				35	1944
	旅行岁月：艾斯特庄园的绿庄	0	8	10	0				18	1945
	圣母颂：来自洛姆的钟声	0	8	4	0	0	11	0	11	1982（7月4日于帕尔梅斯梅来）
	叹息：第三音乐会练习曲	0	8	4	0	0	5	0	17	1947
	第六慰藉曲	0	0	3	0	0	43	0	46	1957（4月29日于莫斯科）
	魔王（改编自舒伯特歌曲）	0	6	0	0				6	1947
	超技练习曲第一首：前奏曲	0	13	34	0	0	13	0	60	1943
	A小调超技练习曲第二首	0	3	34	0	0	13	0	50	1949
	超技练习曲第三首：风景	1	13	42	0	0	13	0	69	1938
	超技练习曲第五首：鬼火	2	18	60	0	0	16	0	96	1938

作曲家	曲目	30S	40S	50S	60S	70S	80S	90S	总计	首演年份（日期、地点）
李斯特	超技练习曲第七首：英雄	0	16	23	0	0	15	0	54	1943
	超技练习曲第八首：狩猎	0	4	21	0	0	13	0	38	1945
	F小调超技练习曲第十首	0	3	25	0	0	14	0	42	1949
	超技练习曲第十一首：夜之和谐	3	8	43	0	0	25	0	79	1938
	侏儒之舞	0	10	8	0	0	4	0	22	1947
	诗与宗教的和谐：追忆逝者	0	0	4	0	0	11	0	15	1957（4月29日于莫斯科）
	诗与宗教的和谐：葬礼	0	10	7	0				17	1943
	诗与宗教的和谐：悲伤的行板					1	12	0	13	1975（10月10日于莫斯科）
	第十七匈牙利狂想曲	0	0	6	1	0	43	0	50	1957（4月29日于莫斯科）
	伊索尔德的"爱之死"（瓦格纳版）	1	1	0	0				2	1938
	升F大调音乐会作品					0	14	0	14	1988（2月24日）
	爱之梦：降E大调第二首	0	6	4	0				10	1945
	爱之梦：降A大调第三首	0	6	4	0				10	1945
	葬礼小船	0	0	2	0				2	1950

附录二 里赫特演出曲目列表

续表

作曲家	曲目	30S	40S	50S	60S	70S	80S	90S	总计	首演年份（日期、地点）
	梅菲斯特波尔卡					0	14	0	14	1988（2月24日）
	梅菲斯特第一华尔兹	0	10	21	0				31	1947
	梅菲斯特第二华尔兹					0	14	0	14	1988（2月24日）
	灰色的云	0	0	4	0	0	53	0	57	1954（10月14日于莫斯科）
	E大调第二波罗奈兹	0	6	24	0	0	43	0	73	1947
	谐谑曲与进行曲	0	0	2	0	0	15	0	17	1957（4月29日于莫斯科）
李斯特	G小调谐谑曲					0	37	0	37	1988（2月24日）
	B小调奏鸣曲	2	16	8	47				73	1938
	第一被遗忘的圆舞曲	0	24	29	0				53	1944
	第二被遗忘的圆舞曲	0	9	15	0				24	1947
	第三被遗忘的圆舞曲	0	9	5	0				14	1947
	威尼斯与拿波里	0	15	15	0				30	1943
	10首歌曲	0	11	20	0				31	1947
利亚多夫	降B大调短歌 op. 48/2	0	0	1	0				1	1952

作曲家	曲目	30S	40S	50S	60S	70S	80S	90S	总计	首演年份（日期、地点）
利亚多夫	A 大调练习曲 op. 48/1	0	2	1	0				3	1947
	音乐盒 op. 32	0	7	3	0				10	1947
梅特纳	B 小调第一小提琴奏鸣曲 op. 21					0	1	0	1	1981（12 月 27 日于莫斯科）
	奏鸣曲（回忆）op. 38/1	0	2	0	0	0	1	0	3	1947
	普希金的 12 首歌	0	0	0	0	0	2	0	2	1981（12 月 27 日于莫斯科）
	2 首歌曲 op. 36	0	0	3	0				3	1958（1 月 21 日于莫斯科）
门德尔松	D 大调第二大提琴奏鸣曲 op. 58	0	0	0	1				1	1969（7 月 3 日于帕尔赛梅斯莱）
	无词歌 op. 19/1					28	0	0	28	1972（2 月 12 日于基辅）
	无词歌 op. 19/2					28	0	0	28	1972
	无词歌 op. 19/3					28	0	0	28	1972
	无词歌 op. 19/5					29	0	0	29	1972
	无词歌 op. 19/6					29	0	0	29	1972
	庄严变奏曲 op. 54	0	8	12	26				46	1946
莫扎特	F 大调第一协奏曲 K 37	0	0	0	0	0	0	2	2	1994（2 月 22 日于大阪）

附录二　里赫特演出曲目列表

续表

作曲家	曲目	30S	40S	50S	60S	70S	80S	90S	总计	首演年份（日期、地点）
	D大调第五协奏曲 K175					0	0	2	2	1994（2月22日于大阪）
	降B大调第六协奏曲 K238					0	0	1	1	1994（4月18日于首尔）
	降E大调第九协奏曲 K271	0	0	0	4	0	0	2	6	1966（11月29日于萨尔茨堡）
	降E大调第十协奏曲 K449	0	0	0	2	4	0	0	6	1967（6月1日于莫斯科）
	降B大调第十五协奏曲 K450	0	0	0	10				10	1968（1月27日于萨尔茨堡）
	G大调第十七协奏曲 K453	0	0	0	11	2	0	0	13	1968（4月9日于莫斯科）
	降B大调第十八协奏曲 K456	0	0	0	0	2	0	2	4	1977（1月9日于莫斯科）
莫扎特	D小调第二十协奏曲 K466	0	1	10	0				11	1943
	降E大调第二十二协奏曲 K482	0		0	9	4	0	0	13	1966（7月31日于普罗旺斯地区艾克斯）
	C小调第二十四协奏曲 K491					12	0	0	12	1971（6月22日于莫斯科）
	C大调第二十五协奏曲 K503					0	0	1	1	1992（12月1日于莫斯科）
	降B大调第二十七协奏曲 K595	0	0	0	9	7	0	4	20	1965（6月16日于布莱斯堡）
	G小调钢琴四重奏 K478					0	2	0	2	1982（12月25日于莫斯科）
	降E大调钢琴四重奏 K493					0	2	0	2	1982（12月29日于莫斯科）

作曲家	曲目	30S	40S	50S	60S	70S	80S	90S	总计	首演年份（日期、地点）
	D 大调双钢琴奏鸣曲 K448	0	0	0	1				1	1967（6 月 20 日于斯内普）
	C 大调双钢琴奏鸣曲 K521	0	0	0	1				1	1966（6 月 19 日于奥尔德堡）
	E 小调第二十一小提琴奏鸣曲 K304					8	8	0	16	1974（10 月 14 日于那不勒斯）
	A 大调第二十二小提琴奏鸣曲 K305					14	8	0	22	1974（10 月 14 日于那不勒斯）
	D 大调第二十三小提琴奏鸣曲 K306					20	8	0	28	1974（4 月 14 日于莫斯科）
	降 B 大调小提琴奏鸣曲 K372					20	0	0	20	1974（4 月 14 日于莫斯科）
莫扎特	F 大调第二十四小提琴奏鸣曲 K376					7	2	0	9	1975（5 月 2 日于第比利斯）
	降 B 大调第二十六小提琴奏鸣曲 K378					8	2	0	10	1974（4 月 14 日于莫斯科）
	G 大调第二十七小提琴奏鸣曲 K379					8	2	0	10	1974（4 月 14 日于莫斯科）
	降 E 大调第二十八小提琴奏鸣曲 K380					9	2	0	11	1975（5 月 6 日于奇洛兹洛沃茨克）
	A 大调第二十九小提琴奏鸣曲 K402					9	0	0	9	1974（10 月 14 日于那不勒斯）
	C 大调第三十小提琴奏鸣曲 K403					6	2	0	8	1975（5 月 20 日于莫斯科）
	C 大调第三十一小提琴奏鸣曲 K404					24	8	0	32	1974（4 月 14 日于莫斯科）
	降 B 大调第三十二小提琴奏鸣曲 K454					6	2	0	8	1975（5 月 20 日于莫斯科）

附录二 里赫特演出曲目列表

273

作曲家	曲目	30S	40S	50S	60S	70S	80S	90S	总计	首演年份（日期、地点）
莫扎特	C小调幻想曲 K475	0	0	0	11	0	0	26	37	1965（9月9日于卢布尔雅那）
	D大调小步舞曲 K355	0	0	0	2				2	1968（1月25日于萨尔茨堡）
	C大调前奏曲与赋格 K394	0	0	0	2				2	1968（1月25日于萨尔茨堡）
	A小调回旋曲 K511	0	2	6	1				9	1945
	F大调第二奏鸣曲 K280	0	0	0	33				33	1961（11月29日于莫斯科）
	降E大调第四奏鸣曲 K282	0	0	7	0	0	14		21	1953（2月14日于埃里温）
	G大调第五奏鸣曲 K283	0	0	0	24	0	0	5	29	1965（11月14日于里加）
	C大调第七奏鸣曲 K309	0	0	0	20				20	1967（12月29日于伊斯坦布尔）
	A小调第八奏鸣曲 K310	0	19	44	7	0	16	0	86	1941
	降B大调第十三奏鸣曲 K333	0	0	0	12	0	0	7	19	1966（1月28日于萨尔茨堡）
	C小调第十四奏鸣曲 K457	0	0	0	14	0	0	20	34	1965（9月9日于卢布尔雅那）
	F大调第十五奏鸣曲 K533/494	0	3	4	0	0	11	5	23	1944
	C大调第十六奏鸣曲 K545	0	1	16	0	0	14	5	36	1941
	降B大调第十七奏鸣曲 K570				0	0	0	7	7	1990（1月29日于普罗旺斯地区艾克斯）

作曲家	曲目	30S	40S	50S	60S	70S	80S	90S	总计	首演年份（日期、地点）
莫扎特	据《漂亮的法国姑娘》而作的变奏曲 K353	0	0	0	12			0	12	1968（1月25日于萨尔茨堡）
	8首艺术歌曲	0	7	22	0			0	29	1946
	图画展览会	0	5	55	27	17	0	0	104	1949
穆索尔斯基	育儿室	0	0	29	0				29	1953（1月30日于第比利斯）
	死亡歌舞	0	1	1	0				2	1949
	歌曲	0	5	3	0				8	1949
米亚斯科夫斯基	为大提琴和钢琴而作的第二奏鸣曲 op. 81	0	0	2	0			0	2	1953（12月3日于莫斯科）
	C小调第三奏鸣曲 op. 19	0	1	9	0	12	0	0	22	1947
科夫斯基	4首歌曲	0	0	4	0				4	1952
	7首浪漫曲	0	1	7	0				8	1947
普朗克	晨曲：舞蹈协奏曲	0	0	2	2				4	1957（6月2日于莫斯科）
	双钢琴协奏曲					0	0	3	3	1993（6月18日于卡昂）
普罗科	降D大调第一协奏曲 op. 10	0	8	7	0			0	15	1943
菲耶夫	G小调第五协奏曲 op. 55	0	2	8	5	2	0	0	17	1941

附录二 里赫特演出曲目列表

一种音乐美学 肖斯塔科维...

作曲家	曲目	30S	40S	50S	60S	70S	80S	90S	总计	首演年份（日期、地点）
	E小调为大提琴与管弦乐队而作的交响协奏曲 op. 125	0	0	1	0				1	1952
	希伯来主题序曲 op. 34	0	2	2	1	0	3	0	8	1943
	C大调大提琴奏鸣曲 op. 119	0	2	6	1	0	0	10	19	1949
	D大调长笛奏鸣曲 op. 94	0	6	2	1	0	6	0	15	1943
	F小调第一小提琴奏鸣曲 op. 80					3	0	0	3	1972（3月29日于莫斯科）
普罗科菲耶夫	4首小品：舞曲 op. 32/1	0	2	16	9	18	9	0	54	1945
	4首小品：华尔兹 op. 32/4	0	2	16	8	17	3	0	46	1945
	风景画 op. 59/2	0	1	1	40	34	4	0	80	1940
	传奇 op. 12/6	0	0	0	4	17	8	0	29	1960（9月23日于莫斯科）
	田园小奏鸣曲 op. 59/3	0	1	0	12	0	4	0	17	1940
	思想 op. 62/3	0	2	0	12	0	4	0	18	1945
	3首小品（选自芭蕾《灰姑娘：加沃特舞曲》）op. 95/2	0	7	33	9	21	14	0	84	1947

作曲家	曲目	30S	40S	50S	60S	70S	80S	90S	总计	首演年份（日期、地点）
	10首小品（选自芭蕾《灰姑娘：秋仙子》）op. 97/3	0	0	7	2	21	6	0	36	1950
	10首小品（选自芭蕾《灰姑娘：东方舞曲》）op. 97/6	0	0	7	2	21	6	0	36	1950
	6首小品（选自芭蕾《灰姑娘：争吵》）op. 102/3	0	0	7	0	21	6	0	34	1950
普罗科菲耶夫	6首小品（选自芭蕾《灰姑娘：华尔兹》）op. 102/4	0	0	6	0	21	6	0	33	1950
	回旋曲 op. 52/2	0	2	2	0	0	4	0	8	1940
	D小调第二奏鸣曲 op. 14	1	3	13	55	0	8	15	95	1939
	C小调第四奏鸣曲 op. 29	0	8	2	17	0	6	12	45	1943
	A大调第六奏鸣曲 op. 82	0	9	9	67	0	12	0	97	1940
	降B大调第七奏鸣曲 op. 83	0	13	28	0	24	0	0	65	1943
	降B大调第八奏鸣曲 op. 84	0	9	12	33	15	0	0	69	1945

附录二　里赫特演出曲目列表

续表

作曲家	曲目	30S	40S	50S	60S	70S	80S	90S	总计	首演年份（日期、地点）
	C大调第九奏鸣曲 op. 103	0	0	12	0	8	5	0	25	1951
	魔鬼的诱惑 op. 4/4	0	0	0	9	0	2	0	11	1961
	瞬间幻想 op. 22/3	0	3	6	31	17	8	0	65	1945
	瞬间幻想 op. 22/4	0	3	4	32	17	8	0	64	1945
	瞬间幻想 op. 22/5	0	4	5	33	17	8	0	67	1945
	瞬间幻想 op. 22/6	0	3	5	33	17	8	0	66	1940
普罗科菲耶夫	瞬间幻想 op. 22/8	0	3	5	33	17	8	0	66	1945
	瞬间幻想 op. 22/9	0	3	5	32	17	8	0	65	1945
	瞬间幻想 op. 22/11	0	4	6	32	17	8	0	67	1940
	瞬间幻想 op. 22/14	0	3	6	30	17	8	0	64	1945
	瞬间幻想 op. 22/15	0	3	4	30	17	8	0	62	1945
	瞬间幻想 op. 22/18	0	3	4	29	17	8	0	61	1945
	瞬间幻想 op. 22/20	0	3	6	7	17	8	0	41	1945
	圆舞曲（选自歌剧《战争与和平》）op.96/1	0	0	0	54	43	13	0	110	1961（7月8日于伦敦）

作曲家	曲目	30S	40S	50S	60S	70S	80S	90S	总计	首演年份（日期、地点）
普罗科菲耶夫	5首阿卡马托娃歌曲 op. 27	0	2	2	0				4	1945
	俄罗斯民歌 op. 104	0	0	15	0				15	1951
	丑小鸭 op. 18	0	5	15	0				20	1947
	升F小调第一协奏曲 op. 1	0	8	7	0				15	1947
	C小调第二协奏曲 op. 18	0	9	11	0				20	1943
	第二双钢琴组曲 op. 17	0	1	1	0				2	1942
拉赫玛尼诺夫	G小调船歌 op. 10/3	0	5	4	0	0	8	0	17	1942
	音画练习曲 op. 33/3	0	9	6	0	0	69	0	84	1946
	音画练习曲 op. 33/4					0	68	0	68	1983（5月24日于克林）
	音画练习曲 op. 33/5	0	1	0	9	0	73	0	83	1946
	音画练习曲 op. 33/6	0	0	2	0	2	0	0	4	1953
	音画练习曲 op. 39/1	0	8	7	20	0	68	0	103	1942
	音画练习曲 op. 39/2	0	9	6	21	0	72	0	108	1945
	音画练习曲 op. 39/3	0	5	14	55	0	74	0	148	1945

附录二　里赫特演出曲目列表

作曲家	曲目	30S	40S	50S	60S	70S	80S	90S	总计	首演年份（日期、地点）
	音画练习曲 op. 39/4	0	4	6	20	0	74	0	104	1945
	音画练习曲 op. 39/7	0	3	8	2				13	1942
	音画练习曲 op. 39/9	0	8	8	41	2	65	0	124	1945
	爱之喜悦（克莱斯勒的编曲）	0	4	1	0				5	1946
	E 大调旋律歌曲 op. 3/3	0	15	0	0	2	1	0	18	1942
	E 大调旋律歌曲（订正版）op. 3/3	0	0	0	0	0	5	0	5	1982（1 月 4 日于莫斯科）
拉赫玛尼诺夫	音乐瞬间 op. 16/6	0	7	0	0	2	1	0	10	1946
	升 F 小调普东奇内拉 op. 3/4	0	6	0	0	2	1	0	9	1946
	降 A 大调波尔卡（unidentified）	0	13	0	0	2	1	0	16	1942
	前奏曲 op. 23/1	0	15	33	54	14	0	0	116	1942
	前奏曲 op. 23/2	1	29	61	52	14	0	0	157	1939
	前奏曲 op. 23/4	1	22	39	51	14	0	0	127	1939
	前奏曲 op. 23/5	1	27	76	51	14	0	0	169	1939
	前奏曲 op. 23/7	0	17	31	51	26	0	0	125	1942

作曲家	曲目	30S	40S	50S	60S	70S	80S	90S	总计	首演年份（日期、地点）
	前奏曲 op. 23/8	0	17	17	50	19	0	0	103	1943
	前奏曲 op. 32/1	0	9	17	50	17	0	0	93	1942
	前奏曲 op. 32/2	0	6	18	51	16	0	0	91	1942
	前奏曲 op. 32/6	0	12	14	51	14	0	0	91	1946
	前奏曲 op. 32/7	0	16	23	54	14	0	0	107	1942
拉赫玛尼诺夫	前奏曲 op. 32/9	0	3	15	33	14	0	0	65	1943
	前奏曲 op. 32/10	0	26	39	55	15	0	0	135	1942
	前奏曲 op. 32/12	0	41	117	92	61	8	0	319	1942
	浪漫曲 op. 10/6	0	4	1	0	2	1	0	8	1942
	10首歌曲	0	2	3	0				5	1945
	3首浪漫曲	0	4	5	0				9	1947
	9首浪漫曲	0	4	2	0				6	1945
拉威尔	为左手而作的协奏曲	0	0	4	5	0	3	0	12	1951
	A 小调钢琴三重奏					0	6	0	6	1983（7 月 3 日于帕尔赛梅斯来）

附录二 里赫特演出曲目列表

281

续表

作曲家	曲目	30S	40S	50S	60S	70S	80S	90S	总计	首演年份（日期、地点）
拉威尔	G大调小提琴奏鸣曲	0	0	0	0	0	3	0	3	1986（9月15日于哈巴罗夫斯克）
	夜之幽灵	0	0	2	7				9	1954（3月26日于布达佩斯）
	水上游戏	0	3	21	14				38	1944
	镜子：夜蛾	0	0	1	18	0	0	25	44	1959（11月2日于布拉格）
	镜子：悲鸟	0	0	1	43	0	0	25	69	1959（11月2日于布拉格）
	镜子：海上孤舟	0	0	0	38	0	0	25	63	1964（6月23日于帕尔赛梅斯莱）
	镜子：丑角的晨歌	1	3	22	27	0	0	25	78	1939
	镜子：钟声谷	0	5	8	27	0	1	38	79	1943
	悼念公主的帕凡舞曲	0	1	4	8				13	1944
	高贵而感伤的圆舞曲	1	2	2	16	0	0	25	46	1939
	5首希腊民歌	0	0	10	0				10	1956（6月27日于莫斯科）
	哈巴奈拉舞曲式的练声曲	0	0	9	0				9	1954（5月3日于莫斯科）
雷格尔	C小调钢琴五重奏 op.64	0	0	0	2				2	1960（5月28日）
	双钢琴赋格与变奏曲 op.86					0	0	6	6	1995（3月13日于维也纳）

续表

作曲家	曲目	30S	40S	50S	60S	70S	80S	90S	总计	首演年份（日期、地点）
里姆斯基-科萨科夫	升C小调协奏曲 op. 30	0	5	4	0				9	1949
	8首旋律	0	5	5	0				10	1947
圣-桑	G小调第二协奏曲 op. 22					0	0	4	4	1993（5月19日于维也纳）
	F大调第五协奏曲 op. 103	0	0	9	0	0	0	6	15	1952
	C小调第一大提琴奏鸣曲 op. 32					0	0	9	9	1991（11月30日于斯摩雷斯克）
	为双钢琴而作的贝多芬主题变奏曲 op. 35	0	1	0	0				1	1942
舒伯特	A大调钢琴五重奏（鳟鱼）D667	0	2	0	0	0	5	0	7	1944
	A大调钢琴与小提琴奏鸣曲 D574（Duo）	0	0	0	6	0	1		7	1967（7月2日于帕尔赛梅斯莱）
	为钢琴二重奏而作的 B 小调小行板杂集 D823/2	0	0	0	1				1	1965（6月22日于奥尔登堡）
	为钢琴二重奏而作的匈牙利嬉游曲 D818	0	0			3	0	0	3	1977（6月20日于霍恩埃姆斯）
	为钢琴二重奏而作的 E 小调嬉游曲 D823	0	0			3	0	0	3	1977（6月20日于霍恩埃姆斯）
	为钢琴二重奏而作的 F 小调幻想曲 D940	0	0	0	1				1	1965（6月22日于奥尔登堡）

附录二　特赫里出演曲目列表

283

续表

作曲家	曲目	30S	40S	50S	60S	70S	80S	90S	总计	首演年份（日期、地点）
舒伯特	为钢琴二重奏而作的4首兰德勒舞曲 D814					1	0	0	1	1977（7月1日于帕兰勒赛梅斯来）
	为钢琴二重奏而作的第一特性进行曲 D886/1					3	0	0	3	1977（6月20日于霍恩埃姆斯）
	为钢琴二重奏而作的G小调进行曲（儿童进行曲）D928					3	0	0	3	1977（6月20日于霍恩埃姆斯）
	为钢琴二重奏而作的降B大调奏鸣曲 D617					3	0	0	3	1977（6月20日于霍恩埃姆斯）
	为钢琴二重奏而作的C大调奏鸣曲 D812（Grand Duo）	0	0	0	1				1	1965（6月22日于奥尔德堡）
	为钢琴二重奏而作的法国歌曲E小调变奏曲 D624					3	0	0	3	1977（6月20日于霍恩埃姆斯）
	为钢琴二重奏而作的降A大调原创主题变奏曲 D813	0	0	0	1				1	1964（6月20日于奥尔德堡）
	C小调小快板 D915	0	0	0	7	5	0	0	12	1961（10月22日于巴黎）
	12首德国舞曲 op.171: no.8, 降A小调 D790/8					1			1	1978

作曲家	曲目	30S	40S	50S	60S	70S	80S	90S	总计	首演年份（日期、地点）
	12 首德国舞曲 op. 171: no. 11，降 A 大调 D790/11					1	0	0	1	1978（10 月 18 日于莫斯科）
	降 A 大调第一埃科赛斯舞曲（unidentified）	0	0	1	0	1	0	0	2	1953（5 月 3 日于莫斯科）
	降 A 大调第二埃科赛斯舞曲（unidentified）					1	0	0	1	1978
	降 E 大调第三埃科赛斯舞曲（unidentified）	0	0	0	0	1	0	0	1	1978（10 月 18 日于莫斯科）
	降 E 大调第六埃科赛斯舞曲（unidentified）	0	0	1	0	1	0	0	2	1957
舒伯特	A 小调埃科赛斯舞曲 op. 67/1 D734/17	0	0	1	0	1	0	0	2	1953
	A 大调埃科赛斯舞曲 op. 67/2 D734/18	0	0	1	0	1	0	0	2	1953
	降 E 大调即兴曲 op. 90/2 D899/2	0	2	22	0	11	0	0	35	1945
	降 G 大调即兴曲 op. 90/3 D899/3	0	3	16	21	6	0	0	46	1945
	降 A 大调即兴曲 op. 90/4 D899/4	0	6	25	25	20	0	0	76	1945
	降 A 大调即兴曲 op. 142/2 D935/2	0	2	6	6				14	1945
	A 大调钢琴小品 D604	0	0	0	5	4	0	0	9	1966（6 月 28 日于帕尔赛梅斯莱）
	3 首钢琴小品：降 E 小调第 1 首 D946/1	0	0	0	18				18	1961（10 月 22 日于巴黎）

作曲家	曲目	30S	40S	50S	60S	70S	80S	90S	总计	首演年份（日期、地点）
	3首钢琴小品：降 E 大调第 2 首 D946/2	0	0	0	20				20	1963（3 月 1 日于维也纳）
	3首钢琴小品：C 大调第 3 首 D946/3	0	0	0	23			0	23	1963（2 月 9 日于布鲁塞尔）
	4首兰德勒 op. post. 1 (unidentified)	0	0	4	3	7	0	0	14	1953（5 月 3 日于莫斯科）
	4首兰德勒 op. post. 3 (unidentified)	0	0	4	2	7	0	0	13	1953
	4首兰德勒 op. post. 4 (unidentified)	0	0	4	2	7	0	0	13	1953
	4首兰德勒 op. post. 5 (unidentified)	0	0	4	2	7	0	0	13	1953
舒伯特	E 大调进行曲 D606	0	0	2	3				5	1958（1 月 31 日于莫斯科）
	C 大调音乐瞬间 op. 94/1 D780/1	0	3	24	1	21	0	0	49	1946
	F 小调音乐瞬间 op. 94/3 D780/3	0	2	5	2	20	0	0	29	1946
	降 A 大调音乐瞬间 op. 94/6 D780/6	0	1	4	2	7	0	0	14	1949
	降 D 大调谐谑曲 D593/2	0	0	0	4	4	0	0	8	1966（7 月 9 日于枫丹白露）
	E 大调奏鸣曲 D459	0	0	0	0	2	5	0	7	1978（7 月 2 日于图尔）
	E 小调奏鸣曲 D566	0	0	2	13	12	0	0	27	1953（5 月 3 日于莫斯科）
	B 大调奏鸣曲 op. 147 D575	0	0	0	31	12	0	0	43	1965（4 月 2 日于华盛顿）

续表

作曲家	曲目	30S	40S	50S	60S	70S	80S	90S	总计	首演年份（日期、地点）
舒伯特	F小调奏鸣曲 D625					62	0	0	62	1978（6月2日于莫斯科）
	A大调奏鸣曲 op.120 D664	0	0	18	11	36	0	0	65	1953（10月31日于莫斯科）
	A小调奏鸣曲 op.143 D784	0	0	18	10	9	0	0	37	1957（4月8日于莫斯科）
	C大调奏鸣曲 D840（inc.）	0	0	0	2	22	1	0	25	1961（10月22日于巴黎）
	A小调奏鸣曲 op.42 D845	0	0	17	0				17	1953（10月18日于列宁格勒）
	D大调奏鸣曲 op.53 D850	0	5	7	0				12	1946
	G大调奏鸣曲 op.78 D894	0	3	2	0	4	9	0	18	1948
	C小调奏鸣曲 D958	0	0	9	0	54	0	0	63	1950
	降B大调奏鸣曲 D960	0	1	5	16	20	0	0	42	1949
	根据安塞姆·许腾布莱纳主题而作的13首变奏曲 D576	0	0	0	19	8	0	0	27	1969（7月15日于圣彼罗姆）
	12首圆舞曲 op.18 D145	0	0	3	11	0			14	1951
	C大调幻想曲（漫游者）D760	2	14	8	23	0	0	11	58	1938
	美丽的磨坊女 D795	0	1	3	0				4	1948

附录二 里赫特演出曲目列表

287

续表

作曲家	曲目	30S	40S	50S	60S	70S	80S	90S	总计	首演年份（日期、地点）
舒伯特	冬之旅 D911	0	6	1	0	0	3	0	10	1947
	9首选自《天鹅之歌》（D957）的歌曲	0	2	1	0			0	3	1945
	歌德的9首诗歌	0	12	17	0			0	29	1945
	23首歌曲	0	0	0	0	8	0	0	8	1977（7月2日于图尔）
舒曼	A小调协奏曲 op.54	0	12	11	0	11	0	0	34	1941
	引子与热情的快板 op.92	0	1	2	1				4	1949
	为双钢琴、双大提琴以及圆号而作的行板与变奏曲					16	0	0	16	1978（6月11日于莫斯科）
	为钢琴二重奏而作的《东方绘卷》op.66	0	0	0	1	0	3	0	4	1966（6月21日于奥尔德堡）
	为中提琴和钢琴而作的《童话画册》op.113		0	0		0	4	0	4	1985（12月11日于莫斯科）
	为单簧管和钢琴而作的幻想小品3首 op.73	0	0	0	1	0	2	0	3	1969（7月3日帕尔赛梅斯莱）
	钢琴五重奏 op.44	0	4	2	3	0	3	2	14	1942
	第一钢琴三重奏 op.63					0	5	0	5	1985（12月11日于莫斯科）

作曲家	曲目	30S	40S	50S	60S	70S	80S	90S	总计	首演年份（日期、地点）
	阿贝格主题变奏曲 op. 1	0	0	1	9				10	1955（6 月 20 日于莫斯科）
	降 D 大调（花之歌）op. 19					0	17	0	17	1985（12 月 13 日于莫斯科）
	彩叶集 op. 99	0	0	9	19	17	0	0	45	1951
	C 大调幻想曲 op. 17	0	9	11	4	25	12	0	61	1940
	维也纳狂欢节 op. 26	0	0	10	23	38	0	0	71	1950
	D 小调赋格 op. 72/1	0	0	9	0	0	16	0	25	1956（9 月 18 日于莫斯科）
舒曼	D 小调赋格 op. 72/2	0	0	9	0	0	16	0	25	1956
	F 小调赋格 op. 72/3	0	0	9	0	0	16	0	25	1956
	F 大调赋格 op. 72/4	0	0	9	0	0	16	0	25	1956
	降 B 大调（幽默曲）op. 20	0	0	15	0				15	1955（6 月 20 日于莫斯科）
	帕格尼尼随想曲主题音乐会练习曲 op. 10/4					0	68	0	68	1985（12 月 11 日于莫斯科）
	帕格尼尼随想曲主题音乐会练习曲 op. 10/5					0	68	0	68	1985（12 月 11 日于莫斯科）
	帕格尼尼随想曲主题音乐会练习曲 op. 10/6					0	68	0	68	1985（12 月 11 日于莫斯科）
	G 小调进行曲 op. 76/2	0	0	9	0	0	18	0	27	1956（9 月 18 日于莫斯科）

附录二　里赫特演出曲目列表

续表

作曲家	曲目	30S	40S	50S	60S	70S	80S	90S	总计	首演年份（日期、地点）
	夜曲 op. 23	0	0			0	21	0	21	1986 (4月24日于布雷西亚)
	新事曲 op. 21/1	0	0	12	53	11	14	1	91	1952
	新事曲 op. 21/2	0	0	8	58	2	8	0	76	1952
	新事曲 op. 21/4	0	0	9	21	2	0	0	32	1952
	新事曲 op. 21/8	0	0	9	36	3	0	0	48	1952
	蝴蝶 op. 2	0	7	3	9				19	1948
舒曼	幻想小品集 op. 12/1	0	16	22	19	38	0	0	95	1943
	幻想小品集 op. 12/2	0	15	26	30	50	5	0	126	1943
	幻想小品集 op. 12/3	0	12	18	19	35	0	0	84	1943
	幻想小品集 op. 12/5	0	10	20	19	49	0	0	98	1943
	幻想小品集 op. 12/7	0	10	18	19	43	0	0	90	1943
	幻想小品集 op. 12/8	0	14	20	19	43	0	0	96	1943
	G 小调第二奏鸣曲 op. 22	0	5	8	35				48	1949
	交响练习曲 op. 13	0	8	8	33	35	1	0	85	1944

作曲家	曲目	30S	40S	50S	60S	70S	80S	90S	总计	首演年份（日期、地点）
舒曼	C 大调托卡塔 op. 7	1	2	24	0	0	18	0	45	1938
	森林情景 op. 82	0	4	9	0				13	1940
	诗人之恋 op. 48	0	5	5	0				10	1946
	女性的爱与生命 op. 42	0	1	0	0				1	1945
	10 首歌曲	0	7	15	0				22	1946
斯克里亚宾	普罗米修斯 op. 60					2	1	0	3	1972 (4 月 3 日于莫斯科)
	谜 op. 52/2	0	0	1	0			0	1	1956
	练习曲 op. 8/5	0	2	4	0			0	6	1946
	练习曲 op. 8/11	0	4	4	0				8	1947
	练习曲 op. 42/2	0	2	4	0	19	0	0	25	1946
	练习曲 op. 42/3	0	0	4	0	14	0	0	18	1952
	练习曲 op. 42/4	0	2	5	0	14	0	0	21	1946
	练习曲 op. 42/5	0	0	4	0	19	0	0	23	1952
	练习曲 op. 42/6	0	2	4	0	19	0	0	25	1947

作曲家	曲目	30S	40S	50S	60S	70S	80S	90S	总计	首演年份（日期、地点）
	练习曲 op. 42/8	0	2	4	0	19	0	0	25	1947
	练习曲 op. 65/1		3	4	0				7	1946
	练习曲 op. 65/2		4	4	0				8	1946
	练习曲 op. 65/3		4	5	0				9	1946
	B 小调幻想曲 op. 28	0	10	0	0	0	0	22	32	1942
斯克里亚宾	暗焰 op. 73/2					0	0	25	25	1992
	花环 op. 73/1					0	0	24	24	1992
	讽刺曲 op. 56/2	0	4	0	0	0	0	1	5	1944
	E 小调玛祖卡 op. 25/3	0	1	3	0				4	1949
	降 D 大调玛祖卡 op. 40/1					0	0	18	18	1992（4 月 21 日于加尔多内 - 里维耶拉）
	升 F 大调玛祖卡 op. 40/2					0	0	18	18	1992
	3 首小品 op. 2	0	7	4	0				11	1944
	音诗 op. 32/1	0	9	0	0	0	0	5	14	1944

作曲家	曲目	30S	40S	50S	60S	70S	80S	90S	总计	首演年份（日期、地点）
	音诗 op.52/1	0	3	1	0	5	0	0	9	1945
	夜曲音诗 op.61					0	0	39	39	1992（4月21日于加尔多内尔－里维耶拉）
斯克里亚宾	前奏曲 op.11/1	0	2	0	0				2	1949
	前奏曲 op.11/2	0	12	1	0	3	0	0	16	1940
	前奏曲 op.11/3	0	11	1	0	3	0	0	15	1940
	前奏曲 op.11/4	0	2	0	0				2	1949
	前奏曲 op.11/5	0	11	1	0	3	0	0	15	1943
	前奏曲 op.11/9	0	13	1	0	3	0	4	21	1940
	前奏曲 op.11/10	0	12	1	0	3	0	3	19	1940
	前奏曲 op.11/11	0	11	1	0	3	0	0	15	1942
	前奏曲 op.11/12					3	0	0	3	1972
	前奏曲 op.11/15	0	6	1	0	3	0	1	11	1942
	前奏曲 op.11/16	0	7	1	0	3	0	0	11	1942

附录二　里赫特演出曲目列表

作曲家	曲目	30S	40S	50S	60S	70S	80S	90S	总计	首演年份（日期、地点）
	前奏曲 op. 11/17	0	5	1	0	3	0	0	9	1940
	前奏曲 op. 11/18	0	6	1	0	3	0	0	10	1940
	前奏曲 op. 11/24	0	2	1	0	3	0	0	6	1943
	前奏曲 op. 13/1	0	2	1	0	3	0	0	6	1945
	前奏曲 op. 13/4	0	1	1	0	3	0	0	5	1945
	前奏曲 op. 37/1	0	1	1	0	14	0	0	16	1949
斯克里亚宾	前奏曲 op. 37/2	0	1	1	0	15	0	0	17	1949
	前奏曲 op. 37/3	0	1	1	0	3	0	0	5	1949
	前奏曲 op. 37/4	0	1	1	0	3	0	0	5	1949
	前奏曲 op. 39/3	0	5	1	0	15	0	0	21	1949
	前奏曲 op. 39/4	0	5	1	0	15	0	0	21	1949
	前奏曲 op. 51/2	0	2	2	0	3	0	0	7	1945
	前奏曲 op. 59/2	0	2	1	0	3	0	0	6	1944
	前奏曲 op. 74/1	0	1	2	0	3	0	1	7	1949

作曲家	曲目	30S	40S	50S	60S	70S	80S	90S	总计	首演年份（日期、地点）
斯克里亚宾	前奏曲 op. 74/3	0	1	2	0	3	0	0	6	1949
	前奏曲 op. 74/4	0	1	2	0	3	0	0	6	1949
	升 G 小调第二奏鸣曲 op. 19	1	12	2	0	17	0	3	35	1938
	升 F 大调第五奏鸣曲 op. 53	0	7	8	34	22	0	0	71	1947
	G 大调第六奏鸣曲 op. 62	0	1	1	0				2	1944
	升 F 大调第七奏鸣曲 op. 64	1	4	3	14	0	0	9	31	1938
	F 大调第九奏鸣曲 op. 68	0	8	1	7	4	0	0	20	1943
	朝向火焰 op. 72	0	9	3	0	0	0	29	41	1940
肖斯塔科维奇	G 小调钢琴五重奏 op. 57	0	1	2	6	0	9	0	18	1947
	E 小调第二钢琴三重奏 op. 67					0	6	0	6	1984（12月8日于莫斯科）
	中提琴奏鸣曲 op. 147			0		0	30	0	30	1980（8月2日于莫斯科）
	小提琴奏鸣曲 op. 134	0	0	0	4	1	9	0	14	1969（5月3日于莫斯科）
	前奏曲 op. 34/6					0	1	0	1	1985（8月3日于拉罗克当泰龙）
	前奏曲 op. 34/12					0	1	0	1	1985（8月3日于拉罗克当泰龙）

附录二　里赫特演出曲目列表

续表

作曲家	曲目	30S	40S	50S	60S	70S	80S	90S	总计	首演年份（日期、地点）
	前奏曲 op. 34/23					0	1	0	1	1985（6月28日于帕尔赛梅斯来）
	A 小调前奏曲与赋格 op. 87/2	0	0	14	0				14	1956（11月5日于莫斯科）
	G 大调前奏曲与赋格 op. 87/3	0	0	17	0				17	1956（2月12日于莫斯科）
	E 小调前奏曲与赋格 op. 87/4	0	0	13	19				32	1954（11月24日于华沙）
	B 小调前奏曲与赋格 op. 87/6	0	0	13	0				13	1956
	A 大调前奏曲与赋格 op. 87/7	0	0	14	0				14	1954
肖斯塔科维奇	升 F 小调前奏曲与赋格 op. 87/8	0	0	0	5	0			5	1963
	升 G 小调前奏曲与赋格 op. 87/12	0	0	1	19				20	1954
	降 E 小调前奏曲与赋格 op. 87/14	0	0	0	5				5	1963（4月29日于布达佩斯）
	降 D 大调前奏曲与赋格 op. 87/15	0	0	24	13				37	1956
	降 A 大调前奏曲与赋格 op. 87/17	0	0	1	13				14	1954
	F 小调前奏曲与赋格 op. 87/18	0	0	12	0				12	1956（9月15日于莫斯科）
	降 E 大调前奏曲与赋格 op. 87/19					0	11	0	11	1988
	C 小调前奏曲与赋格 op. 87/20					0	12	0	12	1988

作曲家	曲目	30S	40S	50S	60S	70S	80S	90S	总计	首演年份（日期、地点）
肖斯塔科维奇	降 B 大调前奏曲与赋格 op. 87/21					12	0	0	12	1973
	G 小调前奏曲与赋格 op. 87/22		0			12	0	0	12	1973（6 月 8 日于帕尔赛梅斯来）
	F 大调前奏曲与赋格 op. 87/23	0	0	12	19				31	1956
	摘自犹太民谣 op. 79	0	0	5	0				5	1958（1 月 21 日于莫斯科）
	歌曲（unidentified）	0	0	3	0				3	1952
西贝柳斯	2 首歌曲	0	0	1	0				1	1953（6 月 5 日于列宁格勒）
斯美塔那	歌曲	0	0	2	0				2	1952
斯特劳斯	诙谐曲（burleske）	0	0	0	2				2	1961（9 月 9 日于布加勒斯特）
斯特拉文斯基	随想曲（1929）					0	1	0	1	1985（6 月 29 日于帕尔赛梅斯科）
	乐章（1959）					0	3	0	3	1984（12 月 31 日于莫斯科）
斯基	为双钢琴而作的协奏曲（1935）					0	10	0	10	1985（6 月 5 日于莫斯科）
	钢琴－雷格泰姆调－音乐					0	8	0	8	1988（10 月 6 日于东京）
席曼诺夫斯基	为小提琴和钢琴而作的《神话》：阿莱瑟斯的喷泉 op. 30/1					0	6	0	6	1982

作曲家	曲目	30S	40S	50S	60S	70S	80S	90S	总计	首演年份（日期、地点）
	为小提琴和钢琴而作的《神话》：纳西赛斯 op. 30/2					0	6	0	6	1982（10月25日于莫诺杰诺奇诺）
	为小提琴和钢琴而作的《神话》：山林女神与牧神 op. 30/3					0	6	0	6	1982
席曼诺夫斯基	假面舞会：天方夜谭 op. 34/1	0	1	0	0	20	4	0	25	1946
	假面舞会：小丑坦特里斯 op. 34/2	0	1	0	0	20	4	0	25	1946
	玛祖卡 op. 50/1	0	1	1	0	0	7	0	9	1945
	玛祖卡 op. 50/3	0	0	1	0	0	7	0	8	1954（11月15日于华沙）
	玛祖卡 op. 50/12	0	0	1	0	0	4	0	5	1954
	玛祖卡 op. 50/13	0	0	1	0	0	3	0	4	1954
	玛祖卡 op. 50/16	0	0	1	0	0	3	0	4	1954
	玛祖卡 op. 50/17	0	0	1	0	0	7	0	8	1954
	玛祖卡 op. 50/18	0	0	1	0	0	7	0	8	1954
	排档间饰：塞王之鸟 op. 29/1					0	14	0	14	1988（10月23日于京都）

作曲家	曲目	30S	40S	50S	60S	70S	80S	90S	总计	首演年份（日期、地点）
席曼诺夫斯基	排档间饰：卡昌普奏 op. 29/2	1				0	14	0	14	1988（10月23日于京都）
	A大调第二奏鸣曲 op. 21		7	9	0	0	36	0	53	1939
	第三奏鸣曲 op. 36					0	13	0	13	1982（10月15日于莫斯科）
	狂热首礼员之歌 op. 42					0	13	0	13	1980（8月2日于莫斯科）
	詹姆斯·乔伊斯作词的7首歌曲					0	10	0	10	1982（10月15日于莫斯科）
塔涅耶夫	歌曲	0	0	1	0				1	1958（1月21日于莫斯科）
柴可夫斯基	降B小调第一协奏曲 op. 23	0	15	27	10				52	1940
	A小调钢琴三重奏 op. 50	0	1	0	0	0	6	0	7	1945
	降B大调随想曲 op. 19/6	0	3	0	0	0	20	0	23	1947
	G小调（悲歌）op. 40/2	0	0	1	0	2	21	0	24	1952
	E大调（恶作剧）op. 72/12	0	0	1	1	2	21	0	25	1952
	E小调幽默歌曲 op. 10/2	0	4	1	0	0	20	0	25	1947
	D大调（冥想曲）op. 72/5	0	1	2	0	0	20	0	23	1949
	降E大调诸诺小步舞曲 op. 51/3	0	0	1	0	2	21	0	24	1952

续表

作曲家	曲目	30S	40S	50S	60S	70S	80S	90S	总计	首演年份（日期、地点）
	F大调夜曲 op. 10/1	0	3	0	0	0	20	0	23	1947
	升C小调肖邦风格曲 op. 72/15	0	0	1	0	2	19	0	22	1952
	G小调（夜之梦幻曲）op. 19/1	0	0	1	0	2	21	0	24	1952
	F小调浪漫曲 op. 5	0	4	1	0	0	20	0	25	1947
	F大调浪漫曲 op. 51/5	0	0	1	0	2	21	0	24	1952
	四季：一月 op. 37b	0	9	10	6	0	21	0	46	1944
柴可夫斯基	四季：五月 op. 37b	0	9	12	9	1	21	0	52	1944
	四季：六月 op. 37b	0	9	12	6	0	21	0	48	1944
	四季：十一月 op. 37b	0	9	15	9	0	21	0	54	1944
	G大调奏鸣曲 op. 37	0	10	15	0	0		0	25	1942
	降A大调圆舞曲 op. 40/8	0	1	0	0	0	20	0	21	1947
	降A大调沙龙圆舞曲 op. 51/1	0	0	1	0	3	21	0	25	1952
	A大调诙谐圆舞曲 op. 7	0	6	1	0	0	20	0	27	1947
	9首歌曲	0	14	16	0				30	1945
	21首歌曲	0	3	1	0				4	1946

作曲家	曲目	30S	40S	50S	60S	70S	80S	90S	总计	首演年份（日期、地点）
瓦格纳	悲歌（Schmachtend）					34	18	1	53	1975（1月12日于莫斯科）
	3首歌曲	0	1	0	0				1	1949
韦伯	第一奏鸣曲 op. 24					0	2	0	2	1981（6月17日于莫斯科）
	第三奏鸣曲 op. 49	0	5	6	17	0	0	7	35	1948
韦伯恩	变奏曲 op. 27					0	19	0	19	1985（6月11日于明斯克）
韦克林	5首田园诗	0	16	25	0				41	1945
沃尔夫	20首歌曲（莫里克与艾兴多夫）	0	2	4	0				6	1946
	21首歌德的诗歌					4	0	0	4	1977（7月24日于慕尼黑）
	25首莫里克歌曲	0	0	4	1	6	0	0	11	1967（6月28日于帕尔尔赛梅斯来）
	6首圣歌	0	0	0	0	0	1	0	1	1982（7月4日于帕尔尔赛梅斯来）

附录三　曾与里赫特合作过的音乐家[1]

歌唱家

尼娜·多莲卡（Nina Dorliac），女高音

加林娜·皮萨莲科（Galina Pisarenko），女高音

迪特里希·菲舍尔 – 迪斯考（Dietrich Fischer – Dieskau），男中音

彼得·许莱尔（Peter Schreier），男高音

彼得·皮尔斯（Peter Pears），男高音

指挥家

赫尔曼·阿本德罗特（Hermann Abenddroth）

伦纳德·伯恩斯坦（Leonard Bernstein）

奥列格·阿加尔科夫（Oleg Agarkov）

皮埃尔·布列兹（Pierre Boulez）

阿尔弗雷德·亚历山德列斯库（Alfred Alessandrescu）

拉多斯韦塔·博亚迪耶娃（Radosveta Boyadjieva）

---

[1]　此附录出自 *Notebooks and Conversations*，何彦昊编译。

卡雷尔·安切尔（Karel Ancerl）

列夫·布拉金斯基（Lev Braghinsky）

尼古拉·阿诺索夫（Nikolay Anosov）

本杰明·布列顿（Benjamin Britten）

弗拉基米尔·阿什肯纳齐（Vladimir Ashkenazy）

奥列格·凯塔尼（Oleg Caetani）

米哈伊尔·巴赫塔兹（Mikhail Bachtaze）

谢尔盖·切利比达奇（Sergiu Celibidache）

梅登·巴奇（Mladen Bačic）

郑明勋（Chung Myung - whun）

布雷蒂斯拉夫·巴卡拉（Břetislav Bakala）

奥迪塞利·迪米特里迪（Odissely Dimitriedi）

丹尼尔·巴伦博伊姆（Daniel Barenboim）

维克多·杜布罗夫斯基（Victor Dubrovsky）

鲁道夫·巴夏伊（Rudolf Barshai）

卡尔·埃利亚斯伯格（Karl Eliasberg）

米尔恰·巴萨拉布（Mircea Basarab）

克里斯多弗·艾森巴赫（Christoph Eschenbach）

帕沃·贝尔格伦德（Paavo Berglund）

所罗门·费尔德曼（Solomon Feldman）

阿尼西姆·柏林斯基（Anisim Berlinsky）

费伦奇克·亚诺什（János Ferencsik）

拉斐尔·弗吕贝克·德·伯格斯（Rafael Frühbeck de
Burgos）

里卡多·穆蒂（Riccardo Muti）

钦吉兹·加吉别科夫（Chingiz Gadzhibekov）

尼阿兹（Niazi）

亚历山大·高克（Alexander Gauk）

列昂尼德·尼古拉耶夫（Leonid Nikolaiev）

阿什拉夫·加萨诺夫（Ashraf Gasanov）

尤里·尼科拉耶夫斯基（Yuri Nikolayevsky）

乔治·乔治斯库（George Georgescu）

大卫·奥伊斯特拉赫（David Oistrakh）

列夫·金兹伯格（Lev Ginzburg）

亚历山大·奥尔洛夫（Alexander Orlov）

德杰梅尔·戈基埃利（Dzhemal Gokieli）

尤金·奥曼迪（Eugene Ormandy）

尼古拉·戈洛瓦诺夫（Nikolai Golovanov）

让-弗朗索瓦·佩拉德（Jean-François Paillard）

鲍里索维奇·古斯曼（Israel Gusman）

艾萨克·派因（Isaac Pain）

安东·海勒（Anton Heiller）

瓦赫当·帕利亚赫维利（Vakhtang Paliachvili）

康斯坦丁·伊利耶夫（Konstantin Iliev）

伯恩哈德·鲍姆加特纳（Bernhard Paumgartner）

安东尼奥·佩德罗蒂（Antonio Pedrotti）

岩城之德（Hiroyuki Iwaki）

德米安·佩莱克哈特尼（Demian Pelekhatny）

阿尔维兹·杨松斯（Arvid Jansons）

费尔南多·普雷维塔利（Fernando Previtali）

米哈伊尔·坎纳斯坦（Mikhail Konstantin）

谢尔盖·普罗科菲耶夫（Sergey Prokofiev）

赫伯特·冯·卡拉扬（Herbert von Karajan）

尼古莱·拉宾诺维奇（Nikolay Rabinovich）

维塔利·卡特耶夫（Vitali Kataev）

鲁斯兰·莱切夫（Rouslan Raichev）

阿诺德·卡茨（Arnold Katz）

纳坦·拉赫林（Natan Rakhlin）

哈尔贾尼扬（Kharadjanian）

斯维亚托斯拉夫·里赫特（Sviatoslav Richter）

G·吉拉齐（G. Kiladze）

亚诺什·罗拉（János Rolla）

卡洛斯·克莱伯（Carlos Kleiber）

马里奥·罗西（Mario Rossi）

保罗·克列茨基（Paul Kletzki）

维托尔德·罗威基（Witold Rowicki）

亚历山大·克里莫夫（Alexander Klimov）

根纳季·罗日杰斯特文斯基（Gennady Rozhdestvensky）

尼古拉·科莱萨（Nikolai Kolesa）

保罗·萨克（Paul Sacher）

维尔莫斯·科莫尔（Vilmos Komor）

库特·桑德林（Kurt Sanderling）

基里尔·康德拉辛 （Kyrill Kondrashin）

彼得·许莱尔 （Peter Schreier）

安德拉斯·科罗迪 （András Kórodi）

克劳迪奥·斯西蒙 （Claudio Scimone）

贾罗斯拉夫·克罗姆布霍尔茨 （Jaroslav Krombholc）

伊利亚·沙波斯尼科夫 （Ilya Shaposhnikov）

米哈伊尔·莱特洛夫 （Mikhail Lefterov）

康斯坦丁·希尔弗斯特里 （Constantin Silvestri）

埃里希·莱因斯多夫 （Erich Leinsdorf）

康斯坦丁·西梅奥诺夫 （Konstantin Simeonnoff）

费迪南德·莱特纳 （Ferdinand Leitner）

瓦茨拉夫·斯梅塔切克 （Václav Smetáček）

博戈·莱斯科维奇 （Bogo Letskovic）

斯塔萨维奇 （Stasevich）

彼得·马格 （Peter Maag）

格里戈里·斯托里亚罗夫 （Grigory Stoliarov）

洛林·马泽尔 （Lorin Maazel）

卡罗尔·斯特里亚 （Karol Stria）

米哈伊尔·马洛修斯 （Mikhail Maloutsian）

叶甫根尼·斯维特兰诺夫 （Evgeni Svetlanov）

库尔特·马苏尔 （Kurt Masur）

瓦茨拉夫·塔利赫 （Václav Talich）

洛夫罗·冯·马塔契奇 （Lovro von Matačić）

尤里·捷米尔卡诺夫 （Yuri Temirkanov）

卡尔·梅尔斯（Karl Melles）

本杰明·托尔巴（Benjamin Tolba）

弗拉基米尔·莫申斯基（Vladimir Moshinisky）

斯特凡·图查克（Stepan Turchak）

叶夫根尼·穆拉文斯基（Evgeny Mravinsky）

丹尼尔·蒂林（Daniil Tyulin）

查理·明希（Charles Munch）

尤里·吉里乌克（Yuri Tziriuk）

卡尔·明兴格尔（Karl Münchinger）

莱昂尼德斯·维格纳（Leonids Vigners）

斯坦尼斯劳·维斯洛奇（Stanislaw Wislocki）

伊戈尔·扎德罗夫（Igor Zhadrov）

博格丹·沃迪科（Bogdan Wodicko）

米哈伊尔·朱可夫（Mikhail Zhukov）

尼古拉·尤赫诺夫斯基（Nikolay Yukhnovsky）

阿尔吉斯·朱莱提斯（Algis Zhuraitis）

日沃津·扎拉夫科维奇（Zhivozhin Zaravkovich）

器乐家

安德里斯·阿尼坦斯（Andris Arnitsans），巴松管

埃米尔·吉列尔斯（Emil Gilels），钢琴

列弗·别列佐夫斯基（Lev Berezovsky），大提琴

安东·金兹伯格（Anton Ginsburg），钢琴

瓦伦丁·柏林斯基（Valentin Berlinsky），大提琴

佐尔坦·科奇什（Zoltán Kocsis），钢琴

皮埃尔·富尼埃（Pierre Fournier），大提琴

伊丽莎白·莱昂斯卡娅（Elisabeth Leonskaja），钢琴

娜塔莉娅·古特曼（Natalia Gutman），大提琴

瓦西里·洛巴诺夫（Vassili Lobanov），钢琴

姆斯蒂斯拉夫·罗斯特罗波维奇（Mstislav Leopoldov-ich Rostropovich），大提琴

安德烈亚斯·鲁塞维奇（Andreas Lucewicz），钢琴

丹尼尔·沙弗兰（Daniil Shafran），大提琴

阿纳托利·维德尼科夫（Anatoly Vedernikov），钢琴

谢尔盖·谢林斯基（Sergey Shirinsky），大提琴

弗拉基米尔·齐科夫（Vladimir Zykov），小号

阿纳托利·卡米雪夫（Anatoly Kamyshev），单簧管

尤里·巴什梅特（Yuri Bashmet），中提琴

尼古拉·哈尔科夫斯基（Nikolay Kharkovsky），长笛

嘉莉娜·巴莉诺娃（Galina Barinova），小提琴

亚历山大·科涅夫（Alexander Korneyev），长笛

奥列格·卡岗（Oleg Kagan），小提琴

康斯坦丁·米哈伊洛夫（Konstantin Mikhailov），长笛

米哈伊尔·科佩尔曼（Mikhail Kopelman），小提琴

让－皮埃尔·郎帕尔（Jean－Pierre Rampal），长笛

大卫·奥伊斯特拉赫（David Oistrakh），小提琴

玛丽娜·沃罗日佐娃（Marina Vorozhtsova），长笛

维克托·特列季亚科夫（Viktor Tretyakov），小提琴

卢德米拉·柏林斯基（Ludmilla Berlinsky），钢琴

德米特里·茨冈诺夫（Dmitry Tsyganov），小提琴

本杰明·布列顿（Benjamin Britten），钢琴

室内乐团

贝多芬四重奏（Beethoven Quartet）

科米塔斯四重奏（Komitas Quartet）

巴夏伊剧院四重奏（Bolshoy Theatre Quartet）

莫斯科爱乐四重奏（Moscow Philharmonic Quartet）

鲍罗丁四重奏（Borodin Quartet）

塔特拉四重奏（Tátrai Quartet）

嘉博四重奏（Gabt Quartet）

摩拉盖斯五重奏（Moraguès Quintet）

格鲁吉亚国家四重奏（Georgian State Quartet）

附录四　一篇乐评①

三十年后

皮耶罗·拉塔利诺作　何彦昊译

我们都记得，斯维亚托斯拉夫·里赫特曾在某刻告别了音乐会现场：他不仅心脏抱恙，而且记忆也发生了障碍（这事在音乐家中广为流传）。这是事实，以至公众和音乐家们开始为他的职业生涯盖棺定论。但突然间，里赫特又重返舞台。健康问题解决了，至少有所好转；同时，他决

---

① 这篇乐评出自一位钢琴学者、多年追随里赫特的乐迷之手，刊印在 Aura 唱片公司出版的 1994 年 6 月 5 日 "卢加诺演奏会" 的 CD 内页，CD 参考编号：Aura AUR 406 - 2。对于皮耶罗·拉塔利诺（Piero Rattalino）而言，这场演奏会是里赫特艺术生涯的 "天鹅之歌"。整场演奏会笼罩着一种高贵、圣洁、自由、纯真、感伤的气氛。当晚曲目包括：格里格《抒情小品》中的第 43、31、63 号作品；弗朗克的《前奏曲、众赞歌与赋格》；拉威尔《高贵而感伤的圆舞曲》以及《镜子》。这样的曲目组合在之前任何一位钢琴家演奏会上都没有出现过。

定不再依靠记忆演奏，这意味着记忆问题也将不再困扰他。他涅槃重生了。

他不再是他，但并不是因为他失去了往昔的力量。毋宁说，他不再对色彩那么沉迷，而是把重心放到了形式之上（他其实是最伟大的色彩大师！），最后，他"冷却"并"干涸"了 20 世纪 60 年代使他在西方名声大噪的那种压倒性的悲怆。[①]

他还以另一种方式改变：他拒绝在大城市的大型音乐厅演奏，他更愿意基于情感来选择演奏的场所。一天，亚琛（旧称阿奎伊斯格拉德）剧院总监收到里赫特秘书发来的电报："大师阅读了查理大帝的传记，想要在阿奎伊斯格拉德演奏。"里赫特的出场费当然不菲，因此他的合同需要时间来准备。但里赫特却想立即向查理致敬。所以，通过多方磋商，这位总监找到了一群赞助商，把他的预算花了个底朝天，里赫特才得以在阿奎伊斯格拉德演出。还有一次，钢琴家想要在加尔达湖畔的胜利庄园演奏，以纪念爱莲诺拉·杜丝。他立即付诸行动，在这位伟大女演员肖像旁边的钢琴上演奏。而且，就算告知他在胜利庄园陪

[①] 在这里指听众把 90 年代与 60 年代的里赫特相比，复出的他并未让人们失望，对他之前离开舞台的惋惜（pathos）逐渐平息了。Pathos，悲怆，也可译为哀婉，这里作者特意强调它的音乐品性，所以译为"悲怆"，这种品性也体现在贝多芬、柴可夫斯基等作曲家的作品中。

伴邓南遮^①的是路易萨·巴卡拉，而不是杜丝，也不能让他中途辍演。比起冷冰冰的事实，他更关心传奇，在这位诗人最后的寓所，他要让诗人爱恋的伟大女演员受到崇拜。

还有一次，里赫特穿越了卡萨尔普斯泰伦戈（他偏爱乘坐他的梅赛德斯旅行，但从不上高速公路，也不会让速度超过 80km/h），这仅仅是因为他非常钟爱"卡萨尔普斯泰伦戈"这个名字，并要在那里演奏。但这一次没能演奏，很遗憾。但是，里赫特仍然在很多小城镇举办了音乐会，这些地方都是音乐协会遵照他的旨意拟荐的。

因此，一连好多年，他都不是在米兰城中演奏，反倒遍历米兰地区的穷乡僻壤，我有幸听了多场。这不是件容易的事：你得找到去 X 或 Y 的路，你得精确到某条街，还得找到停车位，而且常常在演奏会已经开始之后才进入大厅。在卢加诺也是这样。卢加诺并不是一个小镇，但我总是把它与我曾游荡过的米兰腹地相比拟，因为我在路上遇到了麻烦（那是周日，在波哥大的边境上排着长龙），我不得不把车停在离大厅很远很远的停车场，在音乐会开始后才走进去。

里赫特正在演奏格里格。聚光灯、舞台以及他身边的翻谱员，一切如常，这些年一直都是这样子。但是，他的

① 邓南遮（Gabriele d'Annunzio, 1863–1938），意大利诗人，戏剧家，杜丝的另一位崇拜者。

声音和姿态变得不同了，某种东西慢慢加深着，从格里格
到弗朗克，从弗朗克再到拉威尔：渐渐地，我看到那个我
所熟悉的60年代的他又回来了——曾几何时，那个里赫
特在热那亚的一场音乐会后就消失了——那是一场令人魂
牵梦萦的音乐会。如今我已经看过那部由布鲁诺·蒙桑容
制作的电影，我很清楚我的60年代的里赫特较之50年代
有着微小的差异。在最老的电影片段中①现身的里赫特显
得极为"神经质"，在电影里，音乐就像高压电流一样汹
涌。但是，到了60年代，他就似乎没有那么激动了。70
年代和80年代更是如此。然而，他下一次的变形（meta-
morphosis）又是如此根本，几乎清除了我对他的姿态演变
的所有记忆，并让我认识到只有两个里赫特：一位里赫特
被酒神女祭司一样的魔鬼所占据，而另一位里赫特就是神
圣的僧侣。

  1994年6月5日在卢加诺，我没有看到1962年的里
赫特，也没有看到1993年的里赫特。据说，一个濒临死亡
的人会重新绽露青春的朝气，我在卢加诺就有这种感觉：
音乐的纯粹力再度被凝定了。这是最后的歌吗？在我看
来，是的，因为在那之后，当我再度得赏他的演奏，他就
又成为90年代的谜一样的里赫特了。卢加诺的演出涵括
了他的两位挚爱，即弗朗克与拉威尔，以及他晚年的至

---

① 里赫特曾在苏联电影《格林卡》（1952）中扮演青年李斯特，蒙桑
 容的《谜》中剪接了该电影片段。

爱，格里格。但并不是《叙事曲》中的格里格，这是 19 世纪 60 年代那一批钢琴家所演奏的一部作品；而是《抒情小品》中的格里格，事实上，作曲家并没有打算把它们付之于众。但是，正是这些《抒情小品》，对于爱好者而言，使格里格成了 19 世纪后半叶首屈一指的作曲家，并引起瓦尔特·吉泽金①的注意。但是吉泽金和其后的埃米尔·吉列尔斯都只是留下了这些作品的录音，却从不公开演奏它们。里赫特却有勇气在一座大音乐厅里演奏《抒情小品》选集，他的阐释与吉泽金与吉列尔斯大相径庭，可以说，这是一种史诗的风格。对于里赫特来说，格里格就是塑造俄罗斯的拉赫玛尼诺夫和法国的德彪西的历史原型。他曾教会了我许多，而这是他给我上的最后一堂历史课。当然，我不仅仅是在情感上亏欠他，还因为他让我学会了去反思一些表面上无足轻重的事情。

弗朗克和拉威尔带来的不是全新的发现，而是回忆的愉悦。我还记得出于某些原因，印刷出的曲目单上遗漏了《镜子》的最后两首（《丑角的晨歌》及《钟声谷》）。因此，听众在应当鼓掌的地方并没有鼓掌，对此，里赫特只是翻过这一页，并继续演奏《晨歌》。在《晨歌》之后，听众才开始鼓掌，里赫特则礼貌地鞠躬（一如既往，里赫特的鞠躬是贵族式的沉静和军事化的僵直的结合）。紧接

---

① 瓦尔特·吉泽金（Walter Gieseking, 1895 – 1956），德裔法国钢琴家，20 世纪上半叶最重要的钢琴家之一。

着，他开始演奏《钟声谷》，我第一次听他演奏这部作品还是在 1963 年。这一次没有返场。这时，我开始向自己的车走去，眼睛和耳朵里融合了两幅相隔 30 年的画面，并带着一个时代即将结束的怅惘在心中。

后　记

　　这本书首先是写给里赫特的。十余年来，笔者尽可能做到不遗漏地收集、整理、聆听他留下的丰富的录音文献，一边阅读关于他的书，一边联系到自己的专业，寻求美的理想。他的陪伴，就像一次次旅行，总带给我新的知识和视野，以及勇气和愉悦。这本书也是写给里赫特迷的，写给一般的古典音乐爱好者，仅从笔者偏狭所见，打开一点亮光的缝隙。真诚热爱音乐的人一定都有质朴的内心世界。此外，本书也写给哲学专业的学生和学者。自从现象学方法能够普遍地运用于哲学，它的解释力不断增强，世界显象的真理性也更严格了。笔者之所以把里赫特作为一个现象来看，就是因为他的生命和个性中包含着普遍的人格与人性的命题。哲学、文学、历史、艺术是相通的。美学家朱光潜先生曾说过，最高的美，只有站在哲学的高度才能看见。这当然也包括音乐的美。音乐美是理想的形态，理想是一种生命形态。

　　2019年冬，何彦昊与周航翻译了蒙桑容的书，只因为他们的老师喜爱里赫特，并且想把里赫特的艺术推广给更多的人。笔者一直想为里赫特出版一本以中文为依托的书，近些年，俄、德、法、美、日、波兰等国都涌现了研究里赫特的文章或书籍，而不谙学术的国内乐迷却只能在网络上看到一些不那么严谨的段落残章。在寻求翻译版权未果的情况下，笔者开始了本书的写作，试以一种镂金错银的方式，为里赫特镶嵌一顶桂冠。写作过程中，学生的译文为我助力许多，我也通过校对、修改，逐字逐句地重新深入里赫特的思想中去，愈加生出对他的钦佩。何彦昊对笔者说："老师，我在翻译的时候，尽可能还原里赫特那种既严肃又调侃的语气。"他做到了，译文更有趣，但为了呈现精确、集中、前后呼应的风格，笔者引用时做了调整。在关于一些历史文献的处理方面，何彦昊也帮了很多忙，个别注释的内容是由他执笔的。涅高兹说，师生关系可能是这个星球上能体会到的最好的情感了。亚里士多德也说过，作为老师，认为他达到了目的，就在于他展现出学生已然在工作了。"工作"这个词的意义，或许只有熟读亚里士多德的人才能品出个中滋味。在写作中，为本书做出了贡献的还有余涵博、林佳欣两位同学，在此表示感谢！

笔者不是专业从事音乐工作的，不免错漏，还需求教于方家。我所稍微熟悉的，不过是康德美学、黑格尔美学、汉斯利克的音乐美学等哲学内的精神传统。里赫特与他们产生深刻共鸣，他似乎是一个精神实体。听的旅程不会结束，感激也会与日俱增。在此，我还要感谢家人，当

后
记

317

我对学术工作有所困惑时，同家人简单说几句话，心中块垒便消融了。

这是笔者的第二本书了。诚如普鲁斯特所言："一幅画所具有的东西养活不了画家，一本书也养活不了作家；画家的第二幅画养活不了他，作家的第二本书也养活不了他。但，如果在第二幅画或第二本书中，他发现了第一和第二幅画或第一和第二本书所没有的东西，而几乎介于两者之间的东西，存在于一种理想的画或书中，这时他在精神上看见了画或书以外的东西，他吸收了养料，重新开始存在，便又兴高采烈起来。"

2021 年 6 月 25 日于达在堂

图书在版编目（CIP）数据

里赫特：一种音乐美学 / 仲辉著. -- 北京：社会
科学文献出版社，2021.11（2023.9 重印）
ISBN 978 - 7 - 5201 - 9369 - 6

Ⅰ. ①里… Ⅱ. ①仲… Ⅲ. ①斯维亚托斯拉夫·里赫
特（1915 - 1997）- 人物研究 Ⅳ. ①K835. 113. 576

中国版本图书馆 CIP 数据核字（2021）第 230707 号

里赫特：一种音乐美学

著　　者／仲　辉

出 版 人／冀祥德
责任编辑／胡百涛
责任印制／王京美

出　　　版／社会科学文献出版社·人文分社（010）59367215
　　　　　　地址：北京市北三环中路甲 29 号院华龙大厦　邮编：100029
　　　　　　网址：www.ssap.com.cn
发　　　行／社会科学文献出版社（010）59367028
印　　　装／北京虎彩文化传播有限公司

规　　　格／开 本：889mm × 1194mm　1/32
　　　　　　印 张：10.375　字 数：204 千字
版　　　次／2021 年 11 月第 1 版　2023 年 9 月第 4 次印刷
书　　　号／ISBN 978 - 7 - 5201 - 9369 - 6
定　　　价／98.00 元

读者服务电话：4008918866